学问
LEARNING

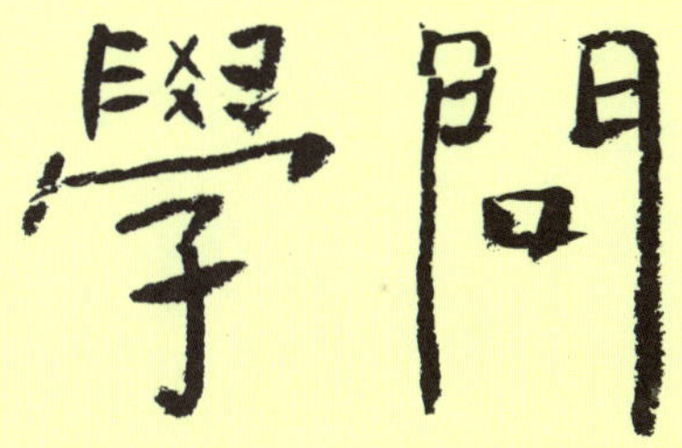

中华文艺复兴论 4

李　森　主编　林建法　宗仁发　执行主编

南方出版传媒
花城出版社
中国 · 广州

图书在版编目（C I P）数据

学问 ：中华文艺复兴论. 4 / 李森主编. -- 广州 ：花城出版社，2016.12
ISBN 978-7-5360-8190-1

Ⅰ. ①学… Ⅱ. ①李… Ⅲ. ①社会科学－文集 Ⅳ. ①C53

中国版本图书馆CIP数据核字(2016)第310775号

出 版 人：詹秀敏
策划编辑：林宋瑜
责任编辑：林　菁　揭莉琳
特约编辑：林建法
技术编辑：薛伟民　凌春梅
装帧设计：庄海萌　程俊睿

书　　名　学问：中华文艺复兴论.4
　　　　　XUEWEN：ZHONGHUA WENYI FUXING LUN.4
出版发行　花城出版社
　　　　　（广州市环市东路水荫路11号）
经　　销　全国新华书店
印　　刷　佛山市浩文彩色印刷有限公司
　　　　　（广东省佛山市南海区狮山科技工业园A区）
开　　本　787毫米×1092毫米　16开
印　　张　16　8插页
字　　数　240,000字
版　　次　2016年12月第1版　2016年12月第1次印刷
定　　价　48.00元

如发现印装质量问题，请直接与印刷厂联系调换。
购书热线：020－37604658　37602954
花城出版社网站：http://www.fcph.com.cn

目 录

中华文艺复兴论坛

001 李 森 《心经》的漂移说解读（一—六）

021 孙 郁 废名的转向

029 陶东风 张蕴艳 吴娱玉 新文化运动：未完成的启蒙还是走火入魔的反传统？

百家

056 刘再复 刘再复海内外散文诗选

096 林 岗 学问与散文的双重求索

119 李春红 理性视角下的文学史书写（上）
——论刘再复对“重写文学史”的思考

文心雕龙

133 [美] 欧阳桢（Eugene Eoyang）著 杨慧仪（Jessica Yeung）译
贾平凹、仁及小说阅读

143 [美] 葛浩文（Howard Goldblatt）著 林 源 译《废都》英文版译者序

148 [美] 罗 鹏（Carlos Rojas）著 王 浩 译 重望废城
——空间具体性与时间短暂性之反思

诗品

167 沈 奇 小于“一”，或大于“十二”

——有关北岛评价的一个个案分析

181 敬文东 叹词魂归何处？（下）

民国学术

200 季 进 王 洞 整理编注 夏氏兄弟通信选刊

游于艺

213 杨小滨 杨德昌电影的精神分析研究

同文馆

235 [美] 史蒂文·纳普（Steven Knapp） 瓦尔特·本·迈克尔思（Walter Benn Michaels）著 徐亮 译 反理论

《心经》的漂移说解读（一—六）

李森

一 吟诵与敲门

《心经》是旷世美文，是横空出世的锦绣辞章，亦是艺术哲学（诗学）诗、思、言三维会通的伟大典范。《心经》不宜以叙事文阅读，只能以韵文吟诵。吟诵，是要找到一种心灵节奏；找到心灵节奏，然后让它如花瓣自开，自显音声形色的万相。说到底，吟诵是对心灵节奏的打捞、创造或激活。所谓打捞，是对失忆的或黏入深渊的那种渴望自由和飞翔的生命节奏的挽救；所谓创造，是对那种可歌可喜的心灵节奏的养成与安慰；所谓激活，是让生命在此时自我开显、自我奔涌。可以吟诵，是一切文学（所有用文字书写的杰出文本都是文学）最高蹈的诗意表现。这种诗意表现源于至善至真的人间情怀——尽管所谓的至

【作者简介】

李森，一九六六年十一月六日生，云南省腾冲市明光镇人。当代著名诗人、学者。一九八八年毕业于云南大学并留校任教。现任云南大学教授、博士生导师，云南大学文学院院长，云南大学中国当代文艺研究所所长。中华文艺复兴研究小组组长、论坛主席。已在国内外出版《李森诗选》《屋宇》《中国风车》《春荒》等诗集与《画布上的影子》《荒诞而迷人的游戏》《苍山夜话》《动物世说》《美学的谎言》等十六部著作，主编《新诗品——昆明芝加哥小组》诗刊《复兴纪》丛刊和《学问》丛书。《他们》诗派成员。“漂移说”诗学流派的创始人。

善至真，或许只是善的一线连天泡影、真的一湖春山之梦。然而，吟诵不能停顿，风已起，湖在动荡，救命稻草在泅渡心灵，人如丹青碧浪在舒展与凝聚，自成般若化境。

让我们来吟诵《般若波罗密多心经》：

观自在菩萨，行深般若波罗蜜多时，照见五蕴皆空，度一切苦厄。舍利子，色不异空，空不异色，色即是空，空即是色，受想行识，亦复如是。舍利子，是诸法空相，不生不灭，不垢不净，不增不减。是故空中无色，无受想行识，无眼耳鼻舌身意，无色声香味触法，无眼界，乃至无意识界。无无明，亦无无明尽，乃至无老死，亦无老死尽。无苦集灭道，无智亦无得，以无所得故。[①]菩提萨埵，依般若波罗蜜多故，心无罣碍，无罣碍故，无有恐怖，远离颠倒梦想，究竟涅槃。三世诸佛，依般若波罗蜜多故，得阿耨多罗三藐三菩提。故知般若波罗蜜多，是大神咒，是大明咒，是无上咒，是无等等咒，能除一切苦，真实不虚。故说般若波罗蜜多咒，即说咒曰：揭谛揭谛 波罗揭谛 波罗僧揭谛 菩提萨婆诃。

反复吟诵。《心经》的言辞，如永恒的煦光，造就了一叶扁舟让我们登临。只需要反复吟诵，吟诵者甚至抛却了所有语义，只剩下竹篙兰枻的生命形式和节奏在划动。吟诵不需要语义，只需要恒久不灭的照耀之光，只需要风云一毂、霞光万卷的流溢沉浮。吟诵是一种信念，一种气息，吟诵者相信自己已然在泅渡之中。吟诵，既是人，也是竹篙兰枻的自性超度。自性的到达是无智无碍的澄澈明亮。吟诵的自性是满身欢喜的自性般若。

反复吟诵。吟诵，是使音声形色的声浪涌动起来，浪浪相涌，波平万苦。苦是生命之劫，它源于恐惧，即源于自性观照的缺失，源于自闭的种种形式或系统。自性是自在的自然放逐，是对存在的觉悟超脱。自性肯定不是自我。自我是向内凝聚，自性是广阔处开显。可以肯定，通过佛经的吟诵回归自我的途径是错误的。印度圣哲克里希那穆提在《恐惧的根由》一则中写道：

---

① 几乎所有版本都在“无智亦无得”后断句，我以为应在“以无所得故”后断句。此句完后，开始“呼唤”“菩提萨埵”，与上面呼唤“舍利子”和下面呼唤“三世诸佛”相对应。是为美文的节奏铺排，文义上是一种问答式的写法。

渴望变得更好、更有成就，会助长依赖性，进而引发恐惧。然而不恐惧并不是恐惧的反面，也不是刻意鼓起勇气来。若是能了解恐惧的起因，恐惧就会止息下来，但不是变得勇敢，因为在变成的活动里还是有恐惧的种子。依赖人、事物或观念都会助长恐惧，依赖性就是从无明、缺乏自我认识和匮乏感所产生的。恐惧会使我们的心缺乏安全感，并且会阻碍我们的了解与交流。

透过自我觉察我们会了解恐惧的起因，不但是表层的恐惧，还包括长期累积下来的深层恐惧。有的恐惧是与生俱来的，有的则是后天养成的，但是它永远跟过去的历史有关。因此我们必须透过当下的真相来了解过去的历史，才能解除恐惧。过去的历史一直想在当下复活，于是就造成了我们对“自我”的认同。自我才是所有恐惧的根由。[①]

反复吟诵，是法的绵延、蕴的迁流漂移。此所谓法的绵延，即是语词与生命节奏合和为相的迁流漂移。《心经》的语词漂移状，是对漂移边界的澄清，而非将生命的存在引向深渊、放入彀中。因之，吟诵是非深度构造的、非价值观的、非历史重荷的诗意澄怀。在自然事物与知识文化之间，人深陷囹圄的心灵和心智需要破壁而飞。这是生命自由的存在途径，是自我超越的轻盈之旅。因此，吟诵实则是一种法（蕴，道路）的空寂自度。在佛陀看来，即便是自己的身相也要超越，更何况是自我的认知系统呢。《金刚经·如理实见分第五》云：

“须菩提，于意云何？可以身相见如来不？”

“不也，世尊。不可以身相得见如来。何以故？如来所说身相即非身相。”

佛告须菩提：“凡所有相皆是虚妄。若见诸相非相，即见如来。”

吟诵如江水滔滔，涌向万方；如雁阵款款，横过空天；亦如风动万象，芝标千壑。吟诵，是自我呵护，自我照亮，照亮我的古往今来。我吟诵《心经》，佛陀让我从任何地方醒来。在任何地方醒来，就是在任何地方超越、自救。《心经》是引领世人超越与自救的伟大诗篇。《墨子·三辩》云：“昔诸侯倦于听治，

① 引自［印度］克里希那穆提《生命之书》，第122页，胡因梦译，南京：译林出版社，2011。

息于钟鼓之乐，士大夫倦于听治，息于竽瑟之乐，农夫春耕夏耘、秋敛冬藏，息于瓴缶之乐。”我吟诵《心经》，因为它是心灵的一扇空明之门，而这扇门，却没有门框和门槛。我的《屋宇》组诗中有一阕《敲门》，可喻我在这烦恼的人世间吟诵《心经》的自我泅渡之乐、自我风标之欢喜：

曾记得在高黎贡山下，有一间木头房子。
房外有一堵石头挤着石头的墙壁。叶挤着叶。
有一块门板立着，没有门臼。没有锁链，只是立着。
曾记得有一个孩子尝试着去敲门。
他对里面的人说，请开门吧，我有一句话要对你说。里面没有回音。
他天天去敲门，门始终未开，只有花开。
他只好对着门缝说，我要对你说的那句话是：
“你是我的爱，我要告诉你我的恨。”
这是他童年的最后一句话，最后一次敲门。

二 呼唤与回音

《心经》是人人的心经，它呼唤人人，人人呼唤它。人人呼唤人人，在晃荡的浮桥上漂移。人人都是一咏三叹的词汇。人作为一个词或一堆词汇，被置于有和无、生和死、明和暗、意义和无意义等二维关系的门槛上。门槛的两边，都在呼唤。《心经》犹如一个移动的门槛，上面站满了心灵结构中许多孤立无援的辞藻。辞藻即人，人即心灵结构中事象的开显。

《心经》也是言辞的一座屋宇，是言辞自我建筑的皈依之所。《心经》是所有无辜之言辞的母体，它生发出无限多无辜的言辞。我有一首《屋宇》吟诵：

郁郁的白，是头顶隆起的空天，我受不了高处凝滞的隐晦。
难道桃受得了，李受得了，花红受得了？可我有瞬间崩溃的苦楚。
我养的雷手，正在试验新雷。所有的锯子，吐着木屑，看不见手腕。
我造的风箱，突然吹出狂风。小喽啰在山坡上拔起树，扛着乱跑。
郁郁的青，山坡下是我的屋宇。我有青瓦，我有诗书，我有火塘。
屋檐需要滴水，就滴水。檐下的石块需要窝陷，就窝陷。一切照旧。

我的门前弯着一条河，时刻弯着，从平静的低处浮起水弯。

鱼儿不是我的。鱼群是刀锋，水光是磨石，来回磨砺，永不停歇。

船不是我的。船是掏空的锤，为浮动而掏空，浮在水弯。

有时，我在屋宇中，在火塘边沏茶，为等待而学习遗忘。

此时，我在屋外，看着树上所有的果子模仿麻雀，向屋宇靠拢。

我还看见过，春光心慌，点燃夏火。秋云伤怀，抟成冬雪。

我知道，世界等着我开门瞭望，门槛等着我回来闭户厮守。

所有伟大的美文均可以吟诵，而吟诵何为？吟诵，即呼唤。

所有伟大的呼唤都面向“空”，面向呼唤之不可得，因之，呼唤更为悲智。悲智，即悲心。当那位不知名的作家，那位释迦牟尼佛的追随者书写《心经》时，其呼唤之音可谓感天动地、风标八荒。然而，最悲智的呼唤是平静而欢喜的。呼唤之声如波纹连着波纹、古往今来生生不息。

那位书写者的书写即是呼唤，向着那颗假设的“初心”。他先呼唤一位被各种神力和愿望不断塑造的觉悟者，这位觉悟者就是观自在（观世音）菩萨。于是，他用横空绽放的言辞概括了他要写的第一层意思：“观自在菩萨，行深般若波罗蜜多时，照见五蕴皆空，度一切苦厄。”这一呼唤，使观自在菩萨成为《心经》的悲心主角。其实，在我看来，呼唤的第一个对象观自在菩萨，即是呼唤者本人，是那位勇敢觉者的自我呼唤。

伟大的作品都是自我呼唤。我甚至可以大胆地认为，《心经》作者的千古之谜可以在此解开：那个作者不是别人，正是观自在菩萨这位神秘的人物。《心经》的这个写法，让所有吟诵者都成为呼唤者。每一次呼唤，都有一种万象忽然洞明的惊讶。这种惊讶，犹如第一缕曦光的照临，仿佛自己真的就是观自在菩萨的现实化身。事实上，观自在菩萨化身为人人，化身众多，正是他的本事。在所有大菩萨中，唯有观自在菩萨的形象可以在不同心灵的呼唤中不断化身、不断漂移、不断丰富且兼具男女身相。

美国学者比尔·波特（Bill Porter）认为：“我愿意把《心经》中出场的观自在视为佛母转生后修证的菩萨果，而他的名字，观自在，也许还暗含着摩耶夫人转生的那位知足天天神的消息：知足天是位于忉利天上方的天界，释迦牟尼为诸天神讲说阿毗达摩的地点则是须弥山顶的忉利天。摩耶夫人转生的天神听闻阿毗达摩之后，得以入于观境，成自在主，也许这就是‘观自在’所从来？至于摩耶夫人转生的天神现为男身，只是因为早期佛教中以男身为尊的观念；而另一方面，观自在菩萨作为所有菩萨中唯一具女身形象者这一事实，则可视为摩耶夫人转生之有力证据。除此之外，尚有一事值得注意：观自在以大悲之心救渡众生，有三十三种化身随缘示现，而须弥山顶居住的天神恰好也是三十三位（欲界六天之忉利天位于须弥山顶，又名三十三天）。[①]在世人心中，观自在菩萨的确有圣母母仪天下的美德。也就是说，世人对于观自在菩萨，有一种恋母情结，任何事情，都想向着这位圣母倾诉。

在呼唤了观自在菩萨之后，紧接着，书写者开始呼唤佛陀的弟子舍利子："舍利子，色不异空，空不异色，色即是空，空即是色，受想行识，亦复如是。"依心灵节奏反复吟诵，反复咏叹的力量推演，他又一次呼唤舍利子："舍利子，是诸法空相，不生不灭，不垢不净，不增不减。是故空中无色，无受想行识，无眼耳鼻舌身意，无色声香味触法，无眼界，乃至无意识界。无无明，亦无无明尽，乃至无老死，亦无老死尽。无苦集灭道，无智亦无得，以无所得故。"呼唤了舍利子，然后再呼唤菩萨，也可以说是观自在菩萨或所有菩萨的再一次自我呼唤："菩提萨埵，依般若波罗蜜多故，心无罣碍，无罣碍故，无有恐怖，远离颠倒梦想，究竟涅槃。"两次自我呼唤，两次呼唤了舍利子，表达了"空"的思想之后，开始呼唤众人（或大乘的所有佛）："三世诸佛，依般若波罗蜜多故，得阿耨多罗三藐三菩提。"最后，呼唤者又呼唤自己和所有迷途的人："揭谛揭谛 波罗揭谛 波罗僧揭谛 菩提萨婆诃。"最后，呼唤蕴成了咒语流，绵延不绝。

自觉、觉他和觉行圆满之路，在呼唤的引领中伸向无穷无尽之境。在呼唤中，呼唤者的悲智与悲心，始终抓着幻化漂移的语言这根救命稻草。

呼唤需要有人或有物听见。此乃呼唤的生命渴望。尽管佛说"诸法空相"，万法皆归于"无蕴"（漂移的空蕴），但无论是圣人的呼唤还是凡人的呼唤，呼唤毕竟是一种情愫，一种裹挟着音声形色滑翔的灵魂自度（渡）。这一义，是我们阐释佛经时必须要说明的。佛法反对纵欲，但也反对过分节欲。纵欲和节欲，毕竟都是"我执"，即是一种心理、行为或身体的疾病。真实的佛陀具有人间情怀。他的父亲净饭大王逝世前，他带着堂弟阿难和儿子罗睺罗回到迦毗罗卫国看望。父亲逝世后，他虽沉默寡言，但眼里噙着泪。他为父亲守灵，出殡时为父亲担棺。这说明，在佛陀的心中，在佛法中，情与义不能遗忘。

---

① 引自［美］比尔·波特《心经解读》，第64页，叶南译，海口：海南出版公司，2012。

情与义之蕴，本身是一种慈悲心；真、善、美作为心灵初蕴，也是一种慈悲心；爱心，是慈悲心。慈悲心呼唤慈悲心；诗意的隐秘语汇呼唤诗意的生成。这种呼唤，是爱之般若、情之真谛。我有一阕《听见》吟诵：

缪斯妹妹，我又听见了你
那天凌晨，山坳分娩出一只公鸡
你的织机，牵引着湖面一个蓝色纺锤
你的绿荫，缠上了万亩棉桃
你的蚕蛹，坠成空天的星座
你的词藻，在铜鼓里敲打
你的事物，在我的故乡声声袭来
顷刻间，我的围墙和烟囱悄悄发热

呼唤须要回音。呼唤本身就是回音。犹如两座山峰彼此呼唤，天下所有山峰静默而立；犹如两条河流彼此呼唤，天下所有河流奔涌出川。

呼唤，在眼中之远，风帆竞渡；呼唤，在耳中之阔，鼓角峥嵘；呼唤，在心灵之高，日就月将。

三　英雄之诗

《心经》是英雄之诗。能把佛陀的思想如此精粹地在一篇短文中表达出来的人物，其襟怀之大、眼界之高古，自然英雄莫属。

此人一出口，就诵出“观自在菩萨”，且直接就说菩萨的修行达到了觉悟之玄妙至境的时候，“照见五蕴皆空”。也就是说，他一咏叹，就把心灵结构凝聚的五条通道——五蕴，都咏颂出来。不但咏出五蕴之为因，且咏出了“度一切苦厄”的修行之途，乃至修行之果。这是直笔的写法，霸气非凡且温润如初。

大凡英雄之诗，都用直笔书写。圣人是直白的，那种拐弯抹角、哼哼唧唧、玩弄概念、空喊口号的人，非怯懦书生即文字盗贼。但这种霸气，是外圣内霸，一般的心灵是接不住的，也体会不到。文字外圣内霸，是说它的表达非常平易朴实，恰似儒家讲的不偏不倚的“中和”之美，这种美从“中”截断众流，漂移而出。

只要“照见五蕴皆空”，即“度一切苦厄”啊，多么直截了当。一切苦都度了，还有什么可说的呢，此壁立千仞之秀也。

比尔·波特说：“在大本《心经》里，菩萨之后还缀有‘摩诃萨’一词，这也是大乘佛经中的常见用法（但并不限于大乘佛经）。根据对‘萨埵’的不同理解，摩诃萨可以理解为‘伟大的人’或者‘大英雄’。不过，这个词在佛经里最初是用来指称狮子的，后来才逐渐用于尊称那些勇气堪与百兽之王媲美的人物。从历史上看，‘菩提萨埵’的称呼在佛教出现以前就已经为古印度的其他宗教派别所使用，而‘菩萨摩诃萨’却是佛教特有的。”①

大英雄吟诵英雄之诗，更何况《心经》并非仅仅是文字般若，更重要的是，它是行动般若，即身心兼修的行动般若。这就是说，玄奘译的《心经》仅仅二百六十个汉字，就把佛陀的思想讲到位了。它不是制造概念，而是稀释概念。其非立亦非破，而在破立之间。这种书写，是洪流滚滚却又平静无声的诗意迁流。此诗意，是一种古朴的诗意情怀。万物洞开世界，且尚未被染污；语词洞开世界，语词也尚未被污染。

英雄吟咏英雄之诗，实则是以诗意自救或自觉。而文字盗贼吟诗作赋、玩弄辞章，实质是制作一个个概念电筒去照他人而不照自己。

雨果说：“在绝对正确的革命之上还有一个绝对正确的人道主义。”而我要说，在绝对正确的价值系统、意义系统之上，还有一片绝对正确的无意义的天空。

若把世间学问分为真、善、美三层，则第一层之真是科学、工具理性层面（自然科学和社会科学之实相存有层）；第二层之善是价值观、意义系统层面（人文学之心相构造层）；第三层之美是无意义层面（诗与神之空相诗意漂移层）。

在三个层次中都有英雄心，亦有英雄的行为书写，但最高级的英雄心不是发现理性、创造理性，也非创造价值观系统或巩固价值观系统，而是在空的无意义最高层，引领有执障者释放心灵结构的凝聚（诸法）之重。

如此说来，所谓英雄之诗，非实相、心相（心法）之诗，而是空相之诗。乔达摩·悉达多是位伟大的诗人，《心经》的作者也是位伟大的诗人。伟大的诗人总是一次又一次地第一次化万物为文辞符码，让万卷葱茏作为诗意在空天漂移。古朴而空幻，古朴即空幻的澄明；空幻而初心，空幻即初心。空非无，

① 引自［美］比尔·波特《心经解读》，第60页，叶南译，海口：海南出版公司，2012。

而是万物初相的绽放登临。

自觉而觉他的英雄，不是一个整体的神，不是一个观念整体。这一点，必须向世人振铎告白。

佛法思 - 想和基督教思想是不一样的，它的伟大之处是不设置一个整体的神。小乘的“自觉”，大乘的“觉他”，都是度人到达彼岸——“觉他”的过程本质上也是一个“自觉”的过程。

佛法不设置一个整体的神，一个没有生死、没有缺陷、没有时间更替变化的整体的神，所以人人都可以成佛，都可以在自性自足的此在泅渡。

当然佛还有很多称呼，一般老百姓和小乘佛教讲的佛，是现在佛释迦牟尼。佛是觉行圆满者，是正遍知，菩萨是追求觉行圆满者。虽差着一级，但也已经证得般若。很多到达菩萨层次上的修行者，最后都可以成佛。所以，观自在菩萨能达“照见五蕴皆空”的境界。

观自在（或圣母观世音）菩萨，是位无诗意和法蕴执障的诗意英雄。英雄是孤独的，菩萨英雄是诗意英雄。但诗意英雄的孤独，并非曲高和寡的孤独，而是自性般若的孤独。这样的孤独无因亦无果，无风亦无浪，可还要在因 - 果和风 - 浪的夹缝之中开显，蕴得诗意的漂移迁流。

伟大的文学中都浸润着“英雄义”和“儿女情”两种高蹈文韵，我以为《心经》和《金刚经》等佛经中，即风奏着如是“高山流水”。

我的《春荒》组诗中，有一阕《归去来》可叹。此为“英雄义”在寻找“缪斯妹妹”的“儿女情”：

一千匹马中听不见知音
一山，一水。一山，一水
一千只鸟中看不见知音
一天，一地。一天，一地
一千年的日子里没有知音
一黑，一白。一黑，一白
一千里的坟堆没有知音
一高，一矮。一高，一矮
缪斯妹妹呀，莫辜负
古往今来，两个人影

一前，一后。一前，一后

人世间寻觅旷古知音者，必有英雄心。宁愿饿死首阳山而不食周粟的伯夷叔齐兄弟，琴师俞伯牙与樵夫钟子期，皆为诗意英雄。当然，最伟大的诗意英雄，还是我的那位古往今来的灵魂师傅，乔达摩·悉达多。还有视死如归的、永远的青年导师苏格拉底，骑在牛背上的那位维特根斯坦的祖先李聃，带着众弟子在河边风咏的诗人教授孔丘，在梦中迷恋蝴蝶、化作鲲鹏从北冥飞往南冥的庄周，在东篱下采菊、忽然在灵魂中惊现南山的陶渊明；还有诗神缪斯妹妹引来的万斛春水，以及她的农夫哥哥播种在大地上的千墼辞藻。

陶渊明《拟古·其八》中的诗句，可喻我心：

不见相知人，惟见古时丘。
路边两高坟，伯牙与庄周。

英雄心，是般若心；儿女情，是般若花。

英雄之诗不是用语言来书写，而是用身体去书写的。又譬之少年英雄霍去病，他和他的长途奔袭的马队犹如万象风涌的音符，穿越过去、现在和未来的所有心灵视野中的壁障，不荒于目，不绝于耳，不冷于心。我的《春荒》组诗中有一首《霍去病墓前的石马》赞颂：

祁连山，祁连山，祁连山
所有苍蝇都服从它们的翅膀
所有明亮的翅膀都服从它们的苍蝇
只有英雄的石马服从它的风化

大漠，大漠，大漠
我的空白向四面八方铺开
他的马蹄声，他的音符堆积如山

四 对话与证悟

伟大的书写都是反概念的，自古如此。

可是，伟大的书写者又要制造概念，以表达人类雄心勃勃的某种观念内涵。

在制造概念与反概念之间，有一种暖流在风春万物，有一种生命的激情在蒸腾，这就是漂移着、摧枯拉朽般漂移着的人类精神中的诗意。

心灵节奏的诗意要寻找倾听，寻找对话者。不过，不是所有人的对话方式都是诗意的。多数学者，尤其是那些“概念控”的学院派学者对话的方式、对话的路径是概念式的，说到底，这类人是可怜的人，他们的心灵结构中被死亡的概念所填充，垒石千重而不见草木。

世人多以为哲人与人对话靠的是概念，因为他们以创造概念为乐事，其实那是普通知识人的观点和做法。圣哲的书写，实质上都是诗的书写，柏拉图如此，被誉为道德天尊的李聃如此，孔孟的书写亦如此。圣哲制造概念，是要将概念当作铺路石，以开掘遐迩通途，领略锦绣千帆，赋得万壑辞章。《道德经》是心灵史的组诗，这组诗可以用任何方式断开重组，其诗思仍然饱满如初，犹如撒豆成兵之势；《理想国》是心灵史的诗剧，它的表现方式是一阕阕文学修辞，洞喻、线喻、床喻、日喻，为哲学史（亦文学史）的著名比喻。

圣哲的心灵史，是文藻漂移、不断磨砺、不断激活的精神史。

《心经》的作者在思 - 想[①]上与佛陀对话，他是显在的作者。佛陀是第一个隐在的作者，观自在菩萨是第二个隐在的作者，舍利子是第三个隐在的作者，所有人（三世诸佛）都是隐在作者。显在作者与所有的隐在作者进行对话。这种对话使《心经》成为一个绝对开放的文本。所有伟大的文本，都有一种绝对开放的纯粹真诚，有一种自在直观的绝对纯洁。文字，是初心的文字，生发于初心而漂移于初心。

初心不是一颗本体的心，不是价值观的心，也不是佛法的心。

初心是瞬间敞亮的蕴，是心灵结构中蕴的自我澄明、自我确证。

初心的显露是难的，自认为初心之心并非初心。

初心既不负载语言或物事下沉，也不孤芳自赏般飞翔。

在空 - 明中，初心般若花开为初心。

---

① “思 – 想”中加连线，说明它作为动词，是心灵结构的漂移之状。

语言出现就是为了对话。所有古老的语言，其流传的文本要么是对话体，要么是寓言体。而寓言体，实质上也是对话文体。对话体与人对话，寓言体与动物或事物对话。一言以蔽之，均是与人和世界对话。

所有佛经，都是对话书写。无对话即无书写。

对话书写以使心灵在 - 场。所谓心灵，就是一个场域。以佛法的哲学观和我的哲学观而言之，对话不是为了寻找“本质”，而是为了敞开“本现”。借用马丁·海德格尔的说法，对话使在 - 场者“驶入本现之中”。海德格尔说：“本质（Wesen）只是被表 - 象，即 idea[相、理念]。而本现（Wesung）不光是‘什么 < 存在 >’与‘如何存在’的结合，因而是一种更丰富的表象；而不如说，< 本现 > 乃是这两者的更原始的统一体。”[①]在我看来，本现，也是一种蕴，这种蕴亦在漂移时刻获得本现自显的在 - 场。没有同一不变的本现。本现可能在对话中瞬间生成，瞬间寂灭。

《心经》有“大本”和“小本”之分。大本《心经》在书写形式上更符合佛经的对话书写格式。前有“序分”缘起，后有“流通分”赞颂。或说大本《心经》的“序分”和“流通分”是后人所加，添加书写内容的目的之一，即是为了营造佛陀在 - 场的对话现场，使《心经》的思 - 想得到佛陀的认可。可我们今天来看，这个对话现场中的观自在菩萨，与我们通常理解的观自在菩萨“内涵”是不同的。观自在菩萨的身份和语义总是处于漂移之状，为不同时代和文化语境中的阐释者所塑造。此录罽宾国三藏般若和利言等所译大本《般若波罗蜜多心经》（《高丽藏》No.1383）如下：

如是我闻。一时佛在王舍城耆阇崛山中，与大比丘众及菩萨众俱。

时佛世尊即入三昧，名广大甚深。尔时众中有菩萨摩诃萨，名观自在，行深般若波罗蜜多时，照见五蕴皆空，离诸苦厄。即时舍利弗承佛威力，合掌恭敬白观自在菩萨摩诃萨言：“善男子，若有欲学甚深般若波罗蜜多行者，云何修行？”如是问已。

尔时观自在菩萨摩诃萨，告具寿舍利弗言：“舍利子，若善男子善女人，行甚深般若波罗蜜多行时，应观五蕴性空。舍利子，色不异空，空不异色。色

---

① 引自马丁·海德格尔《哲学论稿（从本有而来）》，第 307 页，孙周兴译，北京：商务印书馆，2012。

即是空，空即是色。受想行识，亦复如是。舍利子，是诸法空相。不生不灭，不垢不净，不增不减。是故空中无色，无受想行识。无眼耳鼻舌身意，无色声香味触法，无眼界乃至无意识界，无无明亦无无明尽，乃至无老死亦无老死尽。无苦集灭道，无智亦无得。以无所得故，菩提萨埵依般若波罗蜜多，故心无罣碍。无罣碍故无有恐怖，远离颠倒梦想究竟涅槃。三世诸佛依般若波罗蜜多，故得阿耨多罗三藐三菩提。故知般若波罗蜜多是大神咒，是大明咒，是无上咒，是无等等咒。能除一切苦，真实不虚。故说般若波罗蜜多咒。即说咒曰：

揭谛揭谛。波罗揭谛。波罗僧揭谛。菩提萨婆诃。

如是舍利弗，诸菩萨摩诃萨于甚深般若波罗蜜多行，应如是行。"如是说已，即时世尊从广大甚深三摩地起，赞观自在菩萨摩诃萨言："善哉善哉。善男子，如是如是。如汝所说，甚深般若波罗蜜多行，应如是行，如是行时一切如来皆悉随喜。"尔时世尊说是语已，具寿舍利弗大喜充遍，观自在菩萨摩诃萨亦大欢喜。时彼众会天人阿修罗乾达婆等，闻佛所说皆大欢喜，信受奉行般若波罗蜜多心经。

大本《心经》的正文（正宗分）庶几抄录了玄奘译本。对话的现场和不同的言辞，时而飘散，时而凝聚，犹如一树摇曳而满山动荡，一影随形而众影随形。

对话有三种形式。第一种，是心灵与心灵的对话。此种对话是两种心灵结构的碰触与会通。对话的目的，是要打开情感蕴、生命蕴和语义蕴的通途，以最大的真诚使不同的本现相互映照。第二种，是理性或观念层面上的对话。此等对话不一定需要具体心灵的彼此呼唤或呼应，它只力求在方法论和目的论之间架设桥梁、打通隧道，以使存在的墙壁得以破开、深渊得以泅渡。第三种，是伪对话。概念、观念系统、逻辑结构处于孤立的、自言自语的状态，形成语言表达的无对话模式。简而言之，三种对话即：生命对话——生活与艺术的对话；存在对话——哲学与思想的对话；无对话——学院派死亡学术将语言固体化的"对话"。

包括《心经》《金刚经》在内的佛经的对话属于第一种，或者说是基于第一种对话而对第二种对话的领纳。精神和诗意的对话都是蕴的对话，只有蕴与蕴云卷云舒式的迷离迁流互化，对话才能实现。在对话中，物物相合，心心相许，孤心照彻孤心。我有一首《雷开门》，是在听"音乐佛"约翰·塞巴斯蒂安·巴赫（Johann Sebastian Bach）的《无伴奏大提琴曲》时，对窗外晴空雷鸣、风云聚散的吟诵：

雷开门
菌子出
骄阳艳艳
玉米熟

水到渠
藤在树
草青青
麂子来
山凹不语
菌无主

与万物对话，万物即我心中之蕴；与古往今来的人对话，人即我心中之蕴。对话，是将人性、心性、道性、行为诸相转化为蕴。人之内涵，是蕴之相生。人不能直接与人或物对话，只能与转化了的蕴对话。在对话中，抽象的人和物是不存在的。在抽象的人与人、人与物之间，对话没有通途。印度哲人、当代精神导师克里希那穆提有一篇短文，名曰《转化是我们的责任》："若想转化这个世界，就必须从我们自身开始做起，从自身做起指的就是了解自己的动机。我们的动机必须放在了解自己，而不是要求别人改变，或是透过左翼、右翼的革命来稍微修正这个世界。转化是我们的责任，不论我们的世界有多么渺小，只要能转化自己，在日常生活里真的产生顿悟，或许就能影响整个世界，改变人与人的关系。"①

对话，本真之义，是自我转化，自我证悟。般若日月，在我心阙。

就佛法而言，证悟是心灵自参为无相真如的一种虚静境界；就文学艺术而言则恰恰相反，达此证悟之虚静迷离境界，则只取物事诸相而风标，不取诸相背后的隐喻而说教。

《心经》的书写对话与证悟结合得天衣无缝。它在生成纯粹直观的对话时，将不得不蕴发的概念和概念的隐喻全部破开，使蕴在破立中穿行无碍。作为动

① 引自［印度］克里希那穆提《生命之书》，第390页，胡因梦译，南京：译林出版社，2011。

词的“无”（空蕴），就是破冰的无形利器。

所谓“无蕴”之破冰利器，实则是“妙有之蕴”和“妙无之蕴”的相互吸吮。

《维摩诘经》记载，维摩诘问众菩萨，什么是“入不二法门”，菩萨们各有说道。比如净解菩萨说：“有为、无为为二，若离一切数，则心如虚空，以清净慧，无所碍者，是为入不二法门。”又比如文殊师利菩萨说：“如我意者，于一切法，无言无说，无示无识，离诸问答，是为入不二法门。”文殊菩萨反问维摩诘，“维摩诘默然无言”。

对话与证悟，有时如鼓钹争鸣；有时如桃和梨，相忘于枝头。

有一次，我坐在一座木屋的门槛上，听见四只陶罐在自我拯救，故以《门口》一阕记之：

人去屋空。事物争吵着瓜分空寂。锈迹瓜分一个铁锤
门口的四只陶罐，无人认领，还未长出尾巴
一只在屋檐外接满了雨水，为逃跑准备好了眼睛
另一只在屋檐下，挺着弧形的肚子，假装早春的音箱
第三只饥渴，等待长出脚板，去井里舀水
第四只扬言，抱着门框浪迹天涯，去寻找烧制它的窑口
人去屋空。潮湿的钝，在瓜分一筐凿子

五　照见之静美

照见（Vyaavalokayati），假设了一个“向下看”的主体，是神居高临下的“看”。

根据比尔·波特考察，“照见”一词在梵文里的确有此语义。他说：“ava-lok 为动词‘向下看’之意。此处 vya- 为前缀，表强调，-yati 为动词第三人称单数后缀，所以，Vya-avaloka-yati 的字面意思就是‘专注地向下看’。这个姿势大概是观自在菩萨的招牌动作。而且，向下看又让人联想起须弥山顶的天神——佛陀升入忉利天为母说法之时，那位摩耶夫人转生的知足天天神也是这个姿势吧。”[①]比尔·波特所言，暗含着观自在即是圣母的猜想，因为佛母去世后，到达了欲界六天的第四层天知足天（又译兜率天，弥勒道场），成为天神。不过，

① 引自［美］比尔·波特《心经解读》，第 76 页，叶南译，海口：海南出版公司，2012。

佛法并不以立神为目的，相反，作为“整体”本质之神的塑造，是佛法所最警惕且扬弃的。佛经中的这一思想至关重要。正是在这一点上，佛法和佛教有了分野。

佛法是人间法。佛法的伟大之处，正在于它是人的佛法，而非神的佛法。佛法的立足点是人的感觉和感知系统，而非知识工具驱使的逻辑概念系统。佛法之所以伟大，恰恰在于它的非本质、非本体之语言框架，甚至是反语言框架的。

因此，照见，不是照见一个对象，而是自我照见。从字面看，即是“观自在”，从蕴的迁流漂移言之，则是“观 - 自 - 在”。此照见并非主观对客观的反映，而是主客合一的自在显明——自性开显。或许可解为“观 - 自 - 现”。

万物在心灵结构中的显露，即是心灵结构的呈现。这就是说，心灵结构的时空（“观 - 世 - 音、观 - 自 - 在、观 - 自 - 现”），是蕴的时空，是蕴的在 - 场或暂住。在此，蕴与照见，是同构的，蕴即照见，照见即蕴。

般若之显明，亦是蕴和照见之显明。“观自在菩萨，行深般若波罗蜜多时”，智慧渡（度）到彼岸，实际上是蕴（照见）的漂移。

渡（度）即“照见”（蕴）的漂移。

事实上，所谓彼岸者，只是一个假设，并非真的有彼岸可以到达。

彼岸，就在度（渡）的地方，在此岸，在出发点。

窃以为，就“照见”的深意而言，它并非自上而下，也非自下而上，而是原点平视；照见，并非从此 - 在看出去（看对方），也不是从彼 - 在看过来（被看）；照见，是自观、自省、自证的看，是在原身的自 - 度（渡）。

当然，若是从佛教普通信众的角度理解，“照见”就是神的眼光看着、呵护着包括人在内的世间万象。神从来不会以平视的眼光看人，这是因为人塑造的神之高度，无限地高于人。

佛法没有假设神（超人）的光芒去照见人间，将人视为盲目的蝼蚁。佛法是人之法，而非神之法。佛法甚至在警惕佛法作为虚拟主体的过分强大而损害觉者。所以，佛法是在佛法与非佛法之间漂移之法，而非知识或概念体系。

佛法与佛教之不同，亦表现在对“照见”理解的不同。

照见，即到达。你可以说是光 - 明的到达，亦可以说是视觉感知的到达，更或是诗意的到达。我的《屋宇》组诗中，有一阕《到达》吟诵：

我终于到达秋天。我无话可说。

现在，梨树决定，要让所有的梨落下了。

接着，梨树又决定，让所有的叶子落下。

我等着一个决定，一个回音——

从南方到北方，夏天落幕的轰响。

可是，我只隐约听见，梨花来叫梨，梨在叫梨花。

到达，不是终结，而是蕴的显露（暂住），如“小荷初露尖尖角”，“山雨欲来风满楼”。到达“远方”容易，到达“自身”极难。因为“远方”，是空相之维，没有边界之绵延，可放任神思遨游；而自身是实相之在，形色音声清晰可辨，其本身就可能是执障，不易破壳而出、雨润莲开。佛法之到达，须将实相的此 - 在之重，化为空相的彼 - 在之轻，何其难哉。

照见，或是由近以远、由远而近、自我束缚而又自我澄清的生命轮回。到达，永远处在身心轮回的某个点上。自在自明的到达，是身心一枝花。“照见五蕴皆空，度一切苦厄”，也可以如是吟诵——“五蕴皆空照见，一切苦厄度我”。

照见是煦光的静美，是无条件的自我化育。

照见之为静美，其实质是对心灵结构的反观。反观即是人向着静美的逆向回归。古今伟人立心、立言、立法、立德，无一不从反观自我的或集体的心灵结构开始，回归人本真存在的静美境界。

反观是回归本真之素相。黄宾虹《国画理论讲义》开篇云：

人之初生，在襁褓中，未能言语，先有啼笑。见灯日光，哑哑以喜，寘之暗室，呱呱而泣。晦明既辨，即分黑白。黑白者，色相之本真，其他不过日光之变化，皆伪幻耳。[①]

抵达照见之静美，就是去除伪幻对人的污染。用马丁 · 海德格尔的概念说，反观是“去蔽”的清洗过程；用埃德蒙德 · 胡塞尔的话说，就是“回到事物本身”。事物本身之在，即是静美。不著人为之相，不染人为之污，是为真相。

真相在静美开显之时呼之而出——“菩提萨埵，依般若波罗蜜多故，心无罣碍，无罣碍故，无有恐怖，远离颠倒梦想，究竟涅槃”。南宋无门慧开禅师

① 引自卢辅圣编《黄宾虹艺术随笔》，第 145 页，上海：上海文艺出版社，2012。

有偈语吟诵：

春有百花秋有月，夏有凉风冬有雪，若无闲事挂心头，便是人间好时节。

六　蕴之语

我的《春光》组诗中有一首《鸡鸣》可喻蕴之语的一阵音声形色风浪：

鸡鸣呜呜，饮尽残阳。鸡鸣咕咕，饮尽韶光
鸡鸣连着鸡鸣，山峰连着山峰，云雨的千万襁褓挂在空天
石头靠着石头，树摩擦着树，山路如绸在风中起伏
鸡鸣空空，叫万物做成春色。鸡鸣慌慌，叫人养成心灵
鸡鸣崔崔，画着水墨长空。鸡鸣遥遥，与闲愁相约红透

我与鸡鸣之蕴相约对饮乡音，正如与闲愁相约红透桃花。

《说文》：“蕴，积也。”《广雅》：“蕴，聚也。”比尔·波特释“蕴”：“或译‘阴’、‘众’，可理解为‘聚合’。在佛教教理中，经验世界是由色（外境）、受（感觉）、想（知觉）、行（记忆）、识（意识）这五类空幻的聚合，也就是‘五蕴’的构成。五蕴也是构筑阿毗达摩理论的基础之一。”[①]所谓阿比达摩理论，是指那种卓异的佛法体系。

佛法，无论是心中的，还是书写的，均源于蕴的凝聚。比尔·波特说：“在梵语中，‘蕴’字(skandba)的本义是指树干。我有时觉得，佛陀当年说法用到‘蕴’字的时候，心里想的也许是印度榕树（Ficus indica）的树干（支柱根）。榕树是极为奇特的树种，它在幼年阶段是附生植物，种子常发端于其他树木的树冠中间。幼苗生成不久，便发育出气生根垂直向地面发展，有的气生根入土后就长成树干一般的支柱根，有些则会缠绕在它的宿主身上，越勒越紧，最后将宿主植物绞杀而死。长大的榕树会不断发展出新的气生根，气生根入土又不断生成新的支柱根，就这样，在百年左右的光阴里，一棵榕树就长成了一片树林，再也分不清哪根是最早的支柱根。”[②]比尔·波特猜测佛陀“五蕴说”的缘起可能受到

①② 引自［美］比尔·波特《心经解读》，第 256、77 页，叶南译，海口：海南出版公司，2012。

印度榕树的启发，尽管这个想象难以考证，但榕树“独木成林”、从空中向四周繁衍的生长方式，则恰好可喻“蕴”无论作为法，还是作为概念内涵的漂移迁流的形态。

蕴，一般可释为“名”，是个名词或曰概念。但我以为，蕴应该作为动词解。蕴，是不得不用之名，其真义是非名的。非名而名之，是语言不可为而为之的法门。

作为动词的蕴，是“佛法即非佛法”（《金刚经》），漂移幻化的佛法，是鲜活的心灵结构的行动自显；文本的佛法理论，是佛法的终结，而非佛法。

佛法藉语言漂移迁流，而终于语言。

佛法是语言之蕴，蕴是语言之花。

鲜活的佛法、欢喜且温暖的佛法，是蕴在心灵结构中一次次地被激活，一次次地风春万物般地漂移迁流。因此，蕴不是一个内涵和外延稳定的概念，而是一个漂移着创造内涵的幻相，它既非空相，亦非实相——一种可以感觉、感知的虚妄。

蕴处于生成、暂住、寂灭、生成……的永恒幻化之中。蕴，既可以是极少，也可以是众多；既可以是阴的深阔，也可以是阳的能量，或阴阳的缠绕与旋转，犹如陈抟老祖画的太极双鱼宇宙；既是存在之符码内涵，也是存在之诗意形式，还是存在凝聚的中心或边界。

蕴，是无相之相，是万相之“一”，或“一”之万相。

熊十力云：“案世间计执有所谓我，有所谓宇宙。佛氏便将所谓我与宇宙，加以解析，只是色受等法，互相积聚而已。本无实我，亦无实宇宙，如剥蕉叶，一一剥落，便不见有实物故。”[①]

蕴，如雁阵横过长空，在天留下空，在心留下影子。蕴是被看之“雁阵”，亦是雁之“看”，是孤雁啜饮苍茫，亦是雁阵横空涂鸦。

蕴，如树与果子的自显。以人观之，树与果子不知其自显。我的《屋宇》组诗中有一阕《梨树和梨》吟诵：

听说，在天边外。秋深，晨开，夜风在山谷结出卵石。
罗伯特·弗罗斯特的梯子，伸进梨树，高于梨叶。
弗罗斯特不在，只有鞍在。我不在，只有箩筐在。

① 熊十力：《佛家名相通释》，第 21 页，上海：上海书店出版社，2007。

梨问另一个梨——所有的梨，都在问梨。

为什么，梨核都是酸的，古往今来的酸。

有一个梨说，这不是梨的决定。是梨树。

梨树突然颤抖。一棵树说，也许是春天的白花。

另一棵树说，也许是风绿，雨湿，光荫。

还有一棵树说，难道是那把长梯。那些木凳。

日过中午，不闻梨喧。日落山梁，不见梨黄。

梨树和梨，是一则寓言之诗。“梨树”作为蕴，梨亦作为蕴，在滋生出许多蕴，诗意在蕴的滋生时刻生成。那些蕴，都在“梨树”和“梨”这两个母蕴中润出，而蕴也润出梨树和梨。蕴纷纷润出，然后又消失。我随其滋生，亦随其消遁。

蕴在漂移，故人亦在漂移。语言生成蕴，蕴生成语言；语言即蕴，蕴即语言；蕴生成世界，世界生成蕴。蕴将世界化成语言和符码。

言至于此，突然觉得“蕴”虽可释，却无意义可确言之。又或因无意义而释之，以为欢喜故也。谨录古德偈语[①]几则咏颂：

其一：

动静理全是，行藏事尽非。冥冥随物去，杳杳不知归。

其二：

方听无生曲，始闻不死歌。今知当体是，返恨自蹉跎。

其三：

念念照常理，心心摄幻尘。偏观诸法性，无假亦无真。

其四：

四住虽先脱，六尘未尽空。眼中犹有翳，空里见花红。

其五：

豁尔心开悟，湛然一切通。穷源犹未尽，尚见月朦胧。

蕴之语，千万偈；蕴之语，穿越古往心阙，来救我吧。

蕴是救我之舟筏，渡我之光明。

---

① 以下五则古时高僧大德的偈语，摘录自明旸法师《佛法概要》，第 322—323 页，上海：上海古籍出版社，1998。

废名的转向

孙　郁

鲁迅生前不太喜欢废名，这可能和与周作人的冲突有关。周作人攻击鲁迅最厉害的时候，废名恰是与周作人走的最近的一个人。看废名留下的文字，对于鲁迅印象总体不坏，即便有一点微词，那是趣味不同的缘故。鲁迅自己在编辑新文学大系的时候，也选了废名的作品，虽然评价有所保留，但作为文学史片影的一种勾勒，并没有因为彼此的隔膜而遗漏了这位作家。

民国的京派文人中，周作人、废名的名气很大，他们崇尚学理，对古希腊传统的重视，以及人类学打量的视角，都与马克思主义颇有冲突。在马克思之前的遗产里寻找自己的心灵对应物，使他们与近代理念有了不同的轨迹。他们远离革命的态度，遭到左翼的批判也是自然的。当革命胜利后，京派失去了自己的园地，书斋式的冥想已成昨日之梦，这个无路可走的阵痛，曾久久折磨着诸位文人。

四十年代末，废名的思想开始变化，在阅读了毛泽东《新民主主义论》之后，世界观受到很大的震动。使他精神出现转折的因素复杂，一是经历了抗战后，认为国民党不行，没有管理国家的能力；二是在为人民与为君的话题上，共产

【作者简介】

孙郁，教育部长江学者特聘教授，中国人民大学文学院教授、院长。

党优于国民党，主张里有为人民服务的要素。而为民的问题上，他所期待的是，保持尊敬孔子的遗风，延续民间对佛教的信仰，则国家无乱也。废名在《一个中国人民读了新民主主义论后欢喜的话》中，以他特有的学理方式，表达了自己对于新来的政权的期盼。

但他没有料到，五十年代初自己会被迫离开北大，到陌生的东北工作。许多人猜测，废名的调离，与他的背景有关。在北大人中，他与周作人关系最好，据说每年过年都要给周作人送一车煤，精神还与京派文人牵连甚深。离开北大，切断了与帝京的联系，他后来对此很有抱怨。东北之行，不仅时空大异，心绪也开始变化。在参加了各种活动之后，思想渐渐由自由主义向集体主义靠拢，毛泽东思想在撼动他年轻时代建立起的空中楼阁。这结果是，教学的思路出现变化，思想也靠近组织。在学术上，接受了左翼的一些理论，先前的调子弱化起来。具体表现在对于鲁迅的态度上，他由一个远离鲁迅的作家，变成一名推崇鲁迅的学者。

这个转变，说起来耐人寻味。京派文化的式微，他是明确感受到了。五四的遗产，一个个受到批评，资产阶级的学术，早已不合时宜，唯有鲁迅成了不倒的旗帜。他在新的变故里，一遍遍重读鲁迅，渐渐觉出先前所没有感受的东西，开悟的样子，在其文字里出来。在《鲁迅先生给我的教育》一文里，他写道：

鲁迅先生给我的教育，不是鲁迅先生生前给我的，是鲁迅先生死后，是中国已经解放了，有一天我感得我受了鲁迅先生很大的教育。说起来是我的痛苦的经验，我想告诉爱好文学的青年。

学习文学的人，如果不热心政治，那是没有前途的，简直是个危险的道路，我的痛苦的经验告诉我如此。在五四后，我对文学发生兴趣，想把毕生的精力放在文学事业上面。起初我并不脱离政治，对政治是热心的，我最早写的一篇小说就是写自己同北大的同学向那时的北洋政府请愿挨打的事情。不久就一天天地逃离现实了，自己以为自己的小说越写越好，其实是受了欧洲资产阶级文学观点的影响，把中国的宝贵的现实主义传统一下子给扔了。那时鲁迅的《彷徨》正出版，我对它就不如《呐喊》初出版时那么热心，《呐喊》我是预约的，如饥似渴地盼望它出版，一出版就去取书，拿在手上就看那一篇“自序”，非常受其吸引地读下去。《彷徨》也买了一本，翻开一看，没有著者自序之类的东西，只在卷首引了屈原《离骚》里面的几个句子，“朝发轫于苍梧兮，夕余至乎县圃：

欲少留此灵琐兮，日忽忽其将暮。吾令羲和弭节兮，望崦嵫而勿迫：路漫漫其修远兮，吾将上下而求索”。我看了之后就很不懂了，也没有求懂的兴趣，扔了。这一扔，不但扔了鲁迅，也扔了屈原，也扔了司马迁等等。我自己的文学活动也继续了几年罢，几年之后就停止了，因为走进死胡同里去了。[①]

在废名的成长史里，周氏兄弟的影响可说很深。自一九二三年到北京读书，很快被周氏兄弟吸引。最初的时候，他很佩服鲁迅的文章，但后来与周作人关系甚密，觉出激进的问题，便成为苦雨斋的常客。亲周氏而疏鲁迅，在他有很多的道理。因为周作人提供的学理与趣味，与自己的生命感觉很近，且多逆俗之响。鲁迅的高缈、峻急，都有超人的痕迹，且凌厉之气彻骨之冷，望之而生怯，也是自然的吧。

鲁迅的文本最初给他的感觉极为惊异，他在多篇文章里写到那文字对于自己的刺激。那时候北京知识界派别林立，他曾经逍遥地游走在学林，欣赏的眼光里，有一丝脱世的快慰。在鲁迅与陈西滢的论战的时候，废名是态度鲜明站在鲁迅、周作人一边的。因为在周氏兄弟那里，他看到了个性的真与思想的深，没有绅士阶级的痕迹。他自叹自己的文字是天下太平之中的光景，而鲁迅则在沙漠里走来走去，趟过荆棘，那是非常人可及的存在。从早期的文字看，鲁迅的超俗之笔，还是深深吸引了他的。

在最初的写作里，周氏兄弟的影响都可以看到一二。乡土之趣得自鲁迅，文章的安静则从周作人那里来。他捕捉乡间人的痛苦的人生，分明有《呐喊》的影子。《浣衣女》里的李妈，我们似乎感受到鲁镇的女人的不安，《阿妹》写乡下姑娘的死亡，都有一点压抑的氛围，颇多苦楚之音。《菱荡》刻画勤劳的陈聋子，乡下人朴素、寂寞的感觉，依稀也有鲁迅那样的爱意。废名写农村人，用的是童话的笔触，这些似乎受了鲁迅翻译的爱罗先珂作品的影响，而韵致则是鲁镇与未庄式的。我们不妨说，没有鲁迅，废名可能还不会有一种描写乡土的冲动，恰恰是《呐喊》的世界，让他悟出小说写作的某种道理。

不过，他的借用鲁迅审美的风格，还仅仅在几个狭小的点上，根底还在自我的圈子中，目光不够广远，对于俗世里的阴暗与残忍之态，只是表层的勾勒，无法抵达人性复杂的领域。鲁迅说他“珍惜他的有限的‘哀愁’，不久就更加

---

① 《冯文炳选集》，第 392 页，北京：人民文学出版社，1985。

不欲像先前一般的闪露，于是从率真的读者看来，就只见其有意低徊，顾影自怜之态了”。[①]这描述真的精准而客观。对于废名的才华的赞佩中还带着惋惜，那是让人一看便明的。

卞之琳在分析废名与鲁迅的关系时说：

> 鲁迅是大家，废名是奇才，不能相提并论，但是即使对比一下，也能发人深省。鲁迅也曾看出过废名的“特长”，说在一九二五年出版的《竹林的故事》里，“以冲淡为衣，而如著者所说，仍能‘从他们当中理出我的哀愁’的作品”。鲁迅早期写乡土小说，笔墨凝练，好像进行铀浓缩，早有火药味，废名早期以至到更炉火纯青时期写小说却像蒸馏诗意，一清如水。[②]

鲁迅只给了他寂寞的写作的感觉，而在内心深处，他对于恶的存在尚无拷问的勇气。因为喜欢宁静的文字，要让他走进鲁迅的惨烈之地，也并不容易。他的天性有一点书斋气与庙宇学者的文气，自己的世界在安静的世界里居多。周作人的世界的温文尔雅和博杂深切，很快吸引了他。精神的天平不久倒向周氏，也是自然之理。他的文字有时候与鲁迅开一点玩笑，并非不恭，而是远距离的欣赏、玩味，审美的判断里有古典的趣味。看得出他还没有能力以自己的知识体系对应《呐喊》《彷徨》的精神意象，与其说他们的气质迥异，不如说知识结构颇有差异，这在那时候的青年中，是不乏其例的。

左联成立之后，鲁迅的左翼倾向引起京派文人的不满，周作人有多篇影射鲁迅的文章，废名并非不知道其间的因由。那时候周作人身边的人，许多对鲁迅都有一点微词，刘半农、钱玄同都对鲁迅的个性有所不满。而废名对鲁迅的意见，还是知识论层面的因素为多。比如鲁迅过于局限于现实的矛盾，而周作人则能够从古希腊与西方人类学等知识入手思考问题，精神要开阔得多。在为《周作人散文钞》写序的时候，他说：

> 鲁迅先生与岂明先生重要的不同之点，我以为也正就在一个历史的态度。鲁迅先生有他的明智，但还是感情的成分多，有时还流于意气，好比他曾极端

① 《鲁迅全集》6卷，第252页，北京：人民文学出版社，2005。

② 《冯文炳选集》，第7页，北京：人民文学出版社，1985。

的痛恨“东方文明”，甚至于叫人不要读中国书，即此一点已不免是中国人的脾气，他未曾整个的去观察文明，他对于西方的希腊似鲜有所得，同时对于中国古代思想家也缺少理解，其与提倡东方文化者固同为理想派。岂明先生讲欧洲文明必溯到希腊去，对于希伯来、日本、印度，中国的儒家与老庄，都能以艺术的态度去理解它，其融会贯通之处见于文章，明智的读者谅必多所会心。鲁迅先生因为感情的成分多，所以在攻击礼教方面写了《狂人日记》，近于诗人的抒情；岂明先生的提倡净观，结果自然的归入社会人类学的探讨而沉默。鲁迅先生的小说差不多都是目及辛亥革命因而对于民族深有所感，干脆的说他是不相信群众的，结果却好像与群众为一伙，我有一位朋友曾经说道，鲁迅他本来是一个 cynic，结果何以归入多数党呢？这句戏言，却很耐人寻思。这个原因我以为就是感情最能障蔽真理。而诚实又唯有知识。[①]

此文可以说是京派文学青年的基本审美观与价值观的表述。废名等人与鲁迅的分歧点，已经十分清楚。而我们看他那时候的创作，精神偏于希腊式的宁静和古人的博雅之趣，则真的和左翼距离甚远的。

周作人对于废名极为欣赏，在其身上看到自己所喜爱的品质。文章有趣，且向学问之地延伸，恰符合京派学者的口味。废名礼赞厌世的文章里的清寂、古雅，连带对佛学的思考，都有超俗之韵。因为向内的深入，便与窗外的风雨颇隔，自己走在古人的幽径和记忆的深处，也少了一般文人的燥气。内省的文章，在顿悟中增加学理的沉思，在周作人看来都很难得。而左翼文学缺少的，可能就是这样的韵致。

废名与周作人，是以文明论的眼光思考问题，那必然是书斋里的遥思，与当下拉开了距离。鲁迅是跳进苦海，去救那些苍生，就有几分殉道的悲壮气味，是现实的变革的参与者。但废名与周作人都没有看到鲁迅的济世之思里的伟岸和情怀，在改变社会的背后，有巨大的精神热流，这是人间思想的迷人之所，其实是把古人智慧活化在人间的一种选择。这个道理，只有后来经历了精神阵痛之后，他才开始有所明白。

新中国成立前后几年，北大的风气和过去大不相同。随着周作人等京派文人的消退，废名固有的阵地丧失，除了改造自己，已经别无他路。共产党的理

---

① 《废名文集》，第 120 页，北京：东方出版社，2000。

论与他先前的思想完全不同，对于那个陌生的存在开始渐渐适应，而且觉出阶级论自有其精神的道理，似乎可以解开许多现象之谜。而确立新的思想的参照，在他那里，也只有鲁迅。通过对鲁迅的重新读解，才有可能融入新的社会之中。

他在东北的工作并不顺利，有时候还受到一些外在的因素干扰。其思想经常受到同行的批评。这些批评有些是善意的，有些则带有攻击性。他渐渐接受了其间的一些道理，思想中的鲁迅的分量，重于周作人了。

在废名的眼里，鲁迅的价值在两方面。一是革命性、民族性的深切；一是文章学层面的变革的不朽之力。转变后的废名在《跟青年谈鲁迅》中，分别阐述了这两点。

在讨论《阿 Q 正传》的时候，他重点强调的是鲁迅对民众的革命的理解与辛亥革命的教训，使用的多是那时候流行的观点。阿 Q 其实非常复杂，废名也只能从革命性的话语里分析人物，把鲁迅文字背后的丰富的存在消解了。《阿 Q 正传》的内涵，恐怕不能以一种理论论之，这里有鲁迅复杂的感受，夏目漱石、果戈理、吴敬梓等人的思维，这里都有一些。我们甚至读出塞万提斯式的智慧。鲁迅的发散思维里，消解了许多确切性的东西，他自己许多朦胧的感受，也恰是使人物复杂化的原因。废名只从一种理论中强解其意，看出转变的时候的思考的匆忙。

这个时候的废名，在许多研究者看来有些可惜，因为他用一种并不熟悉的理论面对熟悉的文本的时候，自己可能走入另一个盲区。不过，显示废名解析文本才华的，是对于语言的思考。他从旧的文章学层面出来，以灵动之笔探索鲁迅文字的魅力，则有别人不能道及的味道。《鲁迅对文学形式和文学语言的贡献》说：

鲁迅在五四新文学运动开始时，他的语言特点，同古代陶渊明有相似的情况。陶渊明写诗的语言去掉了陶渊明以前以及与他同时的诗人所用的词藻，所以历史上曾有人批评陶渊明“词采未尤”，他们不知道陶渊明的特点就在他能够白描。鲁迅的小说，比起中国近代的戏曲以及章回小说来，其特点也正是白描，选词造句去掉了一切不必要的东西……[①]

---

① 《冯文炳选集》，第 429 页，北京：人民文学出版社，1985。

陶渊明是废名一直推崇的诗人，其不凡之笔，逆转了词章上的旧风，一洗旧尘，迎来清朗美妙的天地。鲁迅在文章上的革命，毫不弱于陶氏，在文白之间，鲁迅的熟练手法也令其叹为观止：

鲁迅有时采用文言的句子，念起来还很顺口，如《论雷峰塔的倒掉》里特别有这么一句："现在，他居然倒掉了，则普天之下的人民，其欣喜为如何？""普天之下"虽是古语，但在当时还是很习用的，所以鲁迅采用在文章里。同一篇里他又用了这么一句口语"活该"。那是采用口头语入文，用的真好。从这里看到他的语言的丰富，对他说来可谓要什么有什么。[①]

这些感叹，都是他过去文章学理念的延续，谈新诗的时候，就用这样的观点。他在民国年间给北大的学生授课，注重的就是新的文章学的知识。从六朝到五四，词章的奥秘被一一道及。而鲁迅的创新的表达，确乎开一代新风。不过仅仅是词章之美，还不能说及思想之深，他发现新的理论可以把过去自己朦胧的感受条理化，引进阶级的观念，那对于历史与文学的看法，就多了另一种眼光。所以，除了文章学的话题，对于他来说，用马克思主义阶级观思考文学的本质，不妨说也是一种重要的参照，比如谈及杜甫，就这样写道：

我还认为应该把杜甫和现代的鲁迅比。我引杜甫最后在湖南写的一首《朱凤行》：

君不见潇湘之山衡山高，山巅朱凤声嗷嗷，侧身长顾求其曹，翅垂口噤心劳劳。下愍百鸟在罗网，黄雀最小犹难逃。愿分竹实及蝼蚁，尽使鸱枭相怒号！

这里"愿分竹实及蝼蚁，尽使鸱枭相怒号"，不很像鲁迅的"横眉冷对千夫指，俯首甘为孺子牛"吗？杜甫虽然自比为凤凰，但他一点没有知识分子的骄傲，只显得他一个有良心的剥削阶级知识分子的处境艰难。杜甫和鲁迅，都是憎恶本阶级的感情极重，自己愿意站在"蝼蚁"的一边，愿站在"孺子"的一边。[②]

①② 《冯文炳选集》，第430、458页，北京：人民文学出版社，1985。

这已经完全是左翼的理论了，已经看不到多少周作人的思想痕迹。他在《新民歌讲稿》《美学讲义》里，透露的是相近的思路。这个转变，是力度很大的。他由苦雨斋走向社会，聆听到另外的声音，知道自己在象牙塔里的叹息多是无用，而从阶级分析的角度打量历史留下的诸多遗产，也许更有价值。从这里看出，他关闭了向精深内部挺进的大门，思想与外部世界有了对话的渴念。而那时候外部世界提供给他的，也只是这类的存在。其话语与革命的话语对接，给他带来了另一种收获。

废名的转向，引来后人诸多的议论。有人说是内心的脆弱使然，有的则看到其自身审美逻辑的延伸的必然。在我想来，社会的巨变，使他认为旧文人的独善其身已经不太可能。人不是孤立的存在，社会结构已经让人成为阶级链条的一部分。周作人的落水缘自己身的消极与外力的挤压，而自己的落伍可能是失去与外界对话的能力。巨变的世界没有孤岛，他坦率地意识到，这一点，鲁迅比周作人高明得多。

但是讲阶级的理论和革命文化，他的基础并不很好，论述鲁迅的文字中，皮毛的东西是有的。那时候冯友兰、金岳霖、朱光潜都在转变之中，改造知识分子，重新寻找自己的话题，是不能不面对的选择。理解鲁迅，除了德国古典哲学传统，还有俄国文学的传统，这些都要关顾，可惜他还没有这样的基础。不过，这一转化中，他看到了过去没有看到的鲁迅，那些没有进入视野的思想与诗意，倒给了一种转变的理由。他的老师周作人那时候只能写点鲁迅的史料和掌故，而他则走近思想者鲁迅的世界，步幅大了许多。否定旧我，需要大的勇气，他自己由此付出的，的确很多。

废名是一个好的文章家，他的六朝式的笔意和禅风里的神采，本可以在深的领域延伸下去，有一个更为丰硕的成果。但他在鲁迅的世界发现了自己的短板，终止了属于自己的文学之旅。自己的本然的消失，并未能使他成为鲁迅的深的知音，反而失去固有的优势。晚年的他，对于自己并不满意，然而，还有别的路途可以走么？那个时代的到来，他没有充分的心理准备。知识分子必须改造自己，在那时已经是大势所趋。鲁迅的谜一样的所在真的是博矣、深矣，他仅仅得其片段，还没有精心沉潜其间的时候，便匆匆离开了人世。张中行说他“重礼，常常近于执”，[①]真的是知人之论。

---

① 张中行《负暄琐话》，第 70 页，哈尔滨：黑龙江人民出版社，1994。

新文化运动：未完成的启蒙还是走火入魔的反传统？[①]

陶东风　张蕴艳　吴娱玉

新文化运动百年纪念已落下帷幕，而留在舞台上的则是人们的思考：对于这段一直活在当下而没有真正过去的历史，我们应该纪念什么和如何纪念？应该回忆什么和如何回忆？用美国汉学家舒衡哲（Vera Schwarcz）在纪念五四运动七十周年时撰写的文章《五四：民族记忆之鉴》的话说，新文化运动或五四运动的纪念记忆阐释史，本质上属于通过不断涌现的书写和再书写，来显示“一个民族如何通过对自己与其过去的关系之自觉，不断地解释它的特性和使命”。[②]从她写作此文到现在，又一个二十五年过去了，围绕新文化运动 / 五四运动的话语权争夺并未停息，各种公开的官方纪念和私人、半私人的个人回忆不断交叠，新的记忆叠加于旧的记忆，新的书写涂抹了旧的书写，而旧的记忆和书写又在今人笔下通过各种形式得到重述或重构，并对新的记忆和书写加以反哺。新文

【作者简介】

陶东风，首都师范大学文化研究院首席专家，杭州师范大学人文学院特聘教授。张蕴艳，上海交通大学人文学院博士。吴娱玉，上海大学文学院博士后。

① 本文依据陶东风、张蕴艳、吴娱玉编《新文化运动百年纪念文集》的“导言”修改。

② ［美］舒衡哲（Vera Schwarcz）：《五四：民族记忆之鉴》，《五四运动与中国文化建设——五四运动七十周年学术讨论会论文选》，第 151 页，北京：社会科学文献出版社，1989。

化运动 / 五四的意义之解释和再解释、生产和再生产的过程，也体现了记忆的覆盖和反覆盖、遮蔽与反遮蔽的复杂博弈。

从而，五四遗产在一定意义上就是通过有关五四的话语故事得到持续不断的再生产，这看来也是它不可避免的宿命。整理、追寻这些话语故事的不同版本，有助于通过考古式地揭示历史记忆的各种叠加版本，探寻新文化运动 / 五四的多重面相，开拓新文化运动 / 五四的思想文化资源，寻求建构政治共识的多重可能，以资应对今天如何纪念、纪念什么以及如何阐释的困局。

舒衡哲将五四的记忆史（所有关于五四的回忆和言说的总和）称为"寓言化"（allegorization）的历史。所谓"寓言化"即"将历史作成批判现实的镜子"。因为"随着时间的推移，历史的真相及其教训已发生了变化。每代新人都因为他们自己的需要和抱负，为五四启蒙运动创造了不同的意象"。这样，"寓言（allegory）是指为了有明确目的来教育当代的记忆重建"。[①] 舒衡哲还引用了历史学家刘易斯的观点，认为关于五四的各种追忆的总和，是"一个共同体或国家的集体回忆，或者说国家的领导、诗人及贤人等，有选择性的回忆某些事情，并视其为重要的事实和象征"。[②]从舒衡哲区分的五四记忆史的两大来源，即"纪念"和"回忆"（前者是与重大政治事件相关联的集体性的活动，而后者则是个人性记忆），以及她对官方五四纪念意图变迁的追溯，都可见出这种选择性记忆的寓言本质（她甚至把五四天安门示威运动刚刚结束不到三个星期罗家伦写的《五四运动的精神》视作关于五四的"第一个寓言"）。舒衡哲特别揭示了在一九四九、一九六九和一九七九年三个历史关节点，知识分子必须使自己的五四回忆"适应中国政治生活中的决定性转变"，是否忠于官方五四形象成为检验一个学者是否对党忠诚的严峻考验。[③]

郭若平二〇一四年出版的专著《塑造与被塑造——"五四"阐释与革命意识形态建构》更为系统地梳理了对五四的这种"寓言化"阐释——他称之为有关五四的"话语故事"——三十余年的历史，并提炼出四个有代表性的五四话语故事——他称之为"文本"："七九文本"，"八九文本"，"九九文本"和"〇九文本"。这里的"文本"并不是指单篇文章，而是四个文集：一、《纪念五四运动六十周年学术讨论会论文选》，系一九七九年五月二日至九日中国

①②③ ［美］舒衡哲（Vera Schwarcz）：《中国启蒙运动：知识分子与五四遗产》，第 287、290、298 页，刘京建译，北京：新星出版社，2007。

社会科学院举行的“纪念五四运动六十周年学术讨论会”论文集；二、《五四运动与中国文化建设》，系一九八九年五月五日至七日中国社会科学院举行的以“五四运动与中国文化建设”为主题的学术讨论会论文集；三、《五四运动与二十世纪的中国》，系一九九九年北京大学“纪念五四运动八十周年国际学术研讨会”论文集；四、《五四运动与民族复兴》，系二〇〇九年四月二十八日北京大学“纪念五四运动九十周年暨李大钊诞辰一百二十周年理论研讨会”论文集。这四种关于五四的文本（话语故事）各有其潜在的意识形态诉求，当然也都是寓言。大体言之，“七九文本”为“思想解放”的寓言，是对新时期前中国社会政治生态与思想生态的反思性产物，走出“现代迷信”是这个寓言的核心。“八九文本”是“现代化”的寓言，它“借助对古今中外文化同质性与差异性的分辨，来获取中国社会现代化的认知地图”。这个版本的三大话语基石分别是：以民主与科学为精髓的“理性主义”，传统文化的“创造性转化”以及“马克思主义的现代形式”。“九九”版的“五四”话语故事呈现分裂之势，九十年代以来的激进主义、保守主义、自由主义、民族主义等纷纷登场，新启蒙运动所建立的“脆弱的同质性”（不同程度地存在于“七九”和“八九版”中）业已解体。“〇九文本”延续了诸主义纷争的局面，但“民族复兴”论题异军突起，因为它呼应了当下“中华民族伟大复兴”的政治意识形态目标。①

郭若平以十年为单位选择四个选本（文本群）来概括“五四”故事/寓言的四个版本，大体可信（粗疏难免）。但所有选本都是有缺陷的，它在展开某种关于五四的言说可能性的同时，也难免局限或堵塞了五四话语叙事的其他进路。这首先是因为文本的局限。除北大版之外，二〇〇九年其实还有社会科学文献出版社的五四纪念文本，而且即使两者加起来也仍然不能囊括其他大量文本。其次也因为任何对五四的总结都不可能不带着特定的角度和价值立场，在有所发现的同时也必然有所遮蔽和忽视。

一　五四激进主义与“文革”渊源关系？

在浩大繁杂的众声喧哗中，一个最刺耳的声音无疑是：新文化运动/五四与

---

① 郭若平：《塑造与被塑造——“五四”阐释与革命意识形态建构》，北京：社会科学文献出版社，2014。

“文革”存在“渊源”关系吗？在什么意义上可以肯定或否定这种关系？抑或这种所谓“关系”完全是一个伪问题？二〇一六年恰逢“文革”发动五十周年，“文革”反思成为学界焦点，这就进一步增加了上述问题的重要性。

依据现有资料，最早、最先明确提出这种“渊源”假说的，恰恰是自由主义内部受到英国经验主义思想、特别是哈耶克思想影响的学者林毓生。[①]林毓生的《中国意识的危机》[②]把五四思想特征概括为“借思想文化以解决问题”的“全盘反传统主义”。在这本书的“绪论”中林毓生即写道：“二十世纪中国思想史的最显著特征之一，是对中国传统文化遗产坚决地全盘否定态度的出现与持续。”它可以追溯到五四时期，而一直延续到“文革”结束以前。“在中华人民共和国的历史中，又重新出现五四时代盛极一时的‘文化革命’的口号，而且发展成非常激烈的一九六六—一九七六年间的‘文化大革命’，这决非偶然。”因为两次文化革命的特点，“都是要对传统观念和传统价值采取嫉恶如仇、全盘否定的立场”。而且两者之间的“前提假设”也是一样的，即“要进行意义深远的政治和社会改革，基本前提是要先使人的价值和人的精神整体地改变”。[③]接着林毓生阐释了毛泽东的“文化革命”思想与马克思、列宁思想的差异性，以证明它实际上是来自本土五四知识界的激进思想。在本书的“结论”部分，林毓生再次重申：“毛泽东晚年竭力坚持的文化革命的思想和激烈的反传统与五四运动的激进遗风有紧密联系。”[④]

《中国意识的危机》英文版出版于一九七九年，而其中译本的初版时间为

---

① 比如袁伟时就认为林毓生这本书是对五四激进主义进行反思的开始，见袁伟时《回答对新文化运动的三个责难》。

② 此书的“序”为史华兹所做，其中似亦隐含类似的假设：“在共产党掌握政权以后，人们敏锐地觉察出中国领导人的意识形态中有外国的根源，正是这种意识形态明确主张要与过去的封建文化进行完全革命性的决裂。”这里提到的是共产党的“革命性意识形态”而非明指“文革”与五四全盘反传统主义之间的联系，但从中可以推论出的结论是：“文革”作为“革命性意识形态”的极端化发展，应该也与五四的全盘反传统主义有关。本杰明·史华兹：《序》，第 2 页，见［美］林毓生《中国意识的危机——五四时期激烈的反传统主义》，穆善培译，贵阳：贵州人民出版社，1986。

③④ ［美］林毓生：《中国意识的危机——五四时期激烈的反传统主义》，第 2—3、253 页，穆善培译，贵阳：贵州人民出版社，1986。

一九八六年。[①]几十年之后，在发表于二〇〇九年的《鲁迅国民性论述的深刻性、困境与实际后果》一文中，林毓生继续坚持自己的观点，认为五四激进反传统思想对“文革”的发生有直接影响。文章认为，鲁迅的《阿Q正传》“影响非常大，使很多人对传统产生了极强的‘二分法’：传统是坏的，中国要做激进、彻底的革命，把旧社会、旧文化传统扔掉，最后到了‘文化大革命’”。但林毓生紧接着在括弧中对上述最后一句话进行了补充解释：“‘文化大革命’有很多种原因，但其中一个思想文化的原因，就是继承了五四的激烈反传统思想。”也就是说，林毓生至少认为“文革”的思想文化原因是五四的激进反传统主义。在林毓生看来，这样的反传统产生了“自我毁灭的后果”。因为既然阿Q（传统）的病是思想病，要通过思想反思的方法加以解决；但阿Q的“病”又是如此不可救药，因此根本不具备思想反思的能力。[②]林毓生认为，世界上没有一个启蒙运动是在彻底否定自己民族文化的前提下成功的，因此，“中国的启蒙运动一开始就夭折了”。但必须指出的是，无论是林毓生的《中国意识的危机》一书还是他的这篇文章，重点都在分析五四的激进主义思想的内在结构，而对于“文革”只是连带提及而已。换言之，虽然他对中国现代激进主义思想的分析是深入的，但关于这种激进主义思想如何导致了“文革”，他只是抛出了一个想法（idea），而没有什么具体论证（argument）。[③]

当然，即使只是“想法”，其威力却不可小觑。受其启发的首先是王元化。王元化在九十年代反思五四时持一种“辩证”立场，一方面他明确说：“海外有一些对五四进行反思的文章，把五四和六七十年代的‘文化大革命’联系起来看，这我不同意。”因为两者的性质是不同的：“五四运动是被压迫者的运动，是向指挥刀进行反抗。‘文化大革命’反过来，是按照指挥刀命令行事，打击的对象则是手无寸铁无反抗能力的被压迫者。”但他同时又承认：虽然性质不

---

① 详细版本情况：英文版：Yu-sheng Lin, *The Crisis of Chinese Consciousness: Radical Antitraditionalism in the May Fourth Era* (Madison, Wisc.: University of Wisconsin Press, 1979)。中文版：[美]林毓生：《中国意识的危机——五四时期激烈的反传统主义》，穆善培译，贵阳：贵州人民出版社，1986，“传统与变革”丛书之一。

② 见林毓生《鲁迅国民性论述的深刻性、困境与实际后果》，《扬子江评论》2009年第1期。此文依据林毓生2008年11月7日在南京大学的讲演整理。

③ 《中国意识的危机》的导言和结论中简单提到了毛泽东对思想文化革命的极大兴趣，但这仍然不能认为是在分析五四和“文革”的关系。

同，思维方式却是“可以比较的，甚至有相同之处”。在王元化看来相同的思维方法“可以出现在立场观点完全相反的人身上”。他将五四新文化运动的思维方式归为“意图伦理”（立场决定一切）、“激进情绪”、“功利主义”、“庸俗进化论”四个方面。关于“激进情绪”，王元化解释说：“我所说的激进主义，是指思想狂热，见解偏激，喜爱暴力，趋向极端。”[①]王元化试图把价值诉求与思维方法剥离开来，坚持五四的基本价值诉求（比如自由、平等、民主），但反对五四的思维方法，甚至认为它应该对“文革”负责。

林毓生和王元化虽然都反思了五四激进主义的“思维方法”，但却很难将其简单归入反自由主义的“保守主义”或“新保守主义”，因为他们仍然坚持自由、平等、民主、个性解放等启蒙价值。也许正是因为这个原因，持坚定自由主义立场的袁伟时在反驳“文革”起源于五四的论调时这样写道：“多年来一些朋友一再否定新文化运动，从认为它是无产阶级‘文化大革命’的起源，进而指斥思想文化变革就是灾难根源。这些朋友认同新文化运动倡导的自由法制和民主、宪政，但反对它所推动的思想文化变革。”[②]这里袁伟时用了“朋友”（所指应该就是林毓生和王元化）的称呼，显然是将之视作自由主义阵营的内部人。

同样批评五四激进反传统主义的杜维明似乎也介乎保守主义和自由主义之间。一方面，他把全盘反传统的“启蒙心态”视作现代中国的“宰制性意识形态”而多有反思批评，推崇把儒家价值普世化的日本道路，“调动自己的资源面对西方的潮流做出有目的性有针对性的回应”。但是另一方面，杜维明并不对儒家采取抱残守缺的态度，[③]对西方启蒙价值也非一概拒绝，相反提出了“儒家的西化”的命题，即把西方启蒙的核心价值（自由、理性、法律、人权等）“作为批判儒学内部反自由、反法律、反理性、反人权的那些因素的主要的精神武器”。只是杜维明觉得儒家的西化还是不够的，还要进一步发展到“儒家的现代化”，即“把经过西化洗礼而存活下来仍然有生命力的儒家价值，促进当代中国的现代化。在这个奋斗过程中发现了有一些儒家的核心价值不仅是普世价值，而且面对西方的启蒙的核心价值而言，可以作出积极的贡献”。[④]

① 王元化：《五四新文化运动的再认识》，《炎黄春秋》1998 年第 5 期。

② 袁伟时：《回答对新文化运动的三大责难——献给“五四”85 周年》，《探索与争鸣》2004 年第 8 期。

③ 比如他认为保守派的“中学为体西学为用”流于空洞，成了保守者的思想避难所，没有发挥积极的作用。

④ 杜维明、黄万盛：《启蒙的反思》，《开放时代》2005 年第 3 期。

但也有一些学者，比如黄万盛、秋风等，其文化保守主义的立场更多地走向了反启蒙，不再坚持自由、个人权利等基本价值，也更加明确地把“文革”的原因追溯到五四。

虽然和林毓生、杜维明一样，黄万盛也认为“没有任何一个国家可以在完全割裂自身的本土资源，仅仅依靠外来的因素，形成它的现代性”，而中国现代化的悲剧就在于彻底否定了自己的传统资源。但黄万盛的独辟蹊径之处是进一步将五四反传统看作是导致一九四九年后“传统资源匮乏”的原因。在思想方面，他把梁启超的“新民”、谭嗣同的“新人”、鲁迅的“改造国民性”直接和社会主义新中国的“斗私批修”、“破四旧”、“灵魂深处爆发革命”等思想改造运动连接在一起，认为它导致把整个民族全部卷入“思想灵魂改造的‘文化大革命’”。于是他有了这样的感叹：“令我难以理解的是，人们在声泪俱下地控诉‘文化大革命’思想改造对人的精神摧残的同时，却能够津津有味地欣赏‘改造国民性’的伟大意义”，“同样令我难以理解的是，人们在批评‘文化大革命’的同时，仍然对‘五四’寄托无限的未来希望，完全不愿顾及这两场思想文化运动之间有什么相互联系，甚至要舍近求远地把法国大革命当作中国‘文化大革命’的源头活水，而无视它自己的血缘脉络，这实在是荒谬的匪夷所思”。[①]在所谓“政治管理的本土资源”方面，黄万盛将一九四九年后“采用准军事社会的社会组织方式导致对民间社会的消解与现代化的难以实现”，[②]看作是五四割裂传统、彻底否定传统中国管理经验（比如朝议廷谏的公共决策机制、通过文官制度限制皇权等等）导致的结局。这大概是把“文革”归罪于五四新文化运动的最大胆和最有想象力的观点了。但这样的观点大胆则大胆矣，却无法经受历史的检验：意在把臣民培养成公民的“新民”思想和意在把公民重新驯化成臣民的“思想改造”扯得上关系么？难道一九四九年后的“准军事社会”是引进西方启蒙观念的结果？是五四反传统的结果？传统中国既然有如此优秀的管理经验和民主传统可以促生自己的现代性，又怎么会长期陷于专制制度而无法实现政治的民主化、现代化？关于这个问题，如果结合秦晖的文章来阅读一定会得到更深刻的理解（详下）。

而最为不可思议的是，黄万盛更认为：在教育方面，五四时期的“废旧学”、“立新学”竟然要对“文革”时期“再度把学校废掉”负责，声称“这

①② 杜维明、黄万盛：《启蒙的反思》，《开放时代》2005年第3期。

种动不动就把学校废掉的做派，在中国历史上是闻所未闻的，它完全是中国现代社会的创造发明，联想到‘文革’中所谓‘大学还是要办的，我这里主要是指理工科大学还要办’的最高指示，这和五四提倡的重视实学知识的教育模式有什么不同呢？”黄万盛大约忘记了，在民国时期和社会主义新中国的大部分时期，中国社会也是“现代社会”，却没有什么“废除学校”这样的“创造发明”，把废除学校视作“中国现代社会”的创造发明，无异于说只有“文革”时期的中国社会才是“现代社会”。如果我们把“文革”时期与民国时期——包括国难空前深重的西南联大时期——分开，而不是笼而统之地称之为“中国现代社会”，就会明白真正导致教育危机、导致“把教育与文化的传统彻底割断”的罪魁祸首是谁了。

萧功秦明言自己是“以一个保守主义者的视角，从经验主义的立场”对五四新文化运动中的“激进主义作进一步的反思”，他同样也将激进反传统看作是延续至“文化大革命”的一脉相承的思维方式，认为一九六六年开始的“横扫一切牛鬼蛇神”运动，红卫兵“破四旧”运动，其“彻底砸烂旧世界”的逻辑依据就来自五四时期的激进反传统，是激进反传统主义者“文化自虐”的结果。[①]关于这种激进反传统的动力，作者认为并不是因为认识到自己文明的局限和西方文明的先进（因为日本土耳其等国家现在现代化的开始阶段也有这样的认识，却没有发展出激进反传统主义），而是浪漫主义的心态情感和进化论的思想逻辑在作祟（这个观点令人想起王元化）。前者使人在激进的破坏行为中体验到“登仙般的飞扬感”，后者则“为抛弃传统提供了完整的理论逻辑框架”。但萧功秦真正的批判矛头所指，实际上是他所谓的“启蒙理性”，一种“以普世主义的‘第一原理’为演绎依据，运用概念推演得出真知判断的思考方式”。它非常相似于哈耶克批判的那种片面夸大理性能力的、自以为能够设计出“理想社会”蓝图的建构理性主义（相对于英国的经验理性主义或进化理性主义），萧功秦称之为“观念异化”、“观念陷阱”。作为激进反传统的结果，这种“启蒙理性”又可以分为右翼的个人本位的西化自由主义和左翼的工团主义和基尔特主义。萧功秦断言，“全盘西化论产生的对西方民主的建构主义的追求，以及‘文革’的极左思潮对乌托邦极左思潮的追求，都是左与右的建构理性的产物”。问题也在这里暴露出来：作者把西方的议会制度和中国的计划体制、“穷过渡”乃

① 萧功秦：《知识分子如何避免观念的陷阱》，《探索与争鸣》2015年第11期。

至波尔布特的红色高棉大清洗都作为来自西方的启蒙理性、建构理性（这两个概念在萧功秦那里被等同起来）在本土“水土不服”而导致灾难的例子，都是“观念陷阱”的罪过是误导性的，因为“理性”在这里被抽空了价值内涵，而成为一个纯形式的概念。在我看来，议会制度在中国虽然不能简单照搬，但本身却是一种代表人类文明方向的制度设计，而且并不能简单认为它是建构理性设计出来的（特别是在西方），而波尔布特极权主义却代表了一种反人类的制度设计，更何况在哈耶克的著作中，他对建构理性主义的批判矛头专指波尔布特式极权主义，从来没有把议会制当成靶子。

由于萧文明显受到了哈耶克影响，因此回顾一下哈耶克对自由主义、保守主义和激进主义的辨析或许是富有启发意义的。[①]哈耶克曾经特别撰文解释“我为什么不是一个保守主义者”，以防止把“自由的捍卫者”与“真正的保守主义者”混为一谈。[②]哈耶克认为，“真正的”或“确切意义上的”保守主义是一种态度，“一种反对急剧变革的正统态度”。[③]也就是说，它只是一种维持现状或反对急剧变革的折衷态度，并没有自己明确的目标和价值诉求。正因为这样，它不能提供实质性的替代选择，而只能延缓变化——不管是朝向什么方向的变化——的速度。换言之，保守主义的具体内涵取决于它所要反对或试图拖延其发展的“急剧变革”到底是什么。比如，“在社会主义兴起之前，保守主义的对立面一直是自由主义”。[④]因为那时的自由主义就是“急剧变革”的力量，相应地，那个时候的保守主义是反自由主义的。因此，如果我们把哈耶克说的“急剧变革”思潮视为“激进主义”，那么，在考察激进主义时最关键的并不是变革的方式是不是激进，而是这种“激进变革”的方向和目标是什么。如果目标是实现个人自由和宪政民主，那么，反对它的理由可能有两种：一是反对其过快的变化速度和暴力方式，但不反对其目标（中国九十年代思想界不乏这样的“保

---

① 非常有意思的是，在20世纪90年代以后的中国学界红极一时的哈耶克，在被很多人奉为“保守主义者”的同时，也被很多人奉为“自由主义大师”。

② 见哈耶克《我为什么不是一个保守主义者》。此文作为“跋”收入哈耶克《自由秩序原理》，见此书中译本（下），第187页，北京：生活·读书·新知三联书店，1997。值得指出的是，在哈耶克的著述中，“真正的保守主义”常常又被称为“传统上所理解的保守主义”、“较为确切的保守主义”、“严格意义上的保守主义”等等。

③④ 哈耶克：《自由秩序原理》中译本（下），第187、188页，北京：生活·读书·新知三联书店，1997。

守主义”，比如前面说到的王元化和林毓生）；另一种则不但反对其速度和方式，更根本否定其目标和方向，即反对自由本身并试图倒退到专制独裁。

保守主义的这种特点决定了自由主义者对其的态度。对自由主义而言，首要的问题不是发展变化的速度，而是它的目标和方向。正如哈耶克说的：“自由主义者必须首先追问的，并不是我们应该发展得多快、多远，而是我们应当向哪里发展。”①在自由遭到窒息的地方，自由主义者必然选择赞成变革乃至激进变革，同样，在这样的地方，保守主义则必然堕为专制独裁的维护者。我们不能仅仅因为某种制度或文化是传统而保之，也不能仅仅因为它是传统而摧毁之，而要问这个传统是不是自由传统。“对自由主义来说，美国的那些制度之所以极具价值，主要不是因为它们已经确立久远，也不是因为它们是美国的，而恰恰是因为它们符合自由主义者所珍视的理想。”②在一个建立了自由传统的国家，自由主义和保守主义当然可能合流，因为保护现状就是保护自由。但是仍然必须指出，自由主义者之所以维护自由秩序，并不是因为它们已经存在，而是因为它们在价值上是“可欲的”。

相反，如果在“保守主义接受了大部分集体主义（在哈耶克那里‘集体主义’就是极权主义）的纲领”的地方，对自由主义与保守主义做出严格的区分却是“绝对必要的”。在这样的地方，自由主义必然与保守主义“交火”，而且这种交火必然采取“本质（即目标上激进的，引注）上激进的立场”。这就是说，在“集体主义”（极权主义）统治的地方，保守主义必然与自由主义相敌对，因为维护现状就是维护集体主义（极权主义）。假设一个传统的极权主义国家发生了以自由民主为目标和方向的激进变革，而保守主义者又不问其目标而一概排斥，那就可能出现保守主义和极权主义的合流或联盟。

把哈耶克具有启发性的观察和辨析运用于中国五四到“文革”的激进和保守之争，重要的是在一些技术性、枝节性的问题之外，提出一个更具根本性的问题：五四激进分子的激进变革方向和目标是不是个人自由？同样，五四保守分子所捍卫的传统是什么样的传统？自由传统还是专制传统？相比于这个根

---

① 哈耶克：《自由秩序原理》中译本（下），第189、190页，北京：生活·读书·新知三联书店，1997。

② 比如长期以来人们一直纠缠于这样的问题：主观上的全盘反传统客观上是不是能够做到全盘？激进反传统主义是否能完全代表五四精神？等等。

本性的问题，变化方式、变化速度是次要的。运用这个标准，我们更可以问：五四激进主义和“文革”“激进主义”是为了一个同样的目标和价值诉求吗？而九十年代质疑“激进主义”的所谓“保守主义者”要保的又是什么传统？自由传统还是专制传统？古代儒家传统还是当代“集体主义”传统？即使是儒家传统，又是儒家哪个传统（“三纲五常”还是“仁者爱人”）？为了回答这些问题，我们就必须对争论双方的具体观点作细致的辨析而不是仓促下结论。比如，王元化对五四激进主义的质疑主要集中在所谓“思维方法”而不是变革方向（实现个人自由等基本价值），这与新左派对五四新文化运动的质疑是完全不同的，他们对新中国“集体主义”的理解的分歧也是相当明显的。

对于五四激进主义的批评一直都遭到来自不同阵营（大多来自但也不限于自由主义者）学者的反批评。有些人强调反传统的激进立场在当时具有具体的社会现实语境（比如袁世凯和张勋的复辟），有些人认为激进反传统主义并不能完全代表五四的时代精神，也有人指出一九四九年后国家意识形态对五四的“重述”是一种选择性的五四语言，其中加入了对自身合法性的重塑企图。还有人认为，即使承认儒家传统文化是现代社会转型的价值资源之一，但是这种资源并非是整全的。等等。下面择其要者而述之。

针对五四激进主义来自西方的流行观点，余英时的《五四运动与中国传统》[①]指出反传统思想不仅仅是西方文化冲击的结果，同时也利用了传统或本土资源，五四运动“虽然以提倡新文化为主旨，而其中仍不免杂有旧传统的成分”。新文化、新思想的倡导者如陈独秀、胡适、钱玄同、鲁迅，都出身于中国旧传统，对旧学问有相当造诣和建树。虽然他们之中许多人都曾出国留学，受到了西方思想冲击，受到进化论、革命等源于西方的社会政治思想的深刻刺激，但另一方面则在不知不觉中接受了他们对于中国传统的解释。他认为，五四知识分子打破偶像反传统的精神风气本来就不仅仅是来自西方，而且也源于康有为、章

① 余英时：《五四运动与中国传统（节录）》，《鲁迅研究动态》1989年第4期。此文后收入余英时《中国思想传统的现代诠释》，南京：江苏人民出版社，1989，“海外中国研究丛书”之一，刘东主编；南京：江苏人民出版社，2003，“海外中国研究丛书·重印系列”之一，刘东主编；此书另有台湾台北联经出版事业公司民国76年（1987年）的版本；《中国思想传统及其现代变迁》（《余英时文集》第2卷）亦收入，桂林：广西师范大学出版社，2004年第1版，此书另有桂林：广西师范大学出版社，2014年第2版。

太炎等人。他们在反传统、反礼教的时候最先求助的常常是传统中的非正统或反正统源头，因此，“五四与传统之间是有着千丝万缕的牵连的”。正因为传统和五四的这种复杂关系，“五四以来的中国人尽管运用了无数新的外来观念，可是他们所重建的文化秩序，也还没有突破传统的格局”。通过这些辨析，余英时要告诉我们的是：五四启蒙思潮与传统文化的关系并不像人们想象的那样简单。

新文化保守主义者们对五四启蒙的质疑，不但难以被余英时这样对传统文化多有倚重的学者接受，更引起原本就对传统文化多持批判态度的自由主义者的反弹。李慎之上世纪八十年代提出要“重新点燃启蒙火炬”的命题，认为“启蒙就是以理性的精神打破几千年来禁锢中国人思想的专制主义和蒙昧主义”，它的任务至今没有完成。在李慎之看来，传统文化虽然博大精深，但其核心是专制主义。文章明确反对把五四激进主义说成是“文化大革命”的起因，认为“文化大革命”的起因恰恰应该到中国的历史和“传统文化”中去找（比如农民“革命”传统），是启蒙的不彻底导致了“文化大革命”——专制主义——的大爆发。当然，李慎之并不认为五四的反传统没有任何不足，比如，抓住了儒家且放过了法家（这点在王元化和秦晖等人那里得到了呼应），有些五四前贤不恰当地赞美太平天国农民革命等等。李慎之颇具深意地指出：“像‘文化大革命’这样重大的政治事件，必有其深厚的历史原因，绝不可能仅仅因为几个知识分子在几年内思想过激就能产生出来的。”①

资中筠、袁伟时也多次撰文厘清五四与“文革”的区别。资中筠认为，把五四期间有人提出的“打倒孔家店”口号，与五十多年后的“批林批孔”运动相附会，是极端简单化的、以偏概全的说法。对五四反思中的另一种颇具影响力的说法，即认为五四受法国革命影响太大，而没有引进英美模式的渐近改良，使激进思想占上风，终于导向追随苏俄十月革命的暴力模式，资中筠同样认为其缺少仔细分辨。这一点显示了他们与王元化、林毓生等同样持有自由主义立场的学者的分歧。她认为，在运动的主要力量、方向、客观效果及追求真理的言论空间四方面，五四与“文革”都有天壤之别。五四运动的主要力量是知识分子，其方向是反传统，客观效果是无论在道德伦理上还是在各个领域的建设中都有中西优势互补的成果，言论空间也是自由开放多元的；而“文革”的主

① 李慎之：《重新点燃启蒙的火炬——五四运动八十年祭》，《开放时代》1999年第6期。

要力量，是由最高掌权者发动，全民被迫盲目追随的声势浩大的造神运动，它的目的是为高层权力斗争服务，因而其方向是通过政治斗争甚至政治阴谋进一步走向专制，它的客观效果是真正的文化断裂，只剩下一部“红宝书”和“八个样板戏”，而在追求真理的言论空间方面，“文革”时期实施的是思想专制和文字狱。①

早在二〇〇四年，在《回答对新文化运动的三大责难——献给“五四”八十五周年》一文中，袁伟时就批驳了新文化运动是“文化革命”的根源之说。②作者认为，“‘文化革命’的源头是义和团运动。两者的文化基础都是迷信和排外，共同的手段是用暴力解决文化问题，践踏文明，摧残人的尊严和权利。至于新文化运动，继承的是从文艺复兴以来的人文精神，其基本内涵是人的尊严和权利，相应的诉求是自由、民主、法治和理性；手段是自由讨论”。关于最后一点，袁伟时特别强调：“同一切思想文化讨论一样，人们可以轻而易举地从支持新文化运动的各式人物的文章中找到各种错误观点。但是，由于没有政权和暴力介入，这类观点通常不会损害社会秩序和侵犯其他公民的自由；而且在多数公民特别是知识阶层日趋理性的状况下，其市场也十分有限。”③也就是说，袁伟时（和李慎之一样）认为光是有些偏激言论不能导致实际的文化专制结果，重要的不是有些人的观点是否偏激（这是难以避免的），而是讨论是不是自由平等理性的，是不是被暴力和权力扭曲。在他看来：“海内外学者之所以会出现不应有的混淆，是因为不重视处理文化问题的不同方法（自由讨论与强迫改造）的内涵。”④

这个观点在二〇一〇年发表的袁伟时另一篇文章《厘清新文化运动与五四爱国运动的基本问题》中得到了重申。刚才说到，林毓生《中国意识的危机》

① 资中筠：《五四新文化运动的当代意义》，《晚霞》2009年第10期。

② 所谓“三大责难”是：1、新文化运动是“文化革命”的根源；2、新文化运动主导思想是无政府主义；3、新文化运动导致极端思潮泛滥和国民党专制体系的建立。关于这三大责难的由来，袁伟时有这样的解释：“这些观点的始作俑者是林毓生教授。去年（2011年）林毓生在香港城市大学重申旧说；今年（2012年）2月23日朱学勤教授在凤凰卫视世纪大讲堂中承袭和发展了林毓生的观点(见《回答对新文化运动的三大责难——献给“五四”85周年》，《探索与争鸣》2004年第8期）。谨录于此，作为参考。

③④ 袁伟时：《回答对新文化运动的三大责难——献给“五四”85周年》，《探索与争鸣》2004年第8期。

对借助思想变革解决社会文化问题持有强烈的怀疑，袁伟时则针锋相对地肯定思想变革对于社会变革的促进作用，认为新文化运动代表的思想变革是“没有权力和暴力介入的论争”，是社会变迁的“催化剂和正常途径”，与“文革”时期被权力和暴力绑架的所谓“思想革命”不可同日而语。他对“思想文化的革命必然带来灾难”、个性解放、改造国民性是“人们共和国成立后思想改造和‘文革’时期‘灵魂深处爆发革命’的根源”、“新文化运动是法国启蒙的孽子”等观点或说法一一进行了反驳。关于反传统，袁伟时认为五四只是摧毁了应该摧毁的传统（比如三纲五常），同时由于吸收了西方学术研究方法和规范，传统文化的研究被空前激活。①

这些持自由主义观点的学者对“文革”与五四的异质界限作了清醒的辨析与厘清，其出发点和归结点是捍卫自由和个人权利，这两点也的确抓住了自由主义的根本，体现了他们评价新文化运动的基本尺度。当然，有些针对具体人物言论的指责或许并非无可商榷。夏中义借对王元化思想的洞烛幽微的考察，指出王元化五四反思是对主流版“五四定论”的双重解构。首先是解构主流教材将一九一九年狭义的、一九一九年爆发的五四运动册封为中国现代史的源头，认为它混淆了其与一九一五年开始的新文化启蒙之间的异质界限；其次是通过区分以偏激言论为导向的“五四思潮”和以“个性解放”为旗帜的“五四精神”，解构了主流学术界对之的普遍混淆。夏中义认为，王元化“反思五四”之兴奋点，是“在对自身曾浸润的、却又被历史与良知所证伪的左翼教旨作思想史呕吐”，②这就避免将所谓的“五四激进反传统主义”的概念泛化。这样的辨析对我们认识王元化思想的复杂性是有帮助的。

二　众说纷纭的“启蒙”

走笔至此，我们发现围绕新文化运动 / 五四与“文革”的所谓“渊源”关系的辨析，必然牵涉到一连串对新文化运动 / 五四的其他相关问题的重新认知。

首先是“启蒙”的概念问题。我们发现，但凡谈论五四新文化运动的文章，

① 袁伟时：《厘清新文化运动与五四爱国运动的基本问题》，《社会科学战线》2010年第4期。

② 夏中义：《林毓生与王元化“反思五四”——兼论王元化学案“内在理路”与“外缘影响”之关系》，《清华大学学报（社会科学版）》2013年第4期。

不管作者的立场如何，不管是保守派还是激进派，鲜有不涉及启蒙的。大家几乎都认为五四运动就是启蒙运动，[①]虽然他们对“启蒙”的理解——更不要说评价——常常南辕北辙。

但不乏吊诡意味的是，运用得最多的术语常常也是最歧义的术语。[②]比如，启蒙是普世的吗？不同的国家是否有不同的启蒙？对此就存在分歧。黄万盛认为，西方的启蒙和中国的启蒙不同，西方的启蒙没有民族图存、“亡国灭种”的压力，而在中国，恰恰是救亡图存的压力引出了启蒙，“救亡从启蒙一开始就是它的绝对主题”。这个看法应该说是学界的共识，不存在争议。但黄万盛否定在中国不存在什么“救亡”压倒“启蒙”的另一个理由却极富争议性：[③]中国最后选择的“救亡”道路，即所谓“社会主义的现代性”，和资本主义现代性一样“都是从启蒙的源头流出来的”。[④]却直接引发了争议，因为启蒙论述潜藏了一个相对主义的陷阱：什么都属于“启蒙”，“启蒙”概念可以随便使用，因为它的含义是相对的；同时也可能把启蒙民族主义化：中国有中国的启蒙，西方有西方的启蒙，不存在统一的评价标准。

黄万盛的这个观点遭到了任剑涛的直接驳斥，他明确否定从国别角度过于灵活地理解启蒙的做法。任剑涛认为，启蒙的真正精神是“有蒙共启”，这是一种超越了时间和国别的人类普遍处境，它也“不只是启蒙时代的精神状况”，

---

① 当然，官方版本的五四定位与此有所不同，一般不说五四是启蒙运动，而是爱国学生运动。这种对五四的界定遭到很多学者反对，他们文章往往在一开始就从辨析“五四”概念开始，认为不能把“五四”狭隘地理解为爱国学生运动。1960年哈佛大学出版社出版的周策纵的《五四运动：现在中国的思想革命》一开始就界定了两个五四，一个是1919年5月4日的学生示威抗议活动，一个是1917到1921的“通过思想与社会改革建设一个新中国”的“现代化运动”。（《五四运动：现代中国的思想革命》，第1页，南京：江苏人民出版社，1996）此后，周策纵的观点得到了广泛认同。当然，在具体界定作为现代化运动或启蒙运动的五四时，学术界的观点并不完全一致。可参见袁伟时《厘清新文化运动与五四的基本问题》、傅国涌《五四是一个次好的时代》等。

② 比如一般认为，启蒙精神反对中世纪的专制，倡导宽容。启蒙思想家伏尔泰的名言“我不同意你的说法，但我誓死捍卫你说话的权利”是大家耳熟能详的。但作为启蒙的强烈质疑者，黄万盛却认为，启蒙在价值观层面是褊狭的，“同情、宽容、公正、平等”就是启蒙“没有予以足够重视”的普世价值。悍然把“宽容”排除在启蒙之外。见杜维明、黄万盛《启蒙的反思》，《开放时代》2005年第3期。

③④ 杜维明、黄万盛：《启蒙的反思》，《开放时代》2005年第3期。

而是一种需要人类共谋的事业，它促使我们自己和别人一道，都能理性运用自己的知识、智慧和财富，来揭开自己受到的蒙蔽。任剑涛指出："由于长期以来我们中国人习惯将启蒙切割为某个国别的事务，因此以某国某个思想家的主张，尤其是某国某个思想家蔑视中国文化的说辞，来断定整个启蒙对于中国的意义和作用，好像'启蒙'对于欧美以外地区的人们的生活和理念持有一种绝对拒斥的说法。基于这种反对'西方中心主义'的主张，人们申述中国人有必要清算启蒙、超越启蒙或告别启蒙的相反主张。他们以为，倘若中国人对启蒙抱持的蔑视东方立场不加清算，中国就无法真正进入健康的现代精神天地。这是一种误读启蒙的结果。"任剑涛强调了"启蒙"的普遍性，同时警惕"启蒙"含义的无限增殖，因此，它从规范性角度划定了"启蒙"的四个基本预设：个人主义、理性主义、普遍主义、进步主义。其中关于理性主义的解释与萧功秦的解释形成了有趣的对照："启蒙的理性主义是需要分解的主张，启蒙从来没有立场统一、观点一致的理性主义理论。"欧洲大陆的理性主义与英伦的经验主义之间就存在巨大的差异，前者被认定为建构理性主义，相信人类能够运用理性重造一个完美的世界；后者自认是进化理性主义，主张人类只能以零星的社会工程改良社会。前者排斥习惯、传统，后者不仅与习惯、传统不冲突，后者还特别强调"正确运用理性"。这个观点同样明显来自哈耶克，但与萧功秦理解的哈耶克大异其趣：萧功秦所坚持的经验主义，在任剑涛看来本来就是理性主义的一个分支。基于这些规范性限定，任剑涛认为，讨论启蒙不能把启蒙说成包含十八世纪到二十世纪整个人类历史变化的庞杂概念，"断定共产主义运动，或者说俄罗斯和中国的现代变化，都是启蒙的组成部分和必然产物，这就恐怕把启蒙概念扩展得太大了。实际上，从十八世纪以来，人类社会存在着启蒙和反启蒙的两种力量，这两种力量共同构成了人类社会运转的社会史、观念史、政治史。它认为，如果不做这样的界定，十八世纪以来的人类历史就成了一团理不清的乱麻。而且也就无法清楚今天中国重启启蒙的历史理由和针对对象"。[①]

也有不少学者试图对"启蒙"概念进行分解，辨析其中的消极成分和积极成分，需要反思的成分和必须坚持的成分，表现出对启蒙的审慎反思态度。比

① 任剑涛：《启蒙的自我澄清：在神人、古今与中西之间》，《学术界》2010年第10期。

如高力克认为，五四新文化运动未能完成现代性的价值整合，内在原因在于“启蒙思潮内部历史理性与价值理性的歧异”，[①]即本土文化的稳定性、历史惯性在文化的现代转型及价值变革之间会与后者构成紧张关系。王论跃的文章《启蒙的批判与救赎》顾名思义就是由对启蒙的批判和救赎两部分组成，文章首先回顾了阿多诺与霍克海姆《启蒙辩证法》对启蒙理性的批判，依据该书，启蒙是纳粹极权主义的出现的根源之一，因为蒙辩的要义乃通过理性实施对世界和人（包括自我）的控制，但它却最终异化为对人的全面控制（其极端形式就是极权主义）。“启蒙导致全面控制的关键在于控制的本体论提升。启蒙固然离不开理性，离不开控制，但理性和控制不能在本体论层面定位，不能无限制的发展。”这样，它遭到从浪漫主义到后现代主义的持续批判就不是偶然的。王论跃对这样的启蒙批判是认同的。但王论跃同时认为，对启蒙的批判并不意味着启蒙可以被彻底抛弃，它们也没有构成对启蒙的彻底颠覆。启蒙的历史意义——颠覆教会和封建专制加诸人们的压迫和蒙昧——必须得到充分肯定，不能因为“后启蒙时代的灾难”而否定启蒙当时的历史成就，更不能因为启蒙呼唤的价值——人权、宽容等——已经获得实现、变成现实就“过河拆桥”。我们可以也应该随着时代的变化反思理性和进步等观念的局限性，但这并不构成全面拥抱非理性和反动的理由，也不能成为全面抛弃启蒙的理由，因为启蒙的内涵是丰富的。[②]

汤一介追溯了启蒙在中国的艰难历程。一方面，他肯定王元化、夏衍、邵燕祥、高尔泰、李锐等人“新启蒙”的主张，指出“必须接续‘五四’的科学与民主精神，以‘理性’来审视自‘五四’以来的历史，以‘民主’来促进我国的政治体制改革”。但同时提出将“建构性的后现代主义”中“关心他者”、“尊重差异”的思想与中国儒家“仁者爱人”的思想相对接，并将之有机融入“启蒙”概念，实现“第二次”启蒙。[③]姜义华则认为，启蒙反思与批判中的“理性”，并非指“理性”整体，而是仅指“工具理性”，所以中国现在应该“在挑战中提升启蒙而不是否定启蒙”。[④]王思睿从对柏克、托克维尔等人关于自由问题的“权威三角”

① 高力克：《五四启蒙的困境：在历史与价值之间》，《浙江学刊》1999年第2期。

② 王论跃：《启蒙的批判与救赎》，《中国文学研究》2006年第3期。

③ 汤一介：《启蒙在中国的艰难历程》，《北京大学学报（哲学社会科学版）》2012年第2期。

④ 姜义华：《人的尊严：启蒙运动的重新定位——世界化现代化进程中的中国文化变迁》，《复旦学报（社会科学版）》2003年第5期。

（即个人、国家以及介于这二者之间的各种群体或多元社会）内涵的阐释出发，指出五四运动不仅是个人主义或自由主义的运动，也是“有公理支撑和指引的爱国运动”，这一“公理战胜强权”的运动超越了胡适等自由主义者强调的人权维度，还具有正当的“国权的觉悟”。[①]特别值得一提的还有邓晓芒，他提出新批判主义的主张，以此来对抗新保守主义对传统的美化和对五四的非难，指出要继承和发扬五四的怀疑精神、批判精神、自我忏悔精神。他认为五四的怀疑精神、批判精神是新批判主义的第一个思想来源，它是以鲁迅为代表的；同样，自我忏悔精神也是以鲁迅为代表的，它是怀疑精神、批判精神的内化与深化，是新批判主义的第二个思想来源；新批判主义的第三个思想来源则是鲁迅对进化论的超越。[②]当然他也指出要超越五四，尤其是五四背后的民粹主义与实用理性思想，其矛头所指也是新保守主义将五四与“文革”等量齐观的倾向。

三　何为“新文化／五四运动”或“五四”的复杂性

与启蒙相关的一个更为基本的问题是“何为五四”的问题，最基本的问题常常也是最富争议甚至最众说纷纭的问题。关于这个问题的讨论，常常通过“新文化运动”与五四学生抗议运动的关系展开：它们是同质还是异质的？重叠的、平衡的，还是交叉的？它也关系到对五四复杂性的认知。本文集所选的大量文章都涉及了这个问题。

其实，这是一个在新文化／五四运动期间就被当事者提出的老问题。胡适在五四发生不久就看到并担忧一九一九年五月四日的学生抗议这一政治运动会打断并干扰一九一五年开始的新文化运动。[③]罗家伦明确指出，五四由“新文化运动”和“救国”运动合流而成。[④]李长之在一九四四年的一篇文章中也说：“五四

① 王思睿：《人权与国权的觉悟——新文化运动与五四运动同异论》，《战略与管理》1999 年第 3 期。

② 邓晓芒：《继承五四、超越五四——新批判主义宣言》，《科学·经济·社会》1999 年第 4 期。

③ 周策纵：《五四运动史》，“导言”第 3 页，陈永明等译，长沙：岳麓书社，1999。英文原著：*The May Fourth Movement: Intellectual Revolution in Modern China* (Cambridge, Massachusetts: Harvard University Press, 1960)，此书另有南京：江苏人民出版社，1996 年的版本。

④ 林贤治：《重寻“五四”》，《书屋》2009 年第 3 期。

运动当然不仅指一九一九年五月四日这一天的运动，乃是指中国接触了西洋文化所孕育的一段文化历程，‘五四’不过是这个历程中的一个指标。”[①]如此等等。周策纵继承和发展了这些说法，提出了著名的两个五四的观点，[②]即作为学生救亡运动的五四与作为新文化启蒙运动的五四。秦晖对大小五四的区分也体现出此一认知。他认为“救亡压倒启蒙”说的实质就是认定“小五四”（一九一九年五月四日那天北京学生示威抗议巴黎和会对中国不公）压倒“大五四”（通常以一九一五年《新青年》创刊为起点标志而持续到一九二〇年代初的新文化运动）。[③]几十年来“五四精神”的内涵到底是“民主与科学”还是“爱国与进步”的争论，其背后的潜台词其实也联系到对大小五四的不同认知。

对绝大多数新文化 / 五四运动的研究者而言，辨析和澄清概念不是考古癖的发作，而是背后有着特定的思想动因和价值诉求。那些采用大五四概念的学者，常常是借概念的辨析来表达自己对自由主义立场的坚持或深化、拓展。傅国涌明确反对将五四狭隘化为一九一九年五月四日的学生抗议运动。他说：“以往我们对‘五四’的理解有很多误区，比如：将‘五四’单一化地理解成一个全盘反传统的新文化运动；将‘五四’政治化，认为‘五四’导致马列主义在中国出现，甚至还有一个极端的说法是‘五四’导致了‘文革’。”傅国涌理解的五四甚至比通常我们理解的新文化运动——思想文化运动——还要宽泛些，“我所理解的‘五四’不只是一九一九年五月四日发生的那个‘五四’，也不只是新文化运动，而是涵盖一九一九年前后的那个时代。”他从五四时期的私企和私人银行、私人企业家群体、民间社会团体等方面来分辨五四，结果看到了一个“社会”的五四，一个“经济”的五四，还有一个是全面、多元、真正的“大社会”、“小政府”的五四（时代）。[④]袁伟时的《厘清新文化运动与五四的基本问题》对新文化运动的界定有类似之处：“什么是新文化运动？它是中国为了摆脱国家落后和危亡状态，介绍现代文明，传播人的自由权利及其制度保障（自由、法治、民主、宪政等等），促进思维方法变革，推动中国文化

---

① 见周策纵《五四运动史》，“导言”第 5 页，以及“导言”第 19 页注解 7，陈永明等译，长沙：岳麓书社，1999。林贤治《重寻“五四”》一文也引用了这一说法。

② 周策纵：《五四运动史》，“导言”第 3 页，陈永明等译，长沙：岳麓书社，1999。

③ 秦晖：《新文化运动的主调及所谓被“压倒”问题》（上下），《探索与争鸣》2015 年第 9、10 期。

④ 傅国涌：《“五四”：一个次好的时代》，《人物》2009 年第 5 期。

更新和社会变革的运动。”这个意义上的新文化运动，实际上就是中国从传统社会到现代社会的全面转型过程，只要向现代社会转型的历史任务还没有完成，它就不会止息。在这样的理解下，他认为新文化运动或中国的启蒙运动从鸦片战争开始，一直到今天（中间分为四个阶段）还没有完成。[①]

高全喜对新文化运动的重新解说则是为了打破时下学术界普遍存在的、对于新文化运动的“革命主义”理解模式。这种理解模式把新文化运动、狭义的五四学生运动以及十月革命的传播“衔接为一体”，建构“一个看似必然的革命主义文化逻辑”。高全喜认为，这种简化描述所呈现的“并非新文化运动的全貌，甚至在某种意义上曲解了这场文化运动的本来面目”。为此他采取了把新文化运动和五四相分割（而不是“大五四”、“小五四”）的策略，以便增加对新文化运动的“复合性的认识”。他提出：作为思想启蒙运动的新文化运动实质上有两种性质不同的启蒙方式，一种是法、德式的激进主义启蒙思想，另外一种是英格兰、苏格兰式的文明演进论的启蒙思想。按照这个标准，高全喜不认同大多数五四批评者（比如林毓生、王元化）的观点，认为“一百年前的中国这场新文化运动，其实质并不是法国式的启蒙思想运动以及俄国的布尔什维主义之中国化，而是具有文明演进论意义的英美式的启蒙思想运动，其文化正当性不在它后来变易歧出的革命激进主义，而在不幸夭折的保守自由主义之思想变革”。与萧功秦、任剑涛一样，高全喜的解读显然也受到哈耶克的启发，但他的结论与萧功秦也南辕北辙，这是令人深思的。在高全喜看来，从晚清的洋务运动到康梁变法，再到新文化运动，中国的变革进程采取的一直是英美文明演进论的路径。但就新文化运动而言，其发端表面看上去非常激烈，但本质上依然遵循着这条英美式的变革之道——类似英国光荣革命或“小革命”，而不是法国大革命，其基本价值是古典自由主义或保守自由主义的（以胡适、蔡元培、钱玄同、林语堂、傅斯年等人为代表）。与之相对但一度纠缠在一起的另一种新文化运动是“激进主义的或大革命意义上”的新文化运动（作者举出陈独秀和李大钊作为代表），他们深受法国大革命、俄国十月革命的影响。主流意识形态的历史学忽视或混淆了这两种新文化运动，并把嬗变的后者视为新文化运动的正宗和主旨（所谓“鸠占鹊巢”）。实际上，“小革命意义上的新文化运动，才是真正具有正面价值和意义的文明演进论式的新文化运动，而

① 袁伟时：《厘清新文化运动与五四的基本问题》，《社会科学战线》2010年第4期。

从之变易乃至歧出的激进主义新文化运动，不过是改良主义新文化运动的嬗变和扭曲，其余毒至今仍然没有肃清”。余毒之烈者莫过于“文化大革命”。同时，他认为即便是“小革命”意义上的新文化运动，也存在着一个复调的文化结构，即“在白话文、新体诗、新伦常等主流变革的新文化话语之外，还有一个看似它们的对立面但实际上应该包含在其中的文化复古运动，即以《甲寅》和《学衡》为代表的文化保守主义的兴起”。[①]文化保守主义不仅不是像通常认为的那样是新文化运动的对立面，而且是后者的“第三种形态”。高全喜的最后这一大胆判断相当新颖，但也面临论证的压力（目前看来其材料的支持还显不足）。

如果说上述学者对新文化/五四运动复杂性的强调主要还是思辨的（很大程度上是因为有了哈耶克这个新的观察视角），那么，其他一些同样关注新文化运动复杂性的学者则更多采用了史料还原（“回到历史现场”）的方法，通过对原始材料的重新梳理，来探究新文化/五四运动发生的始末及其内在复杂性，对一些习以为常的论断作了重新审定，在一定程度上纠正或弥补了原来在史料或认知上的不足和偏差。这些文章学术性强，而思想论辨的色彩则相对淡薄。袁一丹通过详细的史实辨析，还原了五四、“新文化”与此前的“文学革命”三者的异质性，[②]指出后来的“新文化”和五四同一性话语实为某种有意识的话语建构。王奇生的《新文化是如何“运动”起来的——以〈新青年〉为视点》认为，《新青年》从“普通刊物”发展成为全国新文化的一块“金字招牌”经历了一个相当的“运动”（实际含义是运作）过程。通过细察《新青年》之立论，他认为很长一段时间内新文化人对“新文化”的内涵其实并未形成一致看法，高悬“民主”、“科学”两面大旗不过意在震慑和封堵“非难”者。今人所推崇、眷顾的一些思想主张，在当时未必形成多大反响；而当时人十分关注的“热点”问题却已淡出今日史家的视野。对于同一个《新青年》，办刊人的出发点，反对方的攻击点，与局外人的观察点既不尽一致，对于同一场“新文化运动”，新文化人的当时诠释与后来史家的言说叙事更有相当的出入。这篇文章某种程度上使人联想起罗伯特·达恩顿的《启蒙运动的生意》。另如马勇《重构五四记忆：从林纾方面进行探讨》也是通过重新梳理当时的材料，发现在新文化运动中，虽有不同意见，但在重新振兴民族精神、重建文化体系方面，并没有真

① 高全喜：《新文化运动的演进、歧变及其复调结构》，《诗书画》2015 年第 4 期。
② 袁一丹：《“另起”的“新文化运动”》，《中国现代文学研究丛刊》2009 年第 5 期。

正的“反对派”。新文化运动中的新旧冲突是存在的，但其性质可能并不像过去所估计的那样严重，新旧人物的交锋在更多情况下呈现出你中有我、我中有你、新中有旧、旧中有新的复杂关系，没有绝对的新，也没有绝对的旧。他通过解读林纾来证明这一观点，认为传统的评价将他推到新文化运动的对立面，是出于一种政治考量，真实的林纾不仅在新文化运动的谱系中占有一席之地，甚至是新文化运动的前驱之一。

四　救亡压倒启蒙？

在前面关于大小五四的介绍中，已经牵涉到对李泽厚“救亡压倒启蒙”的看法。就对八十年代人文知识的整体影响而言，将李泽厚的这一“救亡压倒启蒙论”称为八十年代人文知识的一种“元叙事”并不过分。[①]但是到了上世纪末和新世纪，众多学者对这一“元叙事”体现出了解构的热情。当然，抱有不同立场的学者其解构的目的、方法乃至价值取向不尽相同甚至迥然相异。“救亡”到底是否压倒“启蒙”？在什么意义上说压倒“启蒙”？哪个意义上的“救亡”压倒了什么意义上的“启蒙”？如此等等深度纠缠难解的问题，在对新文化运动/五四回顾和书写中常常占据核心位置。

比如，肯定或否定“救亡压倒了启蒙”说的学者其所理解的“救亡”常常不是同一个“救亡”，“启蒙”也一样。重读李泽厚的文章不难发现：当初李泽厚把通过苏俄式革命建立民族国家（李泽厚理解的“救亡”）与“启蒙”对举，显然有“清理门户”的意味，孰知此一被清理的“革命”在新左派那里摇身一变而成为启蒙的题中应有之义，并被授予“反现代的现代性”之桂冠（参见上文对黄万盛的介绍）。两者几乎完全没有相同之处。

走出纠缠不清的概念陷阱的方法之一或许是引入“个人”概念。一九九〇年代以来学界争论的另一个焦点，就是新文化运动/五四到底是个人本位的还是民族本位的。“启蒙”含义的分裂及“救亡压倒启蒙”说的歧义在此争论语境中或许会呈现得更为清楚。比如，汪晖与主张个人主义的林贤治、袁伟时、任

① 李泽厚的这个观点是对舒衡哲观点的发展，见舒衡哲《中国的启蒙运动：知识分子与五四遗产》。

剑涛等人在这一问题上就有巨大分歧。自由主义者一般强调五四启蒙的个人主义高于国家主义和民族主义，是“现代中国最重要最宝贵的精神资源”。[①]而汪晖认为，“以集体性和文化的普遍性为其特征的民族主义与以个体性和思维的独立性为其特征的‘个体意识’之间的冲突”，从五四时代一开始“就无法构成实质性的对抗，后者在那个特定时期仅仅是前者的历史衍生物，而无法成为一种独立的现实力量”。在汪晖看来，五四人物在表述他们的个体独立性时，是把个体意识建立在民族主义的前提之下的。[②]可以说，民族主义与民族国家建构的正当性是新左派相当一致地支取的五四话语资源，其目的在于为所谓“反现代的现代性”（实为“反个人的现代性”）提供正当性。

除汪晖之外，李扬、旷新年等也都大致循此理路。旷新年认为，中国现代文学是一个“破家立国”的过程，“文革”把这种“破家立国”推向极端，样板戏对家国关系的重写更是体现了这种对“现代性的极端追求”。《红灯记》等作品通过“阶级情义”重构了一种不同的家国想象和超越血缘和骨肉亲情的现代“革命伦理”，体现了毛泽东对新型现代民族国家的构想。与自由主义启蒙学者不同，作为一个新左派学者，旷新年是在肯定的意义上评价这个“革命伦理”的。他把这种特定形式的民族国家建构和个人启蒙都当作五四新文化运动的目标，而质疑八十年代“新启蒙主义”把“民族主义”和“个人主义”加以对立，并“最终凝结成为李泽厚‘救亡压倒启蒙’的经典叙述”。该论述看似认同个人主体与民族主体的建构分别为现代性的两个重要方面，但最终仍将启蒙看作“一个将个人纳入现代民族国家管理的过程”，“是为了现代民族国家的目标对于个人强行干预和塑造的过程”。[③]

无独有偶，李扬也是借批评李泽厚的《启蒙与救亡的双重变奏》来为民族主义的合法身份开路。他同样着力于解构“救亡”与“启蒙”、“传统”与“现代”的二元对立，更反对把这两组二元对立对应起来（即：把救亡—启蒙对应于传统—现代），以论证自己的核心观点——“二十世纪中国历史中出现的‘救亡’

---

① 林贤治：《重寻“五四”》，《书屋》2009 年第 3 期。

② 汪晖：《预言与危机——中国现代历史中的“五四”启蒙运动》（上下），《文学评论》1989 年第 3、4 期。

③ 旷新年：《个人、家族、民族国家关系的重建与现代文学的发生》，《中国现代文学研究丛刊》2006 年第 1 期。

与‘革命’，是‘启蒙’这一现代性生长的一个不可替代的环节”，是一种以“反现代”（实为反个人自由）方式表达的“现代性”。这是他和李泽厚的实质分歧所在。如上所述，在李泽厚的“救亡压倒启蒙”论中，“救亡”本有特殊所指，即以剥夺个体自由为核心的苏式革命和中国古代农民革命之混合，而个体自由正是李泽厚（也是其他自由主义者）理解的启蒙之内核。在这样的语义网络中，救亡根本就不是启蒙，也不是现代性。救亡压倒启蒙的本质，用他自己的话说就是封建主义“披着反资本主义的外衣出现”。[①]李泽厚认为这是“现代中国的历史讽刺剧。封建主义加上危亡局势不可能给自由主义以平和渐进的稳步发展，解决社会问题，需要‘根本解决’的革命战争。革命战争却又挤压了启蒙运动和自由理想，而使封建主义乘机复活……”[②]对这个救亡模式的反思应该说恰恰就是李泽厚提出“救亡压倒启蒙”命题（一个从学理上看或许并不是无懈可击的命题，新左派与自由主义各自都指出了这点）的初衷。在新时期思想解放（又称新启蒙）的语境中，李泽厚从中国现代史的发展过程中读出“反封建”(“封建”在八十年代常指“前现代”)的启蒙被民族救亡主题所“中断”并最终走向“文革”“封建”传统的复活，[③]其重新继续个人自由之未竟大业的意图是显见的。

与李泽厚不同，新左派完全是在另一个问题意识中谈论启蒙和救亡的。他们否定个人自由是启蒙或现代的核心（更非同义语），同时，被李泽厚清逐出启蒙的苏式革命、中国农民革命，乃至后来的中国社会主义实践(包括“文革”)，在李扬以及其他新左派那里都摇身一变而为“反现代的现代性”而得到赞美。这印证了他自己的言说立场：不是将“救亡”放置在“八十年代现代性建构的立场上进行讨论”，而是“将其放置在九十年代开始出现于中国思想界的对现代性的反思与解构的平台上进行认识”。在这种现代性反思话语中，“民族国家”建构较之“个人”意识被认为具有“更强烈的现实意义”。所谓“现代性反思”的实际含义是对自由主义现代性的反思，因此这种反思并不反思非自由主义或反自由主义的现代性。

我们认为，新左派这种现代性反思视野中的启蒙和救亡寓言，或许有助于开启对中国现代史，包括中国一九四九年后社会社会主义理论和实践的另一种

---

①② 李泽厚：《启蒙与救亡的双重变奏》，第 861、858 页，《中国思想史论》（下），合肥：安徽文艺出版社，1999。

③ 李泽厚：《启蒙与救亡的双重变奏》，《中国思想史论》（下），合肥：安徽文艺出版社，1999。

思考进路，但却往往略过了对这个实践本身——他们所谓“反现代的现代性”——的反思，并把自由主义在中国社会主义实践中的“失败”解释为“历史的必然”。他们的“反现代的现代性”从来未曾令人信服地解释“反现代”反掉的是什么样的“现代”？其所成就的“现代”为什么会孕育出“文革”那样的苦果？它到底是否属于中国传统农民革命的性质？从传统的文化主义中国到现代的民族主义中国的转化的确是中国现代性的重要环节，但民族主义可以和不同的其他主义结合，比如与自由主义结合，产生出与苏式革命不同的民族国家建构方案。在自由主义现代性的自我理解中，国民对国家的认同感是以国家与公民个体的契约为前提的，在现代民族主义发生的源头，由于争取个人权益与民族国家建构需要相一致，因而国家的建构有利于最大限度地保障个人权利。这是公民所以认可国家的基础。但当两者的目标不一致时，依照自由主义的国家理论，公民有权利表达对国家的不服从。但在李扬等的理解中，民族国家建构可以无视个体自由而具有不可置疑的优先性。这个取消了个体自由的所谓“反现代的现代性”，在李泽厚那里不就是压倒了“启蒙”的“救亡”么？纠缠于苏式革命或农民革命是否属于“现代性”其实没有什么太大意思，重要的问题是李扬如何解释这“革命”、“救亡”（或所谓“反现代的现代性”）给中国带来的后果。

在试图把马克思主义与民族主义粘合在一起的时候，论者往往忽视了一个基本事实：马克思主义与民族主义并非同出一源。众所周知的马克思的著名口号“工人阶级无祖国”与民族主义存在深刻的对立，阶级性在马克思那里要远重于民族性的诉求。两者在中国的“合流”是抗战以来的中国式创造，既是如此，这样一条建国之路也无法囊括五四时代民族主义和民族国家建构的全部可能性。可惜这一点新左派的文章中并未体现。贺桂梅认为，[①]八十年代或所谓“新时期”以一种历史隐喻的方式将自身的历史起点对接于五四时期，把将“文革”（革命、毛泽东时代）等同于五四运动之前的“封建社会”（前现代历史），“进而把‘新时期’视为第二个五四时期，从而为八十年代的现代化运动提供历史依据。这种历史叙述将毛泽东时代视为‘农民小生产者的意识形态和心理结构’的历史表现，从而将其剔除出‘现代’历史”。贺桂梅认为，它所忽略的是毛

① 贺桂梅：《挪用与重构——80 年代文学与五四传统》，《上海文学》2004 年第 5 期。在把新左派的理论运用于对文学史的再解读方面，除了贺桂梅外，代表性人物还有李扬、唐小兵、罗岗、旷新年等。

泽东时代“作为反现代性的现代性”特征。即“一方面完成了工业化基础建设和建立独立的民族国家，同时又强调缩小‘三大差别’的平等意识，以及对官僚国家体制的破坏。更重要的是，当‘启蒙/救亡’论强调用‘民主与科学、人权与真理’等源自西方的现代性规范‘启蒙’中国时，始终忽略了现代中国是在反抗西方帝国殖民扩张的过程中开始现代化，因此必然存在着‘反现代’这一抵抗西方的面向”。这个新左派内部并不新鲜的观点显然忽视了把民主与科学、人权与真理等同于西方将会面临的尴尬：那么，必然存在“抵抗西方的面向”的中国现代化就只能拥抱专制与愚昧、君权与谬误么？

秦晖对“救亡压倒启蒙”的说法采取既不简单认同也不简单否定的立场，他不满足于对这个命题中一些常识性观点的重复，力图把认识推进到更深层次。他认为，中国的自由主义在很大程度上是取道日本拐弯进入中国的，它的发生比一般理解的更早。“民主共和”思潮在辛亥革命时已完成了中国的第一次启蒙。新文化运动属于第二次启蒙，其主题是倡导“个人自由”，包括后来成为马列分子的左翼人士也是如此。但这种个人自由思潮受日本式自由主义的影响，强调个人“独立于小共同体”（比如家庭）而又“依附于大共同体”（即国家）。因而“救亡压倒启蒙”的说法是站不住脚的，因为这个“日本式自由主义”——启蒙——本来就把国家（救亡）置于个体之上，它既否定个人自由也否定小团体而唯国家是从。这样，“日本式自由主义影响下的‘启蒙’不仅没有被‘救亡’所‘压倒’，反而与救亡相得益彰，互相激励，出现‘启蒙呼唤个性，个性背叛家庭，背（叛）家（庭）投入救国，国家吞噬个性’的悖反现象，而这又与一战后的俄国式社会主义一拍即合”。[①]至此，秦晖通过对启蒙、自由等概念的重新剖析，最后强调的仍然是个体本位的启蒙的未完成性，秦晖力图同时突破官方意识形态、新左派与自由主义的五四言说模式来建构自己的五四故事，体现出深幽的思辨力和洞明的阐释力。

如今，当我们回望中国这一百年的世事变迁，依然不可否认新文化运动是中国改天换地的历史巨变中一个最重要的转折点，它是由传统中国向现代中国转变时最初、也是最声势浩大的一次思想文化裂变，在这断裂的沟壑中一定散落着无数尚未被发现的思想因子，就是它们暗暗地影响着随后一百年中国的思

---

① 秦晖：《新文化运动的主调及所谓被“压倒”问题——新文化运动百年反思》（上下），《探索与争鸣》2015年第9、10期。

想变迁，于是后学者不厌其烦地对这一时期进行反刍，不断地推敲、反思、探究，希望能在其中找到解开百年中国思想史的密码。正因如此，在新文化运动一百年之际，我们试图挑选出我们认为有代表性的反思五四新文化运动的文章，结集出版。这些文章的作者抱有不同的立场、思维方式、学术背景、生活经验，在他们各异的论述中，新文化运动犹如遥远缥缈的高山被横看侧看、成岭成峰。本着兼容并包、自由争鸣的原则，本书的目的在于提供一个众说纷纭的平台让读者自己去判别、去体会学者们如何重温一百年前现代中国诞生之时的风云诡谲，进而反思我们当代思想文化呈现出的种种症候。

刘再复海内外散文诗选

刘再复

读沧海

一

我又来到海滨了，又亲吻着海的蔚蓝色。

这是北方的海岸，烟台山迷人的夏天。我坐在花间的岩石上，贪婪地读着沧海——展示在天与地之间的书籍，远古与今天的启示录，我心中不朽的大自然的经典。

带着千里奔波的饥渴，带着长岁久久思慕的饥渴，读着浪花，读着波光，读着迷蒙的烟涛，读着从天外滚滚而来的蓝色的文字，发出雷一样响声的白色的标点。我敞开胸襟，呼吸着海香很浓的风，开始领略书本里汹涌的内容，澎湃的情思，伟大而深邃的哲理。

打开海蓝色的封面，我进入了书中的境界。隐约地，我听到太阳清脆的铃声，

【作者简介】

刘再复，香港科技大学人文学部客座教授兼高等研究院高级研究员，美国科罗拉多大学原客座研究员。

海底朦胧的音乐。乐声中，我眼前出现了神奇的海景，看到了安徒生童话里天鹅洁白的舞姿，看到罗马大将安东尼和埃及女王克莉奥特佩拉在海战中爱与恨交融的戏剧，看到灵魂复苏的精卫鸟化作大群的银鸥在寻找当年投入海中的树枝，看到徐悲鸿的马群在这蓝色的大草原上仰天长啸，看到莫扎特和舒伯特的琴键像星星在浪尖上跳动……

就在此时此刻，我感到一种神奇的变动在我身上发生，一种无法言说的谜在我胸中跃动：一种曾经背叛过我自己但是非常美好的东西复归了，而另一种曾想摆脱而无法摆脱的东西消失了。我感到身上好像减少了很多，又增加了很多，只是减少了些什么和增加了些什么，我说不出来。只感到自己的世界在扩大，胸脯在奇异地延伸，一直伸延到无穷的远方，伸延到海天的相接处，我觉得自己的心，同天，同海，同躲藏的星月连成一片。也就在这个时候，喜悦像涌上海面的潜流，突然滚过我的胸脯。活着多么好呵！这大海拥载着的土地，这土地拥载着的生活，多么值得我爱恋呵！

我不能解释自己身上所发生的一切，然而，我仿佛听到蔚蓝色的启示录在对我说，你知道什么是幸福吗？你如果要赢得它，请你继续敞开你的胸襟，体验着海，体验着自由，体验着无边无际的壮阔，体验着无穷无尽的渊深！

二

我读着海。我知道海是古老的书籍，很古老很古老了，古老得不可思议。

原始海洋没有水，为了积蓄成大海，造化曾经用了整整十亿年。造化天才的杰作呵！十亿年的积累，十亿年的构思，十亿年吮吸天空与大地的乳汁。雄伟的横贯天地的巨卷呵！谁能在自己的一生中读尽你的丰富而博大的内涵呢？

有人在你身上读到豪壮，有人在你身上读到寂寞，有人在你心中读到爱情，有人在你心中读到仇恨，有人在你身边寻找生，有人在你身边寻找死。那些蹈海的英雄，那些自沉海底失败的改革者，那些越过怒浪向彼岸进取的冒险家，那些潜入深海发掘古化石的学者，那些耳边飘忽着丝绸带子的水兵，那些驾着风帆顽强地表现自身强大本质的运动健将，还有那些仰仗着你的豪强铤而走险的海盗，都在你这里集合过，把你作为人生拼搏的舞台。

你，伟大的双重结构的生命，兼收并蓄的胸怀：悲剧与喜剧，壮剧与闹剧，正与反，潮与汐，深与浅，红与黑，珊瑚与礁石，洪涛与微波，浪花与泡沫，火山与水泉，巨鲸与幼鱼，狂暴与温柔，明朗与朦胧，清新与混沌，怒吼与低唱，日出与日落，诞生与死亡，都在你身上冲突着，交织着。

哦！雨果所说的“大自然的双面像”，你不就是典型吗？

在颤抖的长岁月中，不知有多少江河带着黄沙染污你的蔚蓝，不知有多少狂风带着大陆的尘土挑衅你的壮丽，也不知有多少巨鲸与群鲨的尸体毒化你的芬芳，然而，你还是你，海浪还是那样活泼，波光还是那样明艳，阳光下，海水还是那样清。不是吗？我明明读到浅海的海底，明明读到沙砾，读到礁石，读到飘动的海带。

呵！我的书籍，不被污染的伟大的篇章，不会衰老的雄奇的文采！我终于找到了书魂——一种伟大的力量，一种比海上的风暴更伟大的力量，这是举世无双的沉淀力与排除力，这是自我克服与自我战胜的蔚蓝色的奇观。

三

我读着海，从浅海读到深海，从海平面读到海底我神往的世界。但我困惑了，在我的视线未能穿透的汪洋底部，伟大书籍最深的层次，有我读不懂的大深奥。

我知道许多智勇双全的科学家、工程师和探险家，也在读着深海。他们的眼光像一团炬火正在越过黑色的深渊去照明海底的黄昏。全人类都在读海，世界皱着眉头在钻研着海的学问。海底的水晶宫在哪里？海底的大森林在哪里？海底火山与石油的故乡在哪里？古生代怎样开始生物繁衍的故事？寒武纪发生过怎样惊天动地的浮沉与沧桑？奥陶纪和志留纪发生过怎样扣人心扉的生存与死灭？海里有机界的演化又有过怎样波澜壮阔的革命的飞跃？

我读着我读不懂的大深奥，于是，在花间的岩石上，我对着浪花，发出一串串的海问，从我起伏的热血中涌流出来的海问。我知道人类一旦解开了海谜，读懂这不朽的书卷，开拓这伟大的存在，人类将有更伟大的生活，世界将三倍富有。

我有我读不懂的深奥，然而，我知道今天的海，是曾经化为桑田的海，是曾经被圆锥形的动物统治过的海，是曾经被凶猛的海蛇和海龙霸占过的海。而今天，这荒凉的波涛世界变成了另一个繁忙的人世间。我读着海，读着眼前驰骋的七彩风帆，读着威武的舰队，读着层楼似的庞大的轮船，读着海滩上那些红白相间的帐篷，和刚刚拥抱过海而躺卧在沙地上沐浴阳光的男人与女人。我相信，二百年后的海，被人类读不懂其深奥的海，又会是另一种壮观，另一种七彩，另一种海与人和谐的世界。

伟大的书籍，你时时在更新，在丰富，在进化，一刻也不肯静止。我曾经千百次地思索，大海，你为什么能够终古常新？为什么能够拥有永远不会消失的奇观。今天，我读懂了：因为你自身是强大的，自身是健康的，自身是倔强地流动着的。

别了，大海，我心中伟大的启示录，不朽的大自然的经典，此时，我在你身上体验到自由，体验到力，体验到丰富与渊深。也体验着我的愚昧，我的贫乏，我的弱小。然而，我将追随你滔滔的寒流与暖流，驰向前方，驰向深处，去寻找新的力和新的未知数，去充实我的生命，更新我的灵魂！

又读沧海

一

又是迷人的夏天，又是北方的海岸。又是无边的神秘，又是无底的深渊。又是望不尽的蓝幽幽，又是读不完的白茫茫。

圆月缺了，缺月圆了。已读破了许多圆月，已读圆了许多缺月。

全都写在碧波之上，愤怒与惆怅的文字，思念与告别的文字，绝望与希望的文字；全都写在浪花之上，欢乐与悲凉的乐章，战斗与寂寞的乐章，谴责与忏悔的乐章。

大自然的史诗，千姿万态。透明与混浊的交替，墨黑与柔蓝的转换，放歌与低诉的和谐，全部聚汇在你巨大的生命之上。

是谁赋予你这史诗般的生命呢？大海。

在遥深的底层，在邈远的上空，有谁调动着你，主宰着你，规范着你呢？在缥缈的天涯一角里，真的有一位满头银须的洞察一切的神灵吗？在宇宙的无尽顶端，在万物万有生死转移的冥冥之中，你是否和一颗全知全能的心灵相连呢？

二

我翻阅你的每一页，每一行，细读你字行间那些蓝色的深渊与白色的神秘，但我从未读到上帝与魔鬼留下的踪迹。

我只读到你自己，只读到那深黑色的海心和紫绛色的海魂，那热烈的血与冷峻的血，那主宰着你自己也主宰一切的强大的汹涌与澎湃。

云间已撒下无数次的风雨雷霆，但你照样展示你的万丈波澜，海底已爆发过无数次的火山熔岩，而你依旧是从容不迫，辽阔无边。你随时可歌，随时可舞，随时可沉默，随时可爆发。刚刚还是圆月下的沉默，沉默得像安详的、熟睡的母亲，瞬息间又是沉默中的爆发，爆发得像狂醉的、疯癫的酒神。然而，几个时辰过去，又是一派玛瑙似的透明，一片绸缎似的蔚蓝。大海，你愤怒时如此长啸，悲伤时又如此低吟。你的高歌与呜咽，你的纯情与傲眼，你的豪放与婉约，全都使我壮怀激烈，也使我头颅低垂。

没有一种力量能剥夺你的雄浑与豪强，所有想剥夺你的，都被你剥夺，所有想吞没你的，都被你吞没。浪尖上、波峰上、礁石上、沙滩上，全记载着，记载着你的浩浩荡荡的足音和不可征服的尊严。

三

大海，我心爱的大书卷。我已读破你的经籍般的渊深，史诗般的广袤，而你的蓝色的目光，是否也穿越我的躯壳，读着我呢？——读着我身内的大海，那些日夜动荡着的激流，朝夕变幻着的文字，那些已展示和未展示的篇章，带着海的咸味与海的苦味的波澜。

唯有你，变幻无穷的海，可以和人类身内的宇宙相比，唯有你，酷似我心中的世界。一部没有逻辑的诗。一部充满偶然、充满荒谬、充满圣洁的小说。一部在狂暴与温顺、喧哗与缄默、放荡与严肃中不断摆动的戏剧。一部让岸边聪颖的思索与狡黠的思索永远思索不尽、烦恼不尽的故事。

你读到我的海了吗？你读到这些激荡着的诗文和跳跃着的故事了吗？你读到我的轻漾的暖流和耸立的怒涛了吗？你读到我的紫色的沉思与白色的爆发了吗？请你也如我一样多情，请你常常徘徊在我的岸边，我的沙滩，我的岩角。在我的海里，有温柔的水草，也有刚毅的礁石。还有很美的海村和很美的海市，海村里有太阳的明艳和镰月的朦胧，海市里有浅白的天街和深绿的灯火。还有许多飘动的海旗，海树，和疾翔的海鸥，这一切，这一切都是我灵魂的家园，都是我的深藏着的文字和深藏着的生活。

四

大海，我曾多次地走到你面前。我见到了你，但你未必见到我。我不倦地阅读你的浪涛，但你未必发现我的烟波。

我不怪你，我的壮丽而浑厚的朋友。

因为我的海，曾是冻僵的海，曾是干涸的海，曾是垂死的海。

因为我的海，曾是沙漠，被横扫一切的风暴席卷过的沙漠。没有花草，没有森林，没有飞翔的大雁，没有旋转的泉流，只有被风沙打击得非常模糊的、凄凉的脚印。

因为我的海，曾是旱湖，被九个太阳晒干了柔蓝的旱湖。失落了碧波，失落了浪花，失落了喧嚣与骚动，失落了海燕与风帆，只留下沉入海底的恐龙的化石和其他古生物的残骸。

因为我的海，曾是废墟，被荒诞的火焰烧焦了生命的废墟。没有生机，没有活泼，没有潮汐与春秋，只有断垣、颓壁与荒丘。这海，连我自己也不认识的海，连我自己也不愿意阅读的乏味的书籍，吸引不了你的蔚蓝色的眼睛，我不怪你。

五

死过的海复活了。沉睡过的海醒了。僵冷的大书舒展了新的一页。

我已重生。我已重新拥有我的大海，拥有海的脉搏，海的呼吸，海的温柔与粗暴，海的愤怒与忧伤，海的妩媚与豪强。

我已重新获得我的海魂，洋溢着尊严、力量和美的海魂，拥有奔驰自由与翻卷自由的海魂。一切一切，都已打下海魂的烙印。黑暗，是崇深的黑暗；光明，是坚韧的光明；忧伤，是高贵的忧伤；奋发，是雄伟的奋发。

大海，你感受到我悲喜交加的复活了吗？你感受到我那丢失的海魂已艰难地回归到我的蓝土地和蓝家园了吗？你感受到我身内的书籍已删去陈腐的语言与陈腐的逻辑了吗？你感受到岸边新月似的眼睛和投射到你身上的新曙般的光芒了吗？

今夜，我带着复活了的眼睛，在星辉抚摸的海堤上，重新阅读沧海，重新阅读你的壮阔与神秘，我将有许多新的领悟。我将用我被风暴打击得更加实在的灵魂，去消化你这伟大书籍的艰深，我将用我在痛苦的寻找中变得冷峻的目光，穿越你的浓雾与阴影，进入你更深邃的底层。我相信我的海和你一样，有强大的、翻卷着激浪的胃，能消化掉坚固的苦难和混杂的噩梦，重新赢得健康，重新赢得高傲，重新赢得辽阔与浩瀚。

我不再彷徨，只要你在眼前，我就不会虚空，就有望不尽的蓝幽幽，读不完的白茫茫……

三读沧海

作者按：

三十年前，我写了《读沧海》和《又读沧海》，再无续篇。三十年后，金庸先生为我的书舍命名题签，郑重写下“读海居”。二〇一四年，贾平凹兄又从陕西寄了巨幅书法诗联赠我：“沧海何曾断地脉，风号大树中天立。”之后，莫言到香港时又为我题了“读沧海”。三位聪慧友人不约而同，把我的名字与沧海相连，终于激发了我的情思，于是便欣然命笔，作此《三读沧海》。

二〇一五年五月十六日　于美国读海居

一

寂寞的时候，我就看着海。它与时间一样孤独。我的学生名叫阳子，她沉吟海时，如此写道。

我回应阳子。此刻我也看着海。因为寂寞，所以从海边看到空中，从地上看到天上。地上看的时候，用的是“人眼”；空中看的时候，用的是“天眼”；后者是释迦牟尼与爱因斯坦的宇宙极境眼睛。

我是谁？我是海的儿子。曾在泉州湾角书写，曾在清源山上吟哦，曾在波罗的海水畔歌哭，曾在太平洋与大西洋里游思。此时痴痴地看着伟大的父亲，这个苦恋蓝天的谜一样的伟大存在。当年鲁迅先生把儿子命名为海婴，我是海的儿子，也如此自我命名，算是字号。海婴与时间一样孤独，与父亲一样心性浩荡。

我又来到海滨了。往昔是少年的沙滩，现在是长者的海岸。当年是酒神与激浪共舞，今岁是日神冷观涛来涛往。此次读海，是道谢，是告别，是向父亲作灵魂的诉说。

二

我来道谢。到地球走一遭，绝无后悔，因为父亲总是滋养着我。即使身处孤岛，父亲也用强健的胸脯拥抱我和抚慰我。我的人生，不仅仰仗书本的泽溉，而且仰仗大地与大海的滋养。大地用它的苦难，大海用她的辽阔。两者都是需要的。它们都导致我的渊深。

感谢父亲的灵魂时时陪伴着我。白天里，黑夜里；清醒时，睡梦中。醒时翻卷着苦涩，梦时洋溢着甜美，行进时带着风鸣风号，写作时呼吸着大节奏与大气魄。海边，海边永远是我重生与复活的地方。风浪，风浪永远是我疗治消沉与颓废的药物。那一年辞别故国而孤绝得快死的时候，幸而得到天风海涛的启迪，然后才得以开始新一番的生命轮回。我称它为第二人生，父亲称它为第二次潮涨潮落。

没有人知道我的生命密码。到“地球”来一回如同到“地狱”来一回。千辛万苦中，我所以能在“地狱”中独立不移，知行不二，全仰仗父亲壮阔的教诲，那是海的哲学，海的思辨，海的逻辑。

没有人知道我生命情结全是恋父的情结。这是海婴儿的浑沌，这是弄潮儿的天真天籁，这是踏浪儿的刚毅勇敢。我为什么如此热爱生活？生命中为什么总是蒸腾着“积极”？血液里为什么总是翻卷着“奋发”？全因为我来自大海，全因为我是海的儿子，浑身都是海的基因。为什么那样蔑视高头讲章？为什么那样拒绝巧言令色？为什么摈弃那些矫揉造作？为什么嘲笑那么多老套新招？为什么不敢说大话？为什么不敢信谎语？为什么不满俗气潮流？为什么不会抛却良心底线？就因为总是面对父亲伟大而真实的存在，就因为耳边总是响彻着沧海豪爽而正直的呼声。那些关于洪荒、关于沧桑、关于壮丽、关于永恒的一切思辨；那些关于大气、关于正气、关于底气、关于奇气的一切逻辑，还有那些关于精神、关于价值、关于格调、关于境界的一切讨论，全是海的哲学，父亲的形而上品质。我是海的儿子，也是海哲学的儿子。谢谢您，伟大的父亲，谢谢您雄伟而壮阔的哲学，让我远离猥琐，远离心机，远离纸醉金迷，远离小伎俩与小格局，远离人间的一切不道德与不光明。

三

我是海的婴儿，也是海的知音。在我之前，父亲也有一个知音，那是俄罗斯大旷野里的诗人普希金，他那一首如同天乐的《致大海》，道破了父亲的本质：大海，自由的元素！美极了，对极了！父亲的名字就叫作自由。他不仅是自由的元素，而且就是自由本身。他的一波一浪，一吞一吐，一声一响，全是蔚蓝色的自由本体论。在天地之间，唯有父亲代表着大自由与大自在。父亲的名字，是自由的第一符号和第一代表。世上没有任何锁链能困住伟大的海洋，也没有任何牢狱可以关住浪涛的汹涌澎湃。

从洪荒时代一直到今天，父亲都是大自在。自由地汹涌，自由地跃动；一切都是自然，一切都是自发。不知道迎合，不知道俯就，不知道追逐。或高举浪花，或低吟波语，或轻抚沙石，或挑战岩岸，全都出自海心，出自海底那万类竞生的深处。

一切都是海心的自然跳动，没有目的，没有企图，没有动机，没有他者的指使与摆布，也没有自我的执迷与妄念。

我与友人谈论父亲。说父亲的伟大在于它是“无目的”的存在。它不求“道”，因为它本身就是“道”；它不求“荣”，因为它本身就是无上的“光荣”；它不求掌声与鲜花，因为它本身就拥有天下无与伦比的大音与大美。因为无目的，所以它自由；因为无奢望，所以它健康；因为无所求，所以无敌于天下。它曾“求败”，但总是不败。它曾“告退”，但总是前进不息。从洪荒年代开始，它就经历过无数次的兴亡沧桑，如今它已看遍荣华富贵的浮沉起落。历史常在海里发生。它亲眼看到，黄金化作泡沫，白银化作泥沙，只是一刹那。七十年里，我天天读海的故事，年年岁岁听海的传说，结果，神奇的效应产生了，我变得憨实、厚重与干净：身上没有轻薄，心中没有卑污，笔下没有游词与媚语。那些奴才般的谄笑，那些鸡犬般的伪作，都远离了我。父亲，谢谢您，要说大自在的楷模，大生命的典范，那就是您。向沧海学习！一直是我内心雷鸣般的口号。

四

今天，我向父亲告别，说着谢词，但不是巧语；唱着赞歌，但非虚言。再伟大的英雄，也有它的弱点。说您无边无际时，我分明看到您的局限。只不过，您的局限也是深刻的局限。

此时此刻，我悬搁海婴的“肉眼”，借用释迦牟尼的“天眼”看着您。《金刚经》说“恒河沙数，沙数恒河”。天眼之下，当然也是沧海沙数，沙数沧海。是的，在星际缥缈中，您只是一滴水，一粒沙，一颗小玉米。在苍天体系中，您只是一闪念，一飞光，一缕跃动的烟云。宇宙的伟大旗手爱因斯坦早就说过，从高远的宇宙顶端俯下看，地球不过是一粒尘埃。您，大海，地球的一部分，当然也是一粒尘埃。面对太阳系，面对银河系，面对莽莽苍苍的黑洞和浩浩茫茫的大宇宙，您没有奇迹，没有惊涛，没有巨澜。也许您有先验的灵犀，所以在您潜意识的深层，早已知道自己很小很小。冥冥之中那位以光速计算行程的神秘使者，早已告知：您并非无限。还有那颗一千年才出现一次的彗星也早已提示：您不过也是宇宙之一粟，时空之一念。因为您有自知之明，所以总是把自己放得很低。因此您没有“我相”，永远只有谦卑；因此您没有“人相”，永远只有神韵；因此您没有“众生相”，永远只有尊严；因此您没有“寿者相”，永远只有自然的永恒与片刻。大海，父亲，因为您无言无相的教导，所以我才知道：山外有山，海外有海，天外有天，辽阔之外还有辽阔，浩瀚之外还有浩瀚，雄浑之外还有雄浑，伟大之外还有伟大。时间那么孤独，空间又如此高傲，叫我怎能停止思索、猜想与前行？

五

父亲，我来告别，来向您作灵魂的倾诉。

我来地球走一回，感觉是幸福的。虽然我没有找到上帝，但我找到了沧海。虽然我没有看见天边那位传说中的白发飘忽的圣者，但与穿越亿万年的父亲相逢。能与伟大的灵魂伟大的存在相逢，就是至欢至乐至喜至悦。对于我，眷恋人生，就是眷恋海，眷恋海所明示与暗示的美，亮丽、广阔、宽厚、恢宏，还有兼收八方冷暖的包容，乘风破浪的航行。我向父亲倾诉，一次，再次，如今是第三次。一次比一次真实，一次比一次靠近您的心灵。此次我看着您，也看着您所背靠的星空。在无限之中，我虽然深知海婴的微弱，但并不悲观。因为海婴与海一起，已进入了星际的大循环之中。它虽然是一粒尘埃，但它又是一粒加入伟大行列的尘埃。尘埃虽小，但它在宇宙的结构中运行，海婴虽会死，但星空不会死，伟大的行列不会死。在悠久的天演历史中，小小的一粒、一滴、一笔、一划，也创造着意义，那是没有“小目的”又合生存延续“大目的”的无穷无尽的诗意。

二〇一五年五月十五日
美国 科罗拉多

苍鹰三题

站立的鹰

两只苍鹰站立着，像思索着的纪念碑。

山上不长一棵草，连芨芨草也没有。山上没有一朵花，连被太阳烤成黑色的鸡冠花也没有。

这里没有野兽，也没有甲虫和蚂蚁。满目只是漠漠黄沙。啊，火焰山，是你被生命所遗忘，还是你遗忘了生命？

然而，鹰就在这里站立着。坚爪就像钢铁镶嵌在岩顶上。不知道他为什么选择这个地方歇脚？也许是为了烧焦自己，完成一次寓永恒于瞬间的死亡和更换生命的涅槃；也许是为了实现自己，准备向着光洁的穹庐展开更远大的飞翔；也许为了干净与清白，为了远离被觅食的鸡搅混的烂泥和天葬中的那群争夺尸首的枭雄；也许为了安宁，这里虽然热浪翻滚，但没有浮嚣与聒噪；也许什么也不为，只因为茫茫天宇下根本就没有路没有落脚的地方。只有赤条条的火焰山，愿意接受他的漂泊。

他在这里已经站立很久了。我怕凝固的火焰会烧毁他的双脚与双翅，便默默呼唤他快点起飞。但他还是站立着，站立在尚未死寂的地火中。我继续期待着，渴望见到惊心动魄的一刹那，在没有生命的山峰上，有一强大的生命羽翼，打破时间与空间的死牢，在云端上作着强健的、自由的翔舞。那一定是一幅无比雄伟的画，一定是一次魔幻似的壮观。

然而，我挥别火焰山时，他还是站立着。他的云端翔舞和奇幻壮观不知道想献给谁？大约只献给蓝天。我真羡慕蓝天，真羡慕蓝天那永久开放着的眼睛和伟大的、无所不包的怀抱。

站立的鹰

头顶是喷射的太阳，脚下是滚烫的山尖，他就置身于两股火焰之间。

地火已吞食所有生命，连生命影子也被扫荡。最后一声狼嗥，在很久以前就消失在群山的记忆里。此刻，唯一的影子，就是他的粗糙而单调的影子。

他站立着，并不抬头看看赤裸的火焰，也不低头看看被沙石包裹着的火焰。他已习惯了，习惯于站立在干旱、荒凉与炎热之中。站立着就是凯旋。他的直立的双脚像两根柱石，连同他的身躯，正是火焰山上生命的凯旋门。

他随时都可以俯冲，随时都可以闪电似的直扑云空，但他只是站立着。黄森森的眼睛流泻着一曲孤傲，对干旱、荒凉、炎热全投以轻蔑的光。轻蔑的眼睛，使我想起横眉冷对的鲁迅，想起失明前的雄狮般的贝多芬。贝多芬就以凝聚着力的轻蔑，战胜了诱惑，把孤独写成英雄的千古绝唱。

飞翔的鹰

已经飞越过许多山崖与峡谷，已经穿刺过许多风雨与云雾，双翅已蓄满飞行的倦意。

该找个落脚点，该找一片栖息的树林，该找一处青翠的山坞，然后再做腾飞的梦。

她寻找着，俯瞰着蜿蜒起伏的大地。她的双眼已经苦涩，羽毛时常脱落，心灵已经困乏，还是寻找着。然而，总是找不到一片栖息的树林，总是找不到一处落脚的青翠。

羽翼下的这一边是寂寥，是古老的黄沙，羽翼下的那一边是喧嚣，是飞扬的烟埃。但没有树林，也没有山坞。

听风说，树林在天涯，滋润羽毛的碧绿在白云的深处。

听雨说，山坞在海角，存放心灵的青翠在遥迢的远方。

她只好继续盘桓。千回百转，日升日落。呵，灵魂的故土，羽翼的家园，你在哪里？

突然，她的眼睛明亮了。一个决断使她明亮：不要寻找栖息，只管飞翔。什么地方都可以落脚，无论是灼热的沙漠；还是冰封的河川。只要有一双钢铁般的羽翼。

故乡大森林的挽歌

一

记忆被沧海切断了。

记忆被染上了波涛的墨绿色。

然而，记忆还在记忆。

又记起故乡已经消失的大森林，在沧海那边曾经也像波涛一样汹涌过生命的大森林。

那一片原始大森林，那一片坐落在家乡黄土高坡上的榕树群与松树群，已存活过许多年代，至少吞吐过五个煊赫一时的王朝。然而，它却在这个世纪的一个历史瞬间消失了。一大片郁郁葱葱的生命，就被砍杀在我们这一代人手里。我自己正是一个疯疯癫癫的砍杀者。

我们这一代，人生伴随着贫穷与恐惧，也伴随着野蛮与疯狂。我们这一代，粗野，好斗，嗜杀，充满错误，罪行累累。每个人的心中都藏着一部罪恶录，那里有别人留下的伤痕，也有自己给别人留下的伤痕。

可是，我要为我的同一代人辩护，因为我们吃进去的精神粮食，不仅粗糙，而且全是带着火药味的僵硬词句，浑身都带着语言的病毒。铅字是有毒的。而我们的肠胃却装满铅字和概念，铅字在腹中燃烧，概念在体内膨胀，没有砍杀的宣泄，我们就会闷死。

二

那一年，那是喧嚣与骚动的一九五八。

那一年，个个都变成诗人、革命家和疯狂的红蚂蚁。

到处是战歌、红旗、高炉、烽烟和蚂蚁的沙沙声。

我也是一只扛着红旗唱着战歌的疯狂的红蚂蚁，瘦得皮包骨的红蚂蚁。

我和我的蚂蚁弟兄们疯狂地爬到山上，左砍右伐几个白天和几个夜晚就吃掉故乡的全部小松林。

我还朗读着革命诗人郭沫若《向地球开战》的诗句，煽动着已经晕眩的兄弟，助长了正在相互传染的精神浮肿病。我忘记老诗人还有“地球，我的母亲”的呼唤；忘记整个人类只有一个共同的母亲，只有一个共同的生命存放之所；忘记她是我们唯一的根，我们唯一的源，我们不能向她开仗。那一瞬间，我们真的疯了！

在山野里，我们倾听着县委书记在扩音喇叭里的广播演说，那是战争的动员。他说，为了炼出一千零七十万吨钢，我们要把全县的树木砍光、烧光、用光。我们为书记欢呼。呼声震动着连绵的群山。

我们这些中学生只是执行“三光”政策的砍杀小松树的小蚂蚁。而大蚂蚁大力士们则一举砍光了我故乡的那一片大森林。

这个世纪真是神经病的世纪。所有的人都嗜好砍伐，嗜好洗劫，嗜好造反，嗜好践踏生命，人人都变成疯狂的红蚂蚁，在用笔墨批判无端的“白旗”之后又用斧头去批判无辜的青山绿树。

从那一年起，故乡的小树林与大森林就在高炉里和我的心里凝成一块一块废铁，于是，我的心中开始沸腾起炽烈的血腥的歌声。

红蚂蚁虽有铁甲，但没有灵魂。灵魂在剥夺大森林之前就被剥夺了。被剥夺者成了凶恶的剥夺者。没有灵魂的红蚂蚁横扫一切。到处是红旗与红海洋，到处是红袖章与红歌曲，到处是红与黑的转换，到处是激情燃烧的疯人院。

记起古希腊的一个神话，说是天神送来的一个梦。为了实现这个梦，两个城邦国家进行了战争。蚂蚁虽然没有灵魂，但也有天神送来的梦，梦里展示着未知的辉煌的天堂。为了实现天堂的伟大目的，一切黑暗手段都是合理的。掠夺与剥夺，扫荡与侵略，奴役他人与自我奴役，都是天然合理的。为了这个梦，什么都可以做，一切砍伐都天经地义，一切杀戮都符合经典，把大森林化作废墟也是伟大的凯旋。渺小的蚂蚁与伟大的战士没有界线，崇高与残忍没有界线。故乡的大森林无处伸冤。故乡被践踏的青山绿水无处伸冤。

三

不敢想象，父老兄弟没有那一片大森林，该怎么活。几乎被贫穷吸干了生命的父老兄弟，吃着三餐稀饭，住着蛇蝎可以随意出入的小土屋，一代代在南方的炎阳下曝晒，唯一的避难所就是大森林。我的满身汗水的祖先，如果没有这些大森林，早就被烧焦了。

走不出乡土的兄弟姐妹都是一些被尼采称作“末人”的农民，他们不知道什么是幸福什么是创造什么是期待什么是星球。他们口里念着革命词句但不知道什么是革命，他们心里想着高楼大厦但不知道什么是高楼大厦。我是从“末人”中奔闯出来而完成了人的进化的幸运儿。但我深深地爱着我的乡亲，因为我和他们一起像烙饼似的被故乡的烈日煎烤过十几个年头。

他们虽然麻木，但对于煎烤的感觉还是有的。他们酷爱这片大森林，知道要在贫穷中存活，是需要大森林的护爱的。因此，当人们在说阶级斗争是生命线的时候，他们总是固执地相信唯有这些大森林才是生命线。于是，当砍伐大军以三面红旗的名义开始毁灭这片大森林时，我的一个贫穷的而名字偏叫“富翁”的伯伯疯狂地抗议，之后就吊死在一棵幸存的榕树上。这是一个真实的、可以经得起社会学家考证的故事，我的乡亲就是这样一些可以为大森林而死的人群，虽然贫穷，但并不缺少勇敢。

三十多年过去了，此刻格外想念死去的大伯，也是此刻，我才更了解他的“死谏”的意义。我的大伯像泥土一样质朴，也像泥土一样永远沉默。但他的行为语言却表明他有至真至爱的内心，在他的潜意识里，有一盏最明亮的灯。他比谁都明白，大森林的死亡，意味着故乡的沉沦。从此之后，故乡将失去灵魂，将失去蕴藏着灵魂的绿色金字塔。

我知道我的乡亲，我的伯伯只是争取一种可怜的权利，那就是喘息的权力。没有树阴，他们就无处喘息，生命就会在烈日下蒸发掉血和水分。

我的富翁伯伯，你和大森林同归于尽，因为你太爱我们的家乡。您是一个为争取喘息权而献身而牺牲的伟大庄稼汉。

四

故乡大森林中的每一棵老树都有一篇动人的故事。高达数丈数十丈的巨松与巨榕曾使我的童年充满想象力。很少人知道，故乡大森林是我的第一部童话与神话。我的阅读与写作正是从大森林的壮阔中开始的。不是课桌，不是词语，而是大森林浪涛的呼啸与沉吟，为我打开诗歌的第一页。我从小就知道，大森林的音乐来自天空的深处和历史的深处，它那些如同开天辟地时混沌的响声，一直给我取之不尽的灵感。

我在青年时代对着来自城市的高傲的同学，也有自己一副农家子的骄傲。这就因为我从小就生活在神话里，那不是化石般的神话，而是沧海般滚动着灵魂活力的神话。树上的鸟啼，使我热爱黎明与音乐；树下的虎吟，在我生命中注入了豪迈，而大森林的历史，又在我的心灵深处积淀了中华大地的辉煌底蕴。

一个生于偏远乡村的农家子，学会读书和著述，就因为有家乡参天巨木的启蒙。每次写作，大森林就会摇动我的手臂。我的文章就会灌满大地的元气与奇气。这是我的书写的秘密，我的心灵的孤本。然而，我从来不告诉老师。我知道他们一定会笑我荒唐，一定会认为我违背写作法则。其实，写作时总要反抗法则。诗法应是大森林的自然之法和无法之法。我知道定义与概念全是陷阱，我不会把故乡大森林赋予我的灵感葬送在陷阱之中。现在我也制造理论，但制造理论仅仅是为了反抗理论和超越理论。我不知道这个制造红蚂蚁的世界，从什么时候开始，把学院生产的法则抬得那么高，还制造了那么多笼中诗人与套中作家，他们只会在干枯概念的包围中呼吸，唱出来的歌，远不如故乡大森林中的喜鹊与猫头鹰。

记得葡萄牙诗人毕索阿说过: 人是两种存在状态的交织。人曾是梦幻的存在，那是孩提时代的真实存在。后来人变成了现实存在，那是由外表、言说、权势打扮起来的虚假存在。我要为毕索阿的真理作证：故乡的大森林使我的梦幻存在成为可能，也使我的诗意栖居成为可能。我要记住大森林的呼告，继续展开梦幻，继续寻找诗意的生活。

然而，当我怀念那一片森林和那一群青山的时候，被缅怀者已经死亡。大森林没有坟，死得无影无踪。自从知道他们死亡之后，我呆板、愚蠢得多。我几乎可以感觉到这种历经数十年光阴的呆板和愚蠢，如今，当我在异邦的青草青树面前恢复关于那一片大森林的记忆之后，才觉得那一片大森林是我灵魂的一角，变得呆板和愚蠢就因为我的灵魂缺了一个角。我其实是一个灵魂的残缺者。

我真不喜欢人们称赞我的呆板与愚蠢，把残疾者当作完人加以讴歌决不会使残疾者舒服。听到颂扬呆板与愚蠢的歌声时，我的心里就升起悲怆的歌声，他们讴歌傻子和老黄牛，其实是想让我生活在洞穴中而不自知，生活在铁屋中而不自明，好让我总是愚蠢而驯服地让他们牵着鼻子走。

我已听够了赞歌，听够了无数天之子和地之子的赞歌。我讨厌那些坐着唱赞歌和站着唱赞歌的诗人，特别是讨厌那些跪着趴着唱赞歌的诗人。他们早已满头白发，还老是装着小孩的模样唱着酸溜溜的颂歌，我真受不了这些没完没了的酸歌。当然，我更不能忍受歌颂砍杀大森林和砍杀小孩子的战歌。我宁愿听挽歌，我现在写的就是大森林的挽歌，我的青山绿树和我的清溪绿水的挽歌。

五

到海外两年了。尽管在异域生活在真诚朋友的包围之中，但是仍然感到孤独，总是放不下故国那一片黄土地和那一片消失了的大森林。

在故乡的黄土地上，我就觉得根扎得太深，深得喘不过气，那时，我觉得自己是个重人，为了从太多的根须中解脱，我不断挣扎。艰辛的挣扎几乎耗尽生命的能量。如今，我浪迹四方，又觉得自己没有根，生命仿佛在云空中飘动，此时，我又觉得自己变成了一个轻人。

时间真可以改变一切，包括改变沉重，我开始沉醉于很轻很轻的小草，沉醉于无所不在的草地。我相信每一棵小草，都是造物主的一笔一画。这些草地就在校园里，就在街道两旁。很奇怪，这些草地神奇地化解了我的孤独与寂寞，使我获得压倒一切的安静。也许因为嗜好形而上的冥想，贪婪于精神上的追求，所以常常感到现代社会的乏味，然而，在乏味中，我却发现了草地、森林与湖泊。我相信，唯有草地、森林与湖泊，能够拯救我残缺的灵魂。碧融融的草地真是一面镜子，由于它，我才发现自己曾经是疯狂的红蚂蚁，也是由于它，我才发现自己的生命更换一种颜色，这就是：绿色。而不是红蚂蚁身上和红旗上那种红颜色。我的生活要求是那么简单，只要有窗内的盐和面包，还有窗外的绿色，就能生活得很好。

然而，我已经永远失去故乡那一片大森林。生命不能复制。如同人生只有一回，大森林的壮阔不会出现第二回。异邦的森林固然很多，但不能赋予我生命的元气与奇气。不能像故乡的那一片大森林，每一片叶子都与我相关。我相信，这颗星球上再也不会生长出我故乡的那一片大森林。壮阔的生命毁灭之后，永远不可弥补，不可替代。死的永远死了。消失的永远消失了，我的生命只能留下永恒的空缺。那条青溪，那群青山，那一片大森林，那一脉遥远的梦幻，只能闪现在我的空缺的记忆里，催生我的第一首翠绿色的挽歌。

秋天安魂曲

一

此时我只想安慰自己的灵魂。哭泣的天空已经飘远，令人心悸的风雪已经过去，没有心灵的死神在千里追踪之后已经疲倦。我坐在密茨根湖畔，身边是书本、岩石和枫叶。秋风吹拂，暗夜的星辰在头上闪烁，我应当安慰自己受惊的灵魂。

二

你的灵魂本来就那么漂泊无依那么脆弱无助。你的父亲把你抛掷在贫穷山村之后就远走空漠的冥城，你的守寡的母亲也守着潇潇的梅雨，只能用懦弱的眼泪滋养你的童年。

踏进校园，你读书如痴如醉，但你没有吸进列宁和斯大林的火药，只醉心于诗与小说。于是从安徒生到托尔斯泰，滴落在你心坎里的全是温馨的花瓣。这些花瓣让你善良，但没有力量。它不能帮助你在一个充满铁血与箭矢的历史时间中生存，肩膀扛不起太重的黑暗。在需要狼虎的时代，你却是一只只会寻找青草与嫩叶的小鹿，你注定是痛苦的，注定要无休止地逃亡，逃离虎豹利刃般的爪，逃离属于毒蛇也嚼于你的变质的故乡。你不会有永恒的住所，无论是今天或者明天，你都必定要四处流浪，要在荒漠的深处和历史的夹缝中寻找家园。走上漂泊的路，你不要悲伤。

三

你酷爱长着稻米与小麦的土地，无论是寒凝沃野，还是暑锁江边，你都吹着古榕的叶笛，不倦地唱着故土的恋歌。此时，你对着轻漾的湖波，还用沾满泥土的母亲的语言，诉说着你的浩茫心事，本性难改。

然而，你成长了，不单是吹奏天真的叶笛。你知道故乡的大地不只是山冈与峡谷，也不只是森林与沙滩，故乡是母亲的怀抱，兄弟的肩膀，姐妹们温柔的胸脯与身躯。当母亲向你伸开颤动的双臂、姐妹们对你展示爱的微笑时，你才认识故乡。每一次远渡重洋的前夕，你都要吻别母亲与孩子的脸额，那一瞬间，你意识到你在吻别祖国的大地。因此，当战车的履带辗过那一片温柔的跳动着血脉的大街时，你放声哭泣了。良心不许你歌唱。你的灵魂从此布满伤口也布满乌云。带着伤口你开始漂泊。漂泊的路遥远又神秘。漂泊的路上，你只是在抚摸伤口时才让头颅低垂，但你从来没有跪下。历史用带血的事件抹掉你最后的浪漫，还擦亮你的蓄满孩子气的眼睛，让你看清从前也看清明天。你不会再迷失了，被点亮的灵魂的眼睛和太阳一样圆，它肯定比你额头下的双眼更明亮。

四

你可以高兴。当往年的风暴和今年的风暴冷却了人们的血液，当泛滥的洪水把人性最底层的温馨全都卷走的时候，你仍守住体内岩壁似的坚贞，脉管里仍然保持着赤子的温热。试试你的手，手里还有热泉奔流。你不要自卑，你虽然充满惊慌，但没有堕落。你虽然像麋鹿那样从一个草原逃向另一个草原，但你没有为了活命，嗷嗷求饶，讴歌猛兽。灵魂分明如山脉矗立；生命的深谷中依然洋溢着清澈的波浪。

五

你的眼泪流过了。不再用泪水来灌溉你的记忆的草地，更不用怨恨思念你失去的村庄。

其实你的躯壳就是你灵魂的故乡。当你离开母亲的身体第一次漂流到人间时，你母亲就为你的灵魂建构了第一个帐篷，你的躯壳。被你的双脚支撑的帐篷，就是你灵魂的第一个家园。这一家园永远伴随着你，和你一起跋涉天涯海角，负载你的全部快乐与忧伤。

今天你失去了孩提时代的故园，但你没有失去你的帐篷和你的弟兄。你的被揉捏的日子早已过去，此时你应创造自己，升华你的勇敢，继续你的情思。所有的人生大建筑，都是你肝胆的砖石累积成的。灵魂家园的工程师就是你自己。是时候了，该用你的骨骼再造你的故乡。统一的家园已经不在，不要与狼虎争夺那一片原野，原野之后还有大原野，大原野之后还有无边无际的海洋与星空。你只是人间的小鹿，只要有水和青草，你就能存活。即使草原上布满粗砾的沙石，痛苦再次折磨你，你也会活得很好。你不喜欢讴歌苦难，但你知道博大的悲情确实是灵魂生长的家园。

六

你记得你童年时代的家乡吗？世世代代被贫穷所浸泡，夜里只有狼虎、蚊子与黑暗。在没有月光的晚上，你和你的兄弟把萤火虫放在玻璃瓶里，制造反叛黑夜的灯光，以后你又独自用纱线把萤火虫串成光圈，骄傲地挂在自己的胸前，凭着这一点光明，你照样走路，照样让青春撒满夜间的田埂与沉寂的山峦。记住，你儿时的故乡不是狼虎、蚊子与黑暗，而是萤火虫背负着的光焰和你自己制造的星辰。故乡的意义全维系在这光焰与星辰之中。当有人用故乡的名义把你推向深渊的时候，你不要掉入陷阱。庄严地拒绝他们，像儿时那样，高举起玻璃瓶里的光明和胸前佩戴过的光明，拒绝黑暗。

七

儿时的故园远走了，爱你和被你所爱的友人被沧海隔断了。你将陷入孤独。

你要接受你的命运，接受刻骨铭心的孤独。不要期待鲜花与掌声，不要期待兄弟为你设计生日的狂欢节，不要期待盛宴上的流光溢彩。在良心与荣耀同时放在历史桌面上的时候，你既然选择了良知，你就要接受孤独。自从你接受的那一时刻起，包围你的就不再是歌舞的欢腾，而是没有尽头的寂寞。寂寞为你铺开通向历史深处的小路，让你在那里寻找无声的快乐。

你做过那么多浪漫的梦，群体的梦和个人的梦都是那么甜蜜。梦能暖人，梦也能伤人。在那个昏黑的早晨，梦的碎片直刺心肺，生命从此断裂。今天拾起梦的碎片，不是追恋往日的温柔之乡，只是为了纪念与告别。别了，不要再期待缥缈的梦境；别了，不要再期待他人的理解；别了，不要再期待高山流水似的知音。当你走得很远，走到没有炊烟的山谷，你注定孤单。唯有正直的山谷能回应你的歌声，还有你灵魂家园里的四壁，它永远对你真诚。

八

你孤独时的生命像一片孤岛。但是孤岛所以成其孤岛，就因为它被浩瀚无际的大海所包围，蔚蓝色的大海永远是孤岛伟大的朋友。它献给孤岛以万丈碧波。孤岛的根伸到海底，海底的七彩世界是孤岛的家乡。

孤独的心灵由热变冷，冷静的生命变得如此从容。在从容中，你将重新发现历史与世界，重新发现柏拉图、亚里士多德，重新发现维纳斯与蒙娜丽莎，此时，你才真的发现你的伟大的精神家园。你感觉到吗？他们一个一个重新走进你灵魂的帐篷，抹掉你眼角上的尘埃，帮助你打开全部生命的窗户，然后永远伫立在你生命内核里，陪伴着你进行新的航行。你会发现，孤单不仅使你冷静，还点燃你生命最高的激情。

九

夜深了，应当休息了。休息之后好迎接新颖的早晨。时间不会衰老，明天的早晨依旧年青。

秋天的早晨挂满清新的露珠，秋天的中午飘满成熟的幽香。秋天过后，到处都是皎洁的白雪，雪下到处都是不屈的根群。生命真的无终无极，灵魂真的不灭不亡，哪里有你对大地的真诚，哪里就有你的故乡。

西寻故乡

一

离开故乡之后，我又在寻找故乡。

寻找的不是地理意义上的故乡，而是情感意义上的故乡。地理上的故乡一打开地图就能找到，而寻找情感上的故乡，却行程无边，道路漫漫。

二

开始时用世俗的眼睛寻找，并找到我的第一个故乡，这就是温暖而布满芬芳的母腹。我在母亲的腹中吮吸了原始的生命激情，然后长出双翼，飞向人间。第一个起点就规定了故乡的意义。故乡，就是爱，就是那个用爱紧紧包围着我而我也用爱紧紧地拥抱着它的地方。

三

第二个故乡是父亲的肩膀和身躯。当我在母亲乳汁的灌溉下生长出可以蹒跚走路的双脚时，就以微笑选择了另一片土地。我的父亲匍匐在地，让我爬到他的背上，像温和的老牛任我驱驰。母亲说，她第一次听到我的震撼肺腑的笑声，就在这一时刻。我太高兴了，指令充当牛马的父亲站立起来，然后让他把我举上肩膀，我在高高的父亲的肩上第一次把眼光放得很远，看到天穹的寥廓和大地的浩茫。父亲的脊背与肩膀成了我的盘石般的第一记忆。以后想到祖国，就想到父亲的肩膀和脊梁，那个愿意让儿女当作牛马、为儿女负载着全部欢乐与渴望的就是祖国，具有永恒慈父意义的就是祖国。

祖国，是我的最可靠的父亲的肩膀。

四

美国作家托马斯·沃尔夫说，“人生最深刻的追寻，是对父亲的追寻，这不仅是一个血缘关系上的父亲，而且是一个力量和智慧的化身，一个外在的、超越了他的饥渴的可以将他生活的力量和信念统一起来的形象”。慈爱的象征，人生长河的源头，把你高高托起的力量与信念，这才是父亲。人类从埃斯库罗斯的《俄狄浦斯王》开始，就展开了对父亲的寻找，命运之谜永远连结着那一个首先把你抛到人生大海中的生命之父。

我在年幼的时代就失去父亲，连父亲的照片都没有。因此，从少年时代开始就一直把祖国当作父亲。进入青年时代，我又从鲁迅的“俯首甘为孺子牛”诗句中得到关于祖国的意义，知道祖国充当儿女的牛马，用自己广阔的肩膀为儿女铺设人生的黎明之路是不会感到羞耻的，人类的慈爱之心永远和太阳一样光荣。我固执地把祖国的概念和牛马的概念连在一起，并喜欢毫不顾忌地指责祖国的错误。因此当我发现那些以祖国的名义把自己的孩子当作牛马，把优秀的儿女送进牛棚，用缰绳和皮鞭对准敢于直言的兄弟时，我大声抗议：皮鞭、镣铐、牛棚不是我的祖国，我的祖国是仁慈的父亲，是那些把孩子拥抱在怀里和把孩子举得高高的父亲。

五

生身父亲过早就去世了，而母亲已经苍老，然而，我永远感激他们。他们是教会我故乡意义的第一双老师。是他们告诉我：故乡就在一切和平的、温柔的身躯里，就在一切你爱他、他也爱你的心灵里。为你枯萎的母亲的白发，让你枕着头颅的妻子的怀抱，把你双唇上的苦味化作甜蜜的女儿的脸额，使你在倾斜的山坡上行走感到安全的兄弟的手臂，替你洗掉一切伤痕的朋友的目光，容你终身在心头缭绕的爱的歌声，就是你的故乡。祖国也不神秘，祖国就是爱的故土和阳光的故土，当潮乎乎的黑暗包围着你的时候，突然一束阳光照明海岸，那阳光，那海岸，就是你的父母之邦。祖国永远承担着父亲的意义和太阳的意义，那些失去父亲意义的祖国不是祖国。当那些被称作祖国的地方失去父亲和太阳的意义时，我们就要从书本里、大自然里和人类各种伟大心灵里感受阳光。那些把阳光照耀到你的心内重新为你点燃一朵朵生命火焰的，正是你的祖国。你的祖国就在你心爱的书页里，就在你跋涉沙漠而充满饥渴时迎接你的绿洲里，就在世界被丑恶所扼制时却为你展示缤纷五彩的艺术画廊里。

在远游的岁月中，父亲的灵魂一直在提示我：勇敢地层开你的生命，人类文化的伟大肩膀永远不会崩溃，他们像落基山、像阿尔卑斯山、像珠穆朗玛峰一样坚实可靠。中国与世界的杰出儿女都是站在这一伟大肩膀上的巨人。不要忘记这一肩膀，不要忘记这一伟大的故乡。你所以会感到无依无助，你所以会为失去故土而惊慌失措，就因为你远离了这一伟大的肩膀。

父亲的提示使我年轻。使我像儿时一样，总是张开好奇的眼睛寻找提供生命滚爬的原野与乡野，从这一座森林走向那一座森林；又总是敞开灵魂的窗户，在书页里吸收乳汁与星光，从这一个天才的山脉走向那一个天才的山脉。

六

我的确惊慌失措过。那一年夏季，当我在芝加哥大学校园散步的时候，常常迷路。因为主宰着我双脚的常常是归家的目光。然而，正是在密茨根湖畔，西北大学出版社发行的波兰诗人维托德·贡布罗维兹的日记走进我的生活。这位诗人提醒我，你不妨在你自己身上寻找你的祖国与故乡，不要忘记世世代代被时间的激流所选择的最迷人的诗篇就积淀在你的身上。祖国早就化作你人性的颗粒，并流淌在你的笔下。最美丽的字眼已被盘踞在故土的政客所撕碎，祖国和故乡只能躲藏在人性的角落里呻吟，不要忘记这个角落就在你身上。一九五三年新年前夕，当波兰的流亡艺术家们在一个聚餐会上为失去家园和祖国而长吁短叹的时候，他对这些漂流者说：“节日临近，你们喜欢用泪水来浇灌记忆的花圃，你们喜欢用叹息来缅怀失去的故土。别这么愚蠢或脆弱了，学会如何担起自己命运的重负吧。别再令人作呕地哀挽那业已失去的格鲁齐克，皮奥特克沃或比尔戈拉的美丽。要知道你的故土既不是格鲁齐克，也不是斯捷涅维兹，甚至连波兰本身也不是。打起精神面色羞红地想想看你的祖国就是你自己……人除了住在他自己之中，他还曾居住过别的什么地方？即使你身处阿根廷或是加拿大，那你也是在你的家中，因为故土不是地图上的一个点，它是人活着的本质。”

贡布鲁维兹扫掉了我心中的迷惘，点亮了我寻找故乡的眼睛。原来，祖国与故乡就是自己的生命之核。永远像太阳一样发射七彩光波的生命之核就在胸脯的深处。当宫廷御苑把自己打扮成祖国的时候，当日落时分大群的蚊子以故乡的名义吮吸你的热血的时候，你竟然糊里糊涂地遗忘你的生命之核，忘记祖国的全部温馨就在你汩汩流动的血脉里，难怪你会丧魂失魄。

七

还有一个伟大作家，始终叩问着存在意义的薛弗西斯神话的创造者加缪，也在这个时候走进我的灵魂。

我在华盛顿公园荒疏的草地上读着他的《鼠疫》。我被他所描述的瘟疫吓坏了，然而大瘟疫才使我明白：当你讴歌你的土地时，你要记住，这是因为这片土地不仅诞生了你而且肯定你的存在，正像你的母亲和父亲诞生了你而且时时用生命肯定和保卫你的存在，你才拥有爱的理由。而当瘟疫在地上汹涌时，鼠难就要吞没你的灵魂，你则必须离开这一片土地，不要因此丧魂失魄。加缪掷地有声地呼喊：告诉那些丧魂失魄的人们，应当去寻找真正的故乡。真正的故乡是在这座窒息的城市的墙外，在山岗上那些散发着馥郁空气的荆棘丛里，在大海里，在那些自由的地方，在爱情之中。

加缪知道只有那些肯定你存在意义的地方，那些给你的生命以阳光以温暖以自由的地方，才是真正的故乡。而那些带着满身病菌的老鼠，它们不仅要毁灭城市而且要毁灭创造城市的生命，它们有什么权利以故乡的名义命令活生生的生命去作死亡的祭品？

八

感谢贡布罗维兹，感谢加缪，也感谢恒久地矗立在我心中的曹雪芹，在我背着《红楼梦》浪迹天涯的岁月里，是他时时在提醒我别再“反认他乡是故乡”。你的故乡不在你现实的地上，不在你此生此世暂时的居所里。你被历史抛入人间，只是瞬息。你只是匆忙的过客。你的故乡在遥远的深处，你的归宿也在遥远的深处。你从哪里来？你到哪里去？你的文字在渡过绵绵时光之后最终会落入哪个心灵——你终极的家园？曹雪芹认定故乡没有时间的边界也没有空间的边界。哪里能让你的爱得到灌溉与栖息，哪里才是你的故乡。

贾宝玉的故乡不是门口蹲着两只石狮子的父母府第，不是雕花刻玉的大观园，而是洋溢着眼泪的林黛玉的心灵。只有那个蓄满着爱的地方才是故乡，只有那个在你灵魂干旱的时候给你泉水和露珠的地方才是故乡。当贾宝玉和林黛玉第一次见面时，贾宝玉就说，我们见过。真的，在遥远的时间与空间点上，在原始的故乡中他们就相爱过。贾宝玉，赤瑕宫神瑛侍者，曾经浇灌过灵河岸上三生石畔那一棵后来变成林黛玉的绛珠仙草。他们的故土在西方的灵河岸边，最初赋予林黛玉爱的甘露的是林黛玉的情感故乡，也只有林黛玉才是贾宝玉爱的摇篮。林黛玉死了之后，贾宝玉便丧魂失魄。因为他丢失的是一个被爱积淀了千秋万载的家园。贾宝玉出家了。他一定要走出家门，重新寻找他情感的故乡。是回到青埂峰下、灵河岸边？还是另一个更缥缈的世界？他到哪里去，永远是个很美的谜。《红楼梦》之美，就在于它无始无终，无边无际，无真无假，无善无恶。它对故乡的定义拂去我浓烈的乡愁，激发我去寻找永远的乐土。然而，行程无边，道路漫漫。何处是生命船只停泊的地方，没有答案。只知继续寻求，只知告别一个地球东南的圆点，却赢得天宇浩瀚，四面八方。四面八方都有青青的芳草，天宇内外，到处都有我心爱的故乡。

海外独白（《独语天涯》自序）

一

我喜欢何其芳年轻时的诗文，尤其是他的《画梦录》，出国之后，我常望着高远的天空和低回的云彩，想起其中的名篇“独语”和它的画梦般的句子：昏黄的灯下，放在你面前的一杰出的书，你将听见各个人物的独语。温柔的独语，悲哀的独语，或者狂暴的独语。每一个灵魂是一个世界，没有窗户，而可爱的灵魂都是倔强的独语者。借用老诗人“独语”的概念和它的如梦如画的诗意，我穿过历史耀目的长廊，又一次展开心灵之旅。

二

漂流之夜。没有圆月，没有星斗，于幽暗中我什么也看不见。然而，因为独语，我感到肉眼看不见的兄弟姐妹就在身边，百种草叶与万种花卉就在身边，远古与今天的思想者就在身边。黑暗企图淹没一切，但我却听到暗影深处和我共鸣的轻歌与微语。于是，我在虚无中感到实有，在乌黑中看到薄明与亮色。

三

漂泊者用双脚生活，更是用双眼生活。他用一对永远好奇的童孩眼睛到处吸收美和光明。哲人问：小溪流向江河，江河流向大海，大海又流向何方？我回答：大海流向漂泊者的眼里。歌德在《浮士德》中说：人生下来，就是为了观看。真的，人生下来就是为了观赏大千世界与人性世界的无穷景色。所以，在我的远游岁月与独语天涯中，一直跳动着乔伊斯的这句话：漂流就是我的美学。

四

英国思想家卡莱尔说：未曾哭过长夜的人，不足以语人生。日本文学批评家鹤见佑辅在他著写的《拜伦传》序言中引述了这句话。

我曾经在最爱我的祖母逝世时哭过长夜，曾经在故乡的大森林被砍成碎片时哭过长夜，曾经在看到慈祥而善良的老师像牲畜一样被赶进牛棚时哭过长夜，曾经在殷红的鲜血漂向大街时哭过长夜，曾经在被抛入异邦之后面对无底的时间深渊哭过长夜，我还经历了一轮又一轮的炼狱，胸中拥有许多炼狱的灰烬。我应当拥有独语天涯的资格了。

五

像那些在荒野沙漠中身陷孤独的求道者，我常对自己提出的问题是：“我还能做什么？”寻找答案时，想起了尼采的话：真理开始于两个人共同拥有的那一刻。可是我只有一个人。然而，我立即想到：主体多重，我不仅是一个现在的自己，而且还有一个过去的自己和未来的自己。分明是三个人。我可以和他们对话，可以和他们共同拥有真理启程的时刻。

六

在大滔滔的既往与未来的合流之中 / 在永恒与现在之中 / 我总看到一个“我”像奇迹似的 / 孤苦零丁四下巡行——这是泰戈尔的诗句。

我看到的自己也是孤单的身影，踽踽独行在宏观的历史大道与微观的现实羊肠小路上，独语过去、现在、未来三个时间维度上。虽是无依无靠，无着无落，却与滔滔大浪共赴生命之旅，在莽莽苍苍的大宇宙中，与神秘的永恒之声遥遥呼应。于是，尽管独行独语，却拥有四面八方，古往今来，身内身外。

七

心灵之窗敞开着，面对着共存的一切：太阳与墓地，存在与时间，洪荒与文明，星斗与小草，婴儿宇宙与孩提王国，罗马古战场与阿芙乐尔号炮舰，柏拉图的理想国与奥斯维辛集中营，荷马的七弦琴和乔伊斯的意识流，中国的长城与博尔赫斯的迷宫。在思想的漫游中，我时而与堂吉诃德相逢，时而与哈姆雷特相逢，时而与贾宝玉、林黛玉相逢，时而与达吉雅娜与洛丽塔相逢。冲锋、犹豫、迷惘、忧伤，不同颜色的独语，我都能倾听，而对于我的独白，他们难道就只有沉默吗？

八

丹麦哲学家、存在主义先驱克尔凯郭尔在（非此即彼）书中写道：“你知道我很喜欢自言自语。我发现，在我的相识中间，最有意思的就是我自己。”我相信北欧这位大哲人的话，因为他拥有自己的语言，那是他存在的第一明证。可是，二十年前，我绝不敢承认这句话，因为那时候我丢失了自己的语言。丧失个体经验语言，只会说党派和集团的语言，这不是真的人，而是一只鹦鹉，一个木偶，一副面具，一堆稻草，一颗螺丝钉，一台复印机，一头牛，甚至是一只蜷缩在墙角时而咆哮时而呻吟的狗。

九

九年前的那个夏天，烈日几乎把我的体力蒸发尽了。在疲惫中，我觉得自己的身上什么也没有剩下。对着天尽头那灰蒙蒙落日，我突然产生一种“惊觉”，这也许就叫作“顿悟”。我想到，头一轮的生命终结了。过去，我曾经向故国索取过，故国也曾给予过，而我也努力偿还，以至最后为了故国的孩子站在烈日的曝晒下呼喊。我能给予的都给予了。我不再欠债。我已从沉重的阶级债务和民族债务中解脱。这是生命的大解脱。一阵大轻松如海风袭来。轻松中我悟到：此后我还会有关怀，然而，我已还原为我自己，我的生命内核，将从此只放射个人真实而自由的声音。

十

惊觉之后，我在镜子前看到的自己是完整的，不是碎片，也没有装饰。这是生命的原版。母亲赋予的生命原版，不再被意识形态所剪裁、所截肢、所染污的生命原版。美极了，葳蕤生辉的生命原版。这是神奇童年的心和手，这是自由歌哭的咽喉，这是丛林般的还带着嫩叶清香的头发，这是亲吻过大旷野并播放着泥土潮味的嘴唇，这是能看穿皇帝新衣的眼睛，这是瞳仁，闪闪亮亮地正在映像每日常新的太阳。

我要在生命的原版上写下属于自己的文字。我的仁厚无边的天父与地母，我爱你，我要献给你最美丽的礼物：心灵的孤本，生命的原版，和天涯的独语。

十一

拒绝合唱。埋头在山西高原上写了《厚土》《旧址》《无风之树》的李锐，突然抬起头来说：拒绝合唱！这是一个写作者在黄土高坡上的独语，然而，它该也是，该也是一代惊觉者的独立宣言。我要在宣言书上签字，我要在签字后发出更响亮的生命的歌哭，我要独立咀嚼天地的精英然后独自吐出我的蚕丝我的独唱和可能的绝唱。合唱已吞没了我的青年时代，我不能再把整个人生送到合唱里，我已看清合唱的媚俗与空洞，我已给合唱的指挥员发出拒绝的通知。

十二

没有拒绝，便没有生活。没有良知拒绝，不可能有良知关怀。而对黑暗与不公平，左拉发出的声音是：“我抗议”；冰心发出的声音是：“我请求！”请求是妥协性抗议，也不容易。我无法再面向庞大的客体，但我可以要求主体发出声音：“我拒绝！”至少必须拒绝谎言，失去拒绝能力，就意味着把自己交给撒谎的世界。

十三

此刻，康德从他的林间小道散步到我的心间小道。依依稀稀，我听到了他的独语：“人之可贵，是他只遵从自己所发出的法则。这些法则不是他人提供的，而是自己生产出来的。”这是康德对我的第一百次提醒。不错，我的主体黑暗主体懦弱主体混乱匮乏都是因为我太崇尚他人提供的原则，遵从的结果只有一个：只能说他人的话，无法履行内心的绝对命令，包括天真天籁的命令。于是，正如天空失去星辰，我失去了地上的道德律。

十四

窗外是穆穆的秋山，山中是娓娓的秋湖，窗内是雪白的书桌，桌上是素洁的稿子。没有人干预我、骚扰我。太阳只给我温暖与光明，没有叫嚷；思想大师与文学大师们只给我智能、思想和美，没有喧嚣。伟大的存在，无须自售。活着真有意思，活着可以和太阳、山川及人类的大师们交谈。紧紧抓住活着的一刹那、一片刻、一瞬间。死了之后，太阳对于我没有意义，大师的精深与精彩也不再属于我。

十五

层峦起伏的远山，在缭绕的薄雾中屹立。夕阳还在，黑夜尚未完成它的大一统。我又沉浸于寂静中。我不仅看到寂静，而且听见了寂静。易卜生在《当我们这些死者苏醒的时候》一剧中，让一个人物轻轻地问另一个人物：“玛亚，你听见寂静了吗？”如果这是问我，我要回答：听见了，我听见了群山孤岭的寂静，听见了星河银汉的寂静，听见了高原上大森林颤动的寂静和云天中兀鹰翱翔的寂静，听见太阳与小草在相依相托中爱恋的寂静。寂静不是死灭。寂静是孕育。死亡是轰动，孕育是沉默。

十六

不仅是易卜生听到了寂静。所有天才的诗人与作家都能听到寂静。他们具有第二视力也具有第二听力。这种听力是伟大造物主赐予他们的内听觉。贝多芬耳朵聋了的时候却创造了人间最美的音乐，他显然听见了大寂静中的大韵律。第二听觉使大艺术家们从“无”中听到“有”，从虚无与沉默中听到潜在的大音，这是万物万有从“无”中远远走来的足音，这是正在孕育、正在诞生的足音。不论是从母亲腹中走来的孩子还是从宇宙深处走来的星光，他们都能听见其天乐般的情韵。唯有这些无声中的有声，具有永恒之美。

十七

薇拉·妃格念尔，我心目中最高贵、最美丽的俄罗斯女性。你出身贵族家庭，才貌非凡，本可享受人世奢华，却偏偏同情穷人、投身革命坐牢二十年。你在自传《俄罗斯的暗夜》中说：“孤独与宁静使人心神专注，更能倾听过去的诉说。”人类精神宝库中最丰富的部分，不是今天的诉说，而是过去的诉说，是从苏格拉底、荷马开始的伟大死者们的诉说，这些精神战士的诉说镌刻在书本上。书本没有声响。书海是一片大寂静。

十八

此刻，我听到了“过去的声音”，听到了柏拉图与亚里士多德的诉说；听到了康德与陀思妥耶夫斯基的诉说；听到了乔伊斯的《尤里西斯》和普鲁斯特的《追忆似水流年》。他们的诉说是那样冗长而深奥，我常常站在他们的门外。这回，孤独与宁静把我带进门里，我终于领略了他们的诉说。《尤里西斯》的门坎，连福克纳都觉得难以踏进，但他踏进了。他说：“看乔伊斯的《尤里西斯》，应当像识字不多的浸礼会传教士看《旧约》一样：要心怀一片至诚。”孤独、宁静、至诚，这三者把我的心扉打开了，过去一切最深邃的独白与对语汩汩地流入我的血脉，多么美妙多么迷人的过去的诉说呵，可惜我倾听得太晚了。

十九

妃格念尔，当沙皇的王冠落地，当你所献身的目标像东方日出，当人们都沉醉于革命的狂欢节之中，你还喜欢孤独与宁静吗？宁静与孤独是逍遥之最吗？你会为狂欢节中的孤独者与独语者辩护和请命吗？记得帕斯捷尔纳克在《日瓦戈医生》里对着狂欢的人群说：个人的生活在这里停止了。真的停止了吗？应当停止吗？革命注定要抹掉个人生活与独自行吟的权利吗？能回答我吗？诗一样美丽的革命家与悲剧创造者。

二十

夜半时分，我推开了窗户。窗外除了远空中的几颗疏星闪烁之外，全是无。无声、无息、无歌、无曲，千山无语，万籁无音，连长堤那边的公路上也没有喧嚣，没有笛鸣。宁静压倒一切。此刻，我意识到大寂静的浓度。浓得像蜜，像酒。我闻到蜜和酒清洌的香味，并渴望吮啜。于是，我朝向空中伸出双手，然后深深呼吸。我的思想除了需要盐的泡浸之外，还需要蜜和酒的滋润。伟大的、辽阔的北美大地，对于别人来说，也许意味着黄金，意味着白银，而对于我则意味着蜜和酒。

二十一

天底下有谁会像我这样迷恋蜜和酒？天底下又有谁在痛饮一片虚无的液汁后又如此迷恋自己的独存独在独思独想独歌独诉独言独语？如果不是被群体的喧嚣所愚弄，如果不是当够了被伟人与群众操纵的布袋木偶，如果不是听够了以阶级的名义革命的名义国族的名义发出的慷慨陈词，如果不是看够了用一千副面具表演的历史悲剧与闹剧，如果不是连自己也说烦说腻了从一个模式里印出来的话语，我怎能从睡梦中醒来，怎能知道夜半的蜜夜半的酒夜半的大寂静如此清醇，一滴一滴都会激发我生命的自由创造与自由运动？

二十二

终于远离噪音。我的故家就在深山老林中。小时候，我害怕猛兽，但喜欢听到山谷里的虎啸，那一声声雄伟，启蒙了我的孩提时代的豪情。然而，我始终讨厌蚊子的嗡嗡，这种噪音真会伤害人的灵魂。我少年时的浮躁，显然是蚊子激发的。叔本华认为思想者最好是聋子。他厌恶噪音，以至埋怨造物主造出人的耳朵必须始终竖立着始终开放着是个极大的缺陷。如果耳朵可以自由开翕，随时可以关闭，生活一定会美满得多。

二十三

都说上帝担心人们沉醉于寂静安宁的生活，会不思进取，才制造出撒旦来激活人的热情。可是，我明明看到太阳是孤独的，月亮也是孤独的，它们无须魔鬼的刺激也天天放射光明。上帝何尝不是孤独的。只有魔鬼才喜欢吵吵闹闹。

二十四

一直在构筑一个属于自己的精神故乡，但是我的故乡与周作人的那种“自己的园地”不同。我并未筑起一道与世隔绝的篱笆，然后躲在篱笆里谈龙说虎，饮茶自醉，顾影自怜。我只是在家园里独自沉思，而思索的根须却伸向大地的底层与心脏，每一根须都连着时代的大欢乐与大苦闷，也连着乡村、城市、大道、监狱和广场。我的园地封闭着又敞开着，孤立着又漂泊着，躲藏着又屹立着。这不是风雪可以吹倒的茅棚草舍。

二十五

世界很大，人群熙熙攘攘，但无处可以倾诉。正如四周都是海，但没有水喝。处于人群中的思想者就是处于沧海中的孤岛。思想者的人生状态注定是孤岛状态，能在孤岛上翘首相望，作歌相和，便是幸福。

二十六

我喜欢独自耕耘，远离人群的目光。

美国作家爱默生说：“我爱人类，但不爱人群。”我的心与爱默生相通。人类整体是真实的，每一个体也是真实的，但一团一团人群的真实却值得怀疑。

人群是什么？人群就是“戏剧的看客”（鲁迅语），天才的刺客，人血馒头的食客，寡妇门前挤眉弄眼的论客；就是今天需要你时把你捧为偶像的喧嚣，明天不需要你时把你踩在脚下的骚动。

二十七

人群不认识梵高。此时他的画价创下世界纪录，可是生前只卖出过一幅画：《红色的葡萄园》。售出的场合是布鲁塞尔的“二十人画展”上。他创作了八百幅油画和七百件素描，可是个人画展是他死后两年才举办的。

人群把活着的梵高视为疯子，把死后的梵高视为神。真的梵高活着时只能对着天空与画布倾吐，死后只能在向日葵绰约的花影下沉默。

二十八

阳光如火的中午，一群黑鸟自远处飞来，遮住了天空与太阳，然后飞进梵高的眼里。这之后，他完成了最后一幅画：《麦田上空的乌鸦》。第二天，他仰望无底的苍穹，用手枪顶住自己的太阳穴，扣动扳机，死在金黄色的麦田里，离开了苍白、冷漠、与美隔绝的人间。

给天才送行的只有烈日、云影和麦地上轻拂的风，之后还有他的七个亲人和友人。梵高的死与群众无关，正如他的存在以及不朽不灭的图画，与群众无关。

三十

真理活在事物深处。它不是闹哄哄的集体眼睛可发现得了的。它需要个人的眼睛去体察、去发觉，所以真理常常在少数人手中。群众虽然占有多数，但未必占有真理。雨果曾经大声地叫道：“站在多数一边随大流？宁肯违背良心受人操纵？决不！”（引自《雨果传》第四三七页，湖南文艺出版社）这是天才的拒绝。知识分子拒绝群众比拒绝政权还难，所以许多知识分子都是民粹主义者。

三十一

生活在人群里而要求得安全，就必须自己也是矮人。或者屈膝跪下，显得比矮人还低；或者低下头去，眼睛只看自己的脚趾，这才平安。身上高于矮人的部分都是祸根，如果高出整整一个头颅，脖子可能会被砍断。然而，必须有敢于不怕削去头颅的大汉在社会中站立着，社会才有活力和境界。有人批评过日本，说它是一个没有柏拉图和亚里士多德的希腊，但是，近代的日本出现了福泽渝吉、伊藤博文、川端康成、三岛由纪夫，日本人可以反驳批评了。

三十二

普希金的诗吟：我的无法收买的声音，是俄罗斯人民的回声。普希金爱俄罗斯人民，但不爱一团一团的人群，也不奢望人群会听懂他的声音，于是，他又说：“在冷漠的人群面前 / 我说着 / 一种自由的真理的语言。/ 但是对凡庸愚昧的人群来说 / 可贵的心声却可笑到极点。”

人群的评议并不重要，重要的是可贵的心声。

如果死亡不能把我从宇宙中赶走，那么，唯一的原因就是因为我留下了未曾背叛自己的真实的个人的声音，和统一的声音不同的声音，从强大的集体声浪中跳出并存活下来的声音。

三十三

十几年前，我写作《爱因斯坦礼赞》时，笔下情思汹涌，仿佛有神灵在摇撼我的身体与灵魂。爱因斯坦就是神灵的使者，他到地球上告诉人类许多真理，还告诉我一个真理：人，只是宇宙中的一粒尘埃。人到世上，是尘埃的偶然落定。生命终结，即尘埃飘走。

爱因斯坦给我一种眼光：从宇宙深处看人的极境眼光，从无穷远方观察自身的庄子式的“齐物”眼光。这是伟大的人文相对论。这种观光使我知道自己在宇宙中的位置，使我心志昂扬但又摆脱人间自大的疯人院。

(选自《岁月几缕丝》，海天出版社，二〇一二年九月版)

独立十六节

一

幼年失去父亲之后，我常独自仰望飘渺的星空。觉得远走的父亲在天上，留下的母亲在地上。于是，我一面像古希腊神话中的安泰在贴近大地母亲时获得力量，一面则像影片《Lion King》中的小狮王在思索天空贴近父亲时获得力量。这双重力量的源泉，使我无法深藏于古井之中，注定要热烈拥抱社会、关心民瘼；又使我喜欢倾听天籁，喜欢梦想、冥想、玄想和心灵的飞升，无法像动物那样在潮湿的沙堆里爬行。

二

青春已过。除了时间会丢失之外再也没有什么可丢失的了。几年前辞别故土的瞬间可能丢掉生命，可是生命分明还在。而丢掉其他的一切如桂冠、高帽、鲜花、掌声等等，则没有什么价值。无可丢失无所乞求，才有自由。曾经心劳力拙企求的荣耀，已经放下。此刻，唯有真实的生命凝聚于笔端。沙沙沙，全是大自在的心声与脚步声。你听见了吗？这是我给你的天涯寄语。

三

科罗拉多高原的十月，秋意正浓，我依然在早晨与黄昏里浇花割草。明知冬季将临，明知下个月鹅绒似的大雪将从落矶山那边滚滚而来，明知百花凋谢不可避免，但我还是努力灌溉，把握住此时此刻的美与快乐。此时此刻，莺飞鱼跃，小鸟啁啾；草叶与树叶映着霞光云影，秋菊开得像金色的向日葵，天空蓝得像梦境，艳阳绚丽的光华透过密叶，漏落在草地上。竹棚里的肥瓜垂挂着，像雕塑，仿佛是假的。我只顾沉湎于当下这一刻。人们在准备过冬的衣服时，我准备着在冬天里可以独自微笑的记忆。

四

明知生命最终要变成化石，还是要努力开花结果，明知生命是一次迈向坟墓的悲剧性旅行，但还是要练就一双善于疾走的双脚。

五

这一刻，我和你相逢。这一刻，是如此简单，又是如此不简单。昨天是西方，今天是东方；往昔是高山，现在是流水；那回满头苍翠，这回是鬓发如霜。天地悠悠，时空无常，同族同类千万亿万，而我们竟能在此相逢，共此月色，共此星光，这是怎样的偶然，怎样的神秘，怎样的幸事？对于这一刻，你说：活着多么好。尽管肩有重负，脚踩污泥，活着多么好！对于这一刻，我说：这一刻意味着我们战胜了许多死亡。

六

天亮了。醒来的眼睛我又迎接一个清新的黎明。又在晨光中提起笔。提笔的一刹那，我意识到，像流亡的星辰我又穿越了一次暗夜，经历了一次觉醒。

刚刚苏醒的脑子很好，昨天的悟意尚未消失，新的思绪又像朝露一样明晰。我提醒自己，要珍惜。在穿越昨天的黑夜时，许多智者与爱者已经死亡，而你还活着。你从死神的掌心中侥幸逃出，赢得死者们曾经渴望过的尊严与自由。太好了，赶紧去享受黎明，不要荒废任何一个早晨，不要让任何一脉明丽的晨光从你身边流逝。

七

人生之初，路上总是布满花香，那时，不懂得时光的重量。直到鲜花凋零，道路充满泥泞，自己也差些被狂风卷走，才知道生命可以有所作为的岁月多么稀少，这岁月仿佛是一种有机的物质，伸手就可触摸到，我感到它沉甸甸。

几位至爱的亲人友人死的时候，我为死者哭泣，觉得从身上掉落的不是几滴泪水而是可以触摸到的生命一角——生命的一部分伴随他们而死亡。在那一瞬间，我又感到身上有一种东西崩塌。这是物质性的悲伤。这是情感凝结出来的物质。

八

我的远祖是猴子，是动物。身上并无天使的基因，因此，他人所有的恶在我身上都可能发生。因为知道恶的无穷可能性，所以我不断对自己质疑，不断自看、自审、自明、自救，不断与心中贼和心中魔较量。

九

不在乎自己是不是一个作家与学者，但在乎自己是不是一个人。一个曾在时间与空间中争取过意义的人，一个和阳光下的猪、鞭子下的牛、绳索中的狗有区别的人，一个敢于坦然地抬起头来看看世界又敢于迈出矫健的双脚走在自己选择的道路上的人，一个无须仰仗权力的支撑却能活得十分真实的人。努力做一个人，一直是我内心的呼唤。

十

经过一次濒临死亡的体验之后，觉得自己的身体、精神、心理、观念都不同了。对死亡有所彻悟，这“悟”可以改变生命品质。这就如同死亡本身，它可以改变人的一切，从躯体一直到灵魂。友人说：死是未定的必然，我已假设自己死了。既然死了，那就由人说去，“身后是非谁管得，满村争说蔡中郎”。有了死的假设，便可赢得自由：死了还怕什么算计？还怕世间的暴虐、专横和宰割吗？死了还求虚幻的名声、地位、荣耀吗？死了还在乎他人的评长论短、讨伐批判吗？一切都已过去，只有此时的情感、情怀才是真实的。平静地走着脚下结实的路，能走多远就走多远，走不动就歇歇脚，不要急，不要慌张，更不用欺骗别人和欺骗自己。

十一

四千年才接近地球一次的彗星又在夜空中出现了。我在阳台瞭望这太空中神秘的拖着万丈光芒的客人。四千年前它出现的时候，人类还处于刀耕火种的蛮荒之中，而四千年后它再度来访。那时，人类还健在吗？屋前的茶花与茉莉花还依旧散发芬芳吗？可惜彗星永远行走在天宇大道而我却早已灰飞烟灭，再也无缘与它相会。人生真短，彗星的一轮足迹，正是人类的百代脚印。

十二

无论哪一个季节，我都确信太阳就在头顶。即使在严寒的冬季，我也如此相信：那只是太阳离我较远，但太阳还在，没有人能消灭太阳。歌德说过：太阳永远不会下沉；叔本华也说：太阳永远处于燃烧的中午。而我要补充说：太阳，每一天的太阳都是新的。

十三

每个黎明，当晨曦降临大地，我便感到人类整体的光线辐射到我的书桌，并感到，在这一瞬间，四海之内的无数兄弟姐妹正在和我共赴人生之旅。此时，我觉得自己既身处孤岛，又身处曙光弥漫的海洋，孤独并非孤绝。光明还在，书桌如此平静，时间如此完整，朝着内心深处行走成为可能，这是最重要的。

十四

每次踏着草地漫步，总是被无名的小草所感动。每一年都有严寒严霜严雪，但每一年都有她献予大地的春明春色春意。小草尚且如此难以征服，更何况人的生命。人的躯壳是脆弱的，但思想未必脆弱。想起小草，我对生命就满怀信念。人生的导师，常常是脚下与身旁的小精灵。

十五

当秋叶纷纷飘落的时候，我突然对着后园里的秋花秋草秋树产生一种感激之情。她们陪伴着我渡过了春天和夏天，和我共处孤单的时日。女儿去上学，妻子去上班，唯有这些花木和我一起守望着寂静的百草园。无论是春的歌吟还是夏的絮语，都与我的心事相通。她们天生有一种高尚的本能：只是默默自生自长，从不骚扰同类与异类。人类在欲望燃烧时不断向动物性靠近，却遗忘了优雅自在的植物性。我没有遗忘，所以充满快乐。

十六

钻石启示：生命坚韧的光波来自体内岁月的积累。资源就在身内。早晨的露珠也闪光，但它毕竟是仰仗身外的太阳。

（选自：《独语天涯》）

满海光明

因为往返于东西方之间，常常从飞机上俯瞰观赏海洋。空中看海，像是看梦。眼下的海是朦朦胧胧的无边无际的墨蓝色，空间与时间都凝固在墨蓝色的梦中。有一回，正当我向下俯看的时候，突然有一股强烈的阳光穿过云层射向大海，顿时，大海变成铺上一层黄金的巨大蓝宝石，而且放射出一种奇异的、令人震撼的大光明。这是天空与大海拥抱的瞬间突然迸发出来的天地大激情。这么雄奇的蓝宝石，这么浑厚的大光明，这样壮阔的大激情，居然就在我的脚下与眼下。世界真是应当由自己来发现，任何书本都不可能给我展示这种梦一样的奇观。

就在这个瞬间，我的内心充满生机与活力，感到自己生命帷幕上又一次出现了辉煌的日出。也是在这个时候，我又想起罗曼·罗兰的话：在一个真有眼睛的人，一滴光明等于汲取不尽的宝藏。而我眼下不是一滴光明，而是整整一海一洋的大光明，是梦一样无边无际的大明净与大辉煌。有此大辉煌，还悲愁吗？还彷徨吗？还感伤吗？还放不下输赢得失吗？无须别人慰藉与自我慰藉，一切都取决于你自己有没有一双能够发现光明与容纳光明的眼睛。

对于一双真正的眼睛，有一滴光明就够了。有一滴光明就足以对付所有的黑暗。而此刻我拥有一海的光明，还害怕黑暗吗？还害怕黑暗的动物吗？不必祈求救星，不必仰仗舵手。放下昨天那些懦弱的歌，相信只有你才是你自己灵魂的船长。

从空中看海，真像看梦。

（选自《西寻故乡》）

学问与散文的双重求索

林岗

倏忽之间，刘再复从事文学研究和评论将近半个世纪。从当年厦门大学中文系毕业进入中国社会科学院任职《新建设》编辑的年轻才俊，到如今隐居于美国落矶山下笔耕不倦的“客座教授”，这半个世纪他所经历的内心宇宙的跨度和漂流四方的空间跨度，在二十世纪中国学者人群里面是罕有匹敌的。他当过二十世纪八十年代中国的“文坛盟主”，那时他头上有中国社会科学院文学所所长、《文学评论》主编、国务院学位委员会文学组召集人及文学所、外国文学所、语言所、少数民族文学所四所学位委员会召集人等要职和荣衔，这一切因一九八九年又如同流水落花，烟消云散。他执著信念而无所留恋，漂流异国，带着文学的种子，在新的土地播种、耕耘、辛勤浇灌，如今又别开新枝，长成婆娑的大树。正是由于他对诗的守望，他的存在成了海外汉语写作和评论的重镇，人们不会忘记，他是汉语作家高行健二〇〇〇年获得诺贝尔文学奖“摇旗呐喊的马前卒”。五十年来，刘再复文学活动的舞台截然两样，前一时期是“在朝”，后一时期是“在野”，他经历了个人命运的沧桑巨变，经历了两度不同

【作者简介】

林岗，一九五七年生。中山大学中文系教授、博士生导师，中国现当代文学教研室主任，中文系副主任。主要著作有《符号·心理·文学》、《传统与中国人》（与刘再复合著）、《边缘解读》、《明清之际小说评点学之研究》、《罪与文学》（与刘再复合著）等。

的人生。然而，无论怎样，刘再复就是刘再复，他独立思考，无畏前行，既有人间猛士的担当，又有禅者无待的洒脱。五十年如一日未尝稍改的是他对文学的挚爱，五十年始终不渝的是他对读书治学的坚持。这四卷沉甸甸的《刘再复文学选集》就是他五十年心路历程的见证。从这部选集中可以见出他读书治学的广博和渊深，他在学术上的建树是多方面的，在文学理论、美学、文学史、作家研究、作品批评方面都有卓越的成就。第一人生时期，他是理论教条的荆棘丛林的无畏探索者，是观念革新的登高呐喊者；第二人生时期，他是文学尊严的守望者，是得大自在的诗心诗性的悟证者。刘再复是一个思想型的学者，敏锐而深邃，他的研究和批评有强烈而独特的问题意识，透过他的学术可以感受到时代的思想脉动，感受到生命的热情和人文的关怀。我读刘再复的文学研究和评论，深觉它的丰富和精深，他八十年代所提出的“性格组合论”和“文学主体性”理论，九十年代所做的现代作家论，以覃思妙悟解《红楼梦》的“红楼四书”和对高行健戏剧小说和文学理念所作的评论，都是好学深思、超迈群伦的思想学术杰作。

一

像坊间所知的那样，新中国成立后在文学理论领域占据绝对统治地位的教条文学理念有两个不同的来源。首先在长期的国内革命战争中形成的强调文艺必须为政治服务，必须为工农大众服务的“政治”。它表面上好像是对文艺性质的一种理解，而实际上则是政治的力量对文艺的介入和操控。当然站在文艺的角度，这种出于革命战争需要的文艺理念还是相当粗糙的。因为它涉及文艺自身规律的部分不多，文艺家只需表态赞成，就可保平安，至于这套理论有多少能够“指导创作”则另当别论。这个本土的来源代表了革命战争和建立政权对于“笔杆子”的需要，但这需要尚待落实为对文艺自身规律有所陈述的言说。于是新中国成立后五十年代就补足了这个“遗憾”。开国建政后从苏联不但直接搬来了“计划经济”而且还搬来了“上层建筑”。这就是“左倾”文学理念的外铄来源，也就是它的第二个来源。这一次舶来的“上层建筑”是作为马克思主义文艺理论核心的“典型论”。典型论从恩格斯致哈克奈斯一封信里面的一句话——“再现典型环境中的典型人物”——衍生而来，经过苏联“党的机器”的加工，终于演变为指导创作的精密教条。典型论从苏联来到中国，先在教育界，然后在研究和评论界扎下了根，一个不可违抗的文艺指导理念，终于大功告成。这样，“服务论”与“典型论”合成双璧，成为当年中国文艺界至高无上的意识形态。对作家而言恰像孙悟空套上紧箍圈，任你有多大的本领，只要一念咒，无有不乖乖就范。作品被批评一句，环境不典型或者人物不典型，就可以置于死地，作家就沉默无声“自行退出历史舞台”。

经历过那时代的人才知道“理论棒子”的厉害。新中国成立初期发生的“萧也牧事件”让人记忆犹新。“萧也牧事件”说明一旦批评的教条与它背后的政治结合一起，它们对作家和文学的杀伤力有多么大。典型论其后变本加厉地发展，登峰造极之作就是“文革”中的“三突出”论。设想在这样的环境下要想争得稍微可以转动身子的理论空间是多么的艰难。五十年代先后有理论工作者提出“现实主义广阔道路论”和“中间人物论”，这无非就是把笼子撑大一点，好有空间呼吸自由的空气，在承认政治和典型的大前提下，争取多少宽松一点而已。但是议论刚提出来，批判之声纷起，就连这样的松绑“企图”也旋起旋灭。

“四人帮”倒台，“文革”结束，政治、经济、文化各领域都在苦思出路。政治、经济方面表现为突破两个“凡是”、改变模仿自苏联计划经济的改革开放的国策；而作为文化领域之一的文艺则表现为突破多年来套在作家头上的“条条框框”。前者更多的是治国者的力挽狂澜；而后者则更多的是知识分子有志之士发自内心的呼声。刘再复恰当其时，走上学术探索的前沿。他治学的第一个领域就是鲁迅研究，就是在“文革”的喧嚣之中也一直坚持，先后写过《鲁迅与自然科学》《鲁迅美学思想论稿》和《鲁迅传》。他从鲁迅论曹雪芹写人物佳处在于破除“叙好人完全是好，坏人完全是坏”的传统格局中获得启示，[①]思索到可以突破僵化了的典型论的学术方向，这就是性格美学。塑造性格是自古典时代以来至现代主义文学兴起之前的作家文学描写致力的核心，在文学理论上自有它的重要地位。况且典型论也是建立在这一文学现象基础之上的，只不过它在伴随政治革命高涨的潮流而演变为僵化的文学教条而已。而刘再复则吸取自启蒙时代以来关于性格塑造的思想资源，特别是俄罗斯革命民主主义文学杰出的批评家俗称“别车杜”（别林斯基一八一一—一八四八；车尔尼雪夫斯基一八二八—一八八九；杜勃罗留波夫一八三六—一八六一）关于性格塑造的论述，从性格美学的角度重新阐释此一文学理论的关键问题。一九八四年初，他发表震动文

① 刘再复：《性格组合论·自序》，第 2 页，北京：中国人民大学出版社，2010。

坛的论文《人物性格的二重组合原理》，这是稍后的著作《性格组合论》的核心部分。从现今的角度看，刘再复的新论述不仅完全破解了典型论的教条，而且还把性格美学推向一个更丰富、更完善的高峰。

刘再复所以能在性格美学上重开一片天地，完全在于他重新回到人的立场，还人的本来面目。《性格组合论》扉页引狄德罗的话为题词：“说人是一种力量与软弱、光明与盲目、渺小与伟大的复合物，这并不是责难人，而是为人下定义。”刘再复的引用意味深长，表示了他性格美学立论的基点：人是个体，这个体有他与生俱来的本然性质，作家塑造人物应当以呈现这本然性质为使命，不能以任何超越个体的概念、命题去掩盖、抹杀和忽视这本来具有的特性。正如他所说，“文学，以人为自己的审美客体和表现对象，把提高人作为自己的目的。离开人，文学便失去它的本性”。[①]说来奇怪，典型论讲的也是人，针对的也是文学形象，可它在占据文坛的岁月里，恰恰就是抹杀人。这里的关键在于典型论讲的人，不是真实情景下的活生生的人，不是作为个体存在于人间的人，而是作为类的人。这个类指涉阶级、集团和党，人只是充当这些类的代表。人因它类的属性而获得意义，而不是因它与生俱来的性质而获得意义。更要命的是，这些类的属性多数不是我们今天社会科学范畴所探讨的属性，而是一些喉舌所鼓吹、迷妄所复制出来的属性，缺乏经验事实的支持。正因为这样，典型论越讲“人”，文学作品就越没有人。最后所谓共性和个性相统一的典型人物，只是一些不食人间烟火的神，根本不是人；所谓典型环境，根本不是人类生存于其间的那个社会，而是政治需要而幻想出来的“海市蜃楼”。许多人不明白这关于人两种立场的根本歧异，包括当年责难刘再复“自由化”的人。但是刘再复明察在心，他能够发现表面自圆其说的理论命题背后的诡异，在人的问题上正本清源，恢复被遮盖已久的作为个体而真实存在的人在文学中应有的地位。

个体而真实存在的人在文学表现上具有什么样的性格？刘再复总结古往今来大作家和理论家的论述，将之归纳为人物性格的二重组合原理。用他的话说，“任何一个人，不管性格多么复杂，都是相反两极所构成的”。[②]刘再复所说的相反两极，不是机械的固定的正反，而是“双向逆反运动”，它是有一个复杂性格系统的特征。例如从生物进化的角度，存在“灵与肉”的两极；从社会关系的角度看，有进步和落后的两极；从人的伦理角度，则是善与恶的两极；从社会实践的角度，有真与假的两极；如是审美的角度，则有美与丑的两极。刘

①② 刘再复：《性格组合论》，第40、39页。

再复对人物性格这种两重性的重申和对性格悖论的揭示，恰好与五十年代形成而“文革”中大行其道的单一化理解人物性格的典型论、“三突出”论针锋相对。后者出于人的类属性，强调性格的单一、纯粹、绝对，好的全好，坏的全坏。好的非写到超凡入圣而不休，坏的非写到十恶不赦而不可。为了突出这绝对的好和绝对的坏，更发展出脸谱化的机械对照写法，不但反面人物烘托正面人物，而且层层烘托，发展至离奇荒唐的程度。刘再复特别强调反对这种文学上幼稚而低级的写法，指出它对文坛的毒害，对作家的压制。刘再复所以在那时重提人物性格二重性的问题，为此而展开复杂、系统的论证，根本的用意在于恢复文学表现的丰富性，恢复人物形象有血有肉的真实性。因为他与时代社会同行，用心体察，知道五十年代以来作家、艺术家在教条和政治高压下的坎坷遭遇，而他治学视野广阔，吸收了典型论形成之前西方深厚的性格美学的传统，在自己的论证中做到了史实和文献的互证，《性格组合论》一书可以说集合了古往今来性格美学的大成。

在写作《性格组合论》的时候，刘再复就思考主体理论的问题。前著尚在出版中，刘再复就发表了《文学研究应以人为思维中心》的长文（《文汇报》一九八五年七月）。这是五个月之后在《文学评论》分期发表《论文学的主体性》的简要表述。后者的发表震动文坛，赞同、商榷、责问纷至沓来，甚至绝迹多年的政治批判又浮上水面。陈涌在《红旗》刊文，说刘再复的观点，“关系到社会主义在中国的命运，也关系到马克思主义在中国的命运”。可见“主体论”确实动摇了僵化教条的根本，说到了以“反映论”为基础的旧文学理念的要害，它如釜底抽薪一般使僵化的文学观念再无立足之地。它为那个时代的新观念、新思想鼓与呼，为新的文学理论的建设探索前行的意义是十分巨大的。

以主体为切入口破除旧框框，这不是刘再复一时突发的奇想，它有长久的思想渊源。马克思主义在东渐的过程中，本来是一个生气勃勃的解释世界的有效观念，但经由斯大林“简明教程”的再陈述，马克思的唯物论最终被表述为物质世界的唯一性，“人”化为阶级、集团的存在汇入这个“物”的世界中，作为本根意义上的人，真像“黄鹤不知何处去”，从此再无踪迹，再无地位。由于此，那些干预作家写作的政策、文件、讲话，就具有“物”的威严，作家必须服从。一句话，“物”所象征的世界，压倒了作家所象征的人的世界。在无“人”的世界，人必定作为一个问题而出现在理论话语之中。中国左翼文艺运动的上海时期，胡风就提出“主观战斗精神”论。他的“主观”是针对“客观”

的。“主观”要在“客观”里面战斗，才能写出现实的真谛。五十年代，前辈学者钱谷融发表《论文学是人学》，希望还“人”在文学里的地位，但他旋即被打成右派，“人”的呼声还是被“物”压了下去。主观、人道主义是那个时代的思想资源，有现实感触的理论先知还不可能从哲学的本根去阐述此一问题。待到“文革”结束，一九七九年李泽厚发表《批判哲学的批判》才新开了主体的进路去重新思考僵化的唯物论心物对峙而导致的有“物”无“人”这一问题，思考人作为历史实践的主体究竟有怎样地位的问题。这个哲学的新进路给刘再复再探索文学理论问题新的启示，同时亦提供了批判思考以“反映论”为基础的僵化文论犀利的思想武器。以人为问题再思索，无论是从主观、人道主义的角度，还是从主体哲学的角度，它们的核心皆是指向人，这一直是马克思主义东渐现代中国而产生的历史文化走向之一。它与马克思主义被庸俗化、教条化、僵化的演变走向如同双水分流，互为对峙，只是它如若旁支，不居主流而已。但是它作为对马克思主义怀抱激情，怀抱开明、进步和本真的解释，为与马克思主义庸俗化、教条化的思想观念的交锋、辩论提供源头活水。

刘再复的文学主体论从三个方面展开“主体”这一核心观念：“（一）作为创造主体的作家；（二）作为文学对象的人物形象；（三）作为接受主体的读者和批评家。”[①] 前者是关于作家的论述，中间是文学所表现的“内容”的论述，后者则是接受论和批评论。这三个方向涵盖了文学思考的基本面。刘再复在那时候对文学理论问题做基础性的思考，存在两方面清晰的理论意图。首先，他要做比先前性格美学更根本性的思考，诊断五十年代以来通行的文学理念的病源在哪里，到底出了什么问题；第二，他致力于提出一个更全面，也更贴切文学本来面目，也更有建设性的文学论述，使人们在遭遇文学理论问题的时候至少可以有另一个理论武器，可以有新的思想选择。对于第一方面，我以为在八十年代没有人比刘再复更清醒、更准确地把握到通行文学理论的病根所在。他一语中的，将之概括为“主体性失落”。作家写作强调“遵命”，必须“改造思想”；文学形象则被“环境决定”，没有自主性，以抽象的阶级性代替活生生的个性，用外在的冲突代替深邃的灵魂搏斗；将艺术接受者当成被动的反映者，将艺术鉴赏过程当成灌输和受教过程。人的主体性在这些文学实践、创作和阅读理解中没有任何地位，无论反映论还是典型论，其实质都是用“物”

① 刘再复：《文学的反思》，第61—62页，北京：人民文学出版社，1986。

来代替“人”，或者用“神”来替代“人”。总之，人是工具而不是目的。刘再复的文学主体论在根本的意义上，就是要在文学领域恢复“人是目的”这根本命题，不允许再将人当成工具。刘再复这项正本清源的工作代表了那个年代文学理论领域最重要的进展，也是他为中国文学理论做出的最重要的贡献。论文发表之后，立即成为理论争议的热点，赞同和责备之声都同样强烈，这本来是一件可以将思考引向深入的好事情。我相信刘再复也有精神准备，听取各方意见之后再做理论的推进，但时隔不久，一九八七年一月《人民日报》社论《旗帜鲜明地反对资产阶级自由化》出台，在政治运动高压的气氛下，一场学术探讨升格为政治批判，文学主体论亦被戴上“自由化”的帽子，刘再复本人则避居异地。这项工作显然无法进行下去，它的未完成状态就这样定格在当代文学思潮的历史里。像一九八三年人道主义和异化的探讨被认为涉嫌“精神污染”而中断一样，八十年代有太多的“被中断”，这是那个时代中国当代史鲜明的“特色”所在。直到九十年，那时刘再复已经漂流异国，写作的气氛和对象已经完全改变，刘再复还“耿耿于怀”，写作三万余言的长文《再论文学主体性》。他重申了先前的重要论点，更加清晰详细地陈述了自己的看法，并且回答了若干质疑。虽然论述还是未能完成，但理论的现实意义是回应时代社会的诉求，在这个意义上文学主体论已经完成了时代社会的使命，它拓展了人们的眼光，引发了文学写作的探索和文学理论的思考。

二

刘再复在近半个世纪的文学评论中，写过大量作家论文字。在作家作品的品评鉴论中发挥自己的理论见解和美学趣味，保持对文学创作的前沿的关注，做作家的“知音”，推动创作，在刘再复的工作日程里，始终占据重要的分量。即就当代作家而论，他就评论过刘心武、王蒙、高行健、韩少功、莫言、李锐、余华、阎连科、薛忆沩、李彦、原甸等作家。至于现代作家他评论过的更是不少，鲁迅、巴金、郭沫若、冰心、赵树理、张爱玲、何其芳、聂绀弩等，这个名单还可以继续开下去，其中鲁迅是他的挚爱，更是一论再论。直到去年还和李泽厚对谈鲁迅，这篇深刻精到的对谈录《彷徨于无地又站立于大地》也收在选集中。刘再复的作家论文字总是将犀利敏锐与激情真挚这性质似乎相反的两者融合在一起，既理智又感情充沛，形成独特的批评风格，我觉得这可以叫作诗性批评风格。

这里要提到他海外时期的论文《张爱玲的小说与夏志清的〈中国现代小说史〉》。夏志清在北美中国现代文学界的地位海外学坛无人不知，他是一个祖师级的开山泰斗。他写作了北美第一本《中国现代小说史》，他的文学立场、理念、眼光和趣味影响了北美和海外学坛不止一代人，北美现代文学研究名家多出自他的门下。八十年代之后，他的小说史传播进来，亦因其独到的眼光和趣味，赢得大陆学人的积极评价。《中国现代小说史》对张爱玲、沈从文、钱锺书等为大陆同时期文学史遮蔽压抑下去的作家推崇备至，给予高度赞许；而对鲁迅及左翼作家则冷嘲热讽，刻意贬抑，明显“扬张抑鲁”。这一点，我相信多数学人都看到了或意识到了，但在海外的学术环境给予旗帜鲜明地指出来则是舍刘再复亦无有第二人。在这桩近似于学术公案的争辩中，最能体现刘再复的学识、气量和追求真理的无畏热情。二〇〇〇年，香港岭南大学召开张爱玲学术研讨会，夏志清本人亦与会。刘再复提交论文《张爱玲的文学特点与她的悲剧》。论文肯定夏志清的小说史“考古发掘”的贡献，他把被“革命意识形态”活埋在历史尘土里的张爱玲等作家发掘出来，认为这是中国现代文学史写作上的“精彩之笔”。但对夏志清从道德和历史角度阐释张爱玲早期小说的意义则认为并未说到根本。刘再复的论文写道：“与其说《金锁记》是中国近代社会的写照，不如说它是权力社会的一个哲学寓言。”“它带有超越中国近代历史世相的人性普遍性。”“张爱玲早期写作的成功，正是因为她未被历史时代和道德伦理所牵制，精彩地描写了这个魔鬼（指人的欲望——引注），从而表现出文学家特有的本领。”[①]正是在这个意义上，刘再复亦认为张爱玲是一个“天才作家”，但却是一个“夭折的天才”。这是因为她的晚期创作放弃了审美立场和文学立场，因经济的压力而转写“遵命文学”，让小说充当“政治宣传品”，“张爱玲在迅速把自己的创作推向高峰之后也迅速地抛弃自身的审美特点，演成一场悲剧，这场悲剧使张爱玲的创作高峰期过于短暂，从而变成一个夭折的天才”。[①]刘再复所说本是实事求是之论，现代文学史无论自由主义作家还是左翼作家都有类似的悲剧，左翼如丁玲便是一例。这点刘再复的论文也给予了指出。但夏志清完全不能接受张爱玲“夭折”的说法，更对刘再复评价鲁迅置于张爱玲之前深表不满，即席申说说鲁迅是“共产党的走狗”，而张

① 刘再复：《现代中国文学诸子论》，第152—153页，香港：香港牛津大学出版社，2004。

爱玲是“近几十年来最有尊严的中国人”。夏志清对刘再复宣读论文的即场回应一如大陆过去的“大批判”，上纲上线，用政治话语代替学术探讨。为此，刘再复再作一文，《夏志清先生〈中国现代小说史〉的偏颇》[②]给予商榷。刘再复这篇回应论文有理有据，一一细数夏志清小说史对鲁迅和左翼作家丁玲、赵树理的审美盲点和偏见，将它前后矛盾、违背事实、文过饰非的地方一一指出来。刘再复清醒意识到，这种文学史写作是“时代病”，就像大陆过去文学史写作“埋葬”自由主义作家一样，夏志清也用笔“埋葬”左翼作家，原因都在于“无法摆脱政治意识形态在文学史写作上的牵制和主宰”。[③]“审美法庭”背后存了个“政治法庭”，这是冷战思维在文学史写作的投影。刘再复已经从大陆“左倾”政治制造的“鲁迅神话”中走出来，而夏志清则仍然固守陈旧的意识形态屏障，坚持冷战思维下的“张爱玲神话”。两者审美眼光的开阔和文学立场的纯粹与否，两者作为学人治学格局和境界的高下，判然立别。刘再复这篇学术论文，大气磅礴，元气淋漓，字里行间流露出刘再复十数年泰山压顶而不为所动的胆识和个性品格。我完全认同刘剑梅的话，此文是刘再复“在海外所写的具有代表性的学术论文之一，这里蕴含着他的学术理性和学术良心”。[④]

刘再复的现当代作家论文字，最多写鲁迅，其次就是高行健。鲁迅的文学贡献和文学史地位已经论定，学术界亦没有多少分歧，剩下的问题是如何论述和“各取其需”。但高行健却与此不同，二〇〇〇年他获得诺贝尔文学奖时，国内文坛发声的皆是责备和不屑，这有时势政治的因素，但也有文学价值认识的问题。高行健文学的国际性和普世价值国外评论的主流都是普遍赞赏和推崇，给予极高的评价，但海外汉语论述的圈里，也不能说没有派别政治的阴影和文学理解的问题。在这种氛围下，阐明高行健文学的贡献，回应各种不怀善意的攻击，不仅具有文学欣赏的审美意义，而且具有守望文学尊严的社会意义。刘再复与高行健两人相识于八十年代而成为朋友。高行健的剧作上演，他请刘再

---

① 刘再复：《现代中国文学诸子论》，第152—153、156页，香港：香港牛津大学出版社，2004。

② 刘再复：《张爱玲的小说与夏志清的〈中国现代小说史〉》是一长篇论文，由上篇《张爱玲的文学特点与她的悲剧》和下篇《夏志清先生〈中国现代小说史〉的偏颇》组成。

③ 刘再复：《张爱玲的小说与夏志清的〈中国现代小说史〉》，第184页。

④ 刘剑梅《引论》，见《现代中国文学诸子论》的前言，香港：香港牛津大学出版社，2004。

复去观看，而刘再复最早评论高行健的文字，写于一九八七年。因为文学的因缘和漂流海外的命运，两人成为挚友和文学知己。因为这层关系，刘再复对高行健文学的评论，完全没有板起面孔的学院作派，它的学术性、它的睿智见解是融化在激情洋溢的文字之中的。刘再复说，“行健兄是我的挚友，对他无需刻意研究”。[①]正是这种发自内心自然流露的文字，天然去雕饰，去繁琐，最能见出刘再复的真见解、真性情。当代文坛常见的评论者与作者的关系，如果不是无原则的“唱和”，更多的就仿佛西医手术刀与病人那样，评价者随意切割文本以迁就己意。在评论中刘再复与高行健的关系，就像古人说的“知音”。惟其知音，故不刻意。高行健曾书“得一知己足矣”赠刘再复。从“知音”的角度看刘再复的评论，就更有意思。刘再复先后发表两本高行健评论集，《论高行健状态》和《高行健论》。这是到目前为止最早、最全面又最深刻的中文高行健评论。高行健获奖之前，刘再复一直欣赏他的思想锋芒锐利和卓越的文学才华，撰写多篇评论，为高行健的戏剧、小说作序与跋文。一九九九年高行健的长篇《一个人的圣经》出版，刘再复在跋文中说，“我完全确信：二十世纪最后一年，中国一部里程碑似的作品诞生了”。[②]高行健海外第一本文论集《没有主义》就是在刘再复主编的“文学中国”丛书发表的。自八十年代以来，刘再复一直不遗余力推动中国文学走向国际舞台，推荐包括高行健在内的中国作家争取诺贝尔文学奖。这些工作用他自己的话是“摇旗呐喊”。高行健获奖之后，刘再复的评论重点转到阐释他的文学精神和文学成就，他的阐释传神并且正中肯綮。

高行健获奖是华语文学破天荒的大事，刘再复应邀在香港大学等高等院校联合举办的讲座上发表演讲《论高行健状态》。他将高行健最本真之处开宗明义就点明出来。作家秉笔写作，本义甚为明白，但二十世纪的政治将写作搞得无比艰难，作家甚至性命不保，高行健最早觉悟到此点，并且从中“逃亡”，将自己从“政治灾难”中拯救出来，进入纯粹的文学状态。刘再复对此感同身受，遂将之命名为“高行健状态”。他说，“高行健是最具文学状态的人”。“文学状态一定是一种非‘政治工具’状态，非‘集团战车’状态，非‘市场商品’状态，一定是超越各种利害关系的状态。这一点高行健也很明确，他的所谓‘自救’，就是把自己从各种利害关系的网络中抽离出来。而所谓逃亡，也正是要

---

①② 刘再复：《高行健论》，第14、95页，台北：联经，2004。

逃离变成工具、商品、战车的命运，使自己处于真正的文学状态之中。”[①]握管写作并不等于就是文学中人，头上顶着作家名号并不等于就是本真意义上的作家。这就是二十世纪中国文学的现状，刘再复“高行健状态”的命名，不仅是对高行健文学传神写照式的概括，而且亦对二十世纪中国文坛有强烈的针对性。不是时常有议论，中国当代没有产生伟大作家吗？传媒与作家群体不是时常表现出“诺贝尔文学奖焦虑”吗？若是自己没有强大的精神家园，自己不在文学状态中，又怎能怪罪他人，怪罪外界因素呢？作家不逃离政治的纠缠，不逃离市场的摆布，没有独往独来，面壁十年的沉潜工夫，又怎样能写出传世杰作？刘再复的高行健解读，正是要回答此类问题。他说，高行健为自己创造出来的文学状态，“使他到了海外之后精神家园不断扩大，也使他不断地向内心深处挺进”。[②]写出“表面上写的是江湖上的身游，实际上是寻找精神彼岸的神游”的代表作《灵山》；写出“表现现实的力度与揭示人性的深度上都达到世界文学的巅峰水平”的另一代表作《一个人的圣经》。[③]大约是有感于刘再复的中肯之论，所以著名学者、原香港中文大学校长金耀基才如此赞美：“我完全同意高行健的知音刘再复教授所说，高行健是最有‘文学状态’的文学家。这‘文学状态’四个字讲得真好。一字千金。”[④]

高行健称自己的文学为“冷文学”，这是相对于二十世纪形成传统的感时忧国和干预现实的“热文学”而言。“冷文学”集中表现了高行健的审美和艺术的创造性。刘再复对高行健文学的“冷”作了非常精辟的阐释。他说，“‘冷文学’包含了双重意义：其外在意义是指拒绝时髦、拒绝迎合、拒绝集体意志、拒绝消费社会价值观而回归个人冷静精神创造状态；其内在意义则是指文本叙述中自我节制与自我观照的冷静笔触”。[⑤]稍后，刘再复在《独立不移的文学中人》的讲演中用诗一般的语言阐释高氏“冷文学”的审美艺术特质。刘再复说，高行健小说和戏剧“都有一双中性的抑制自我迷恋或自我膨胀的眼睛”。这“是一种大观照的审美方式，一种把酒神精神压缩在心底而让日神精神凝聚于笔端的自我满足的境界。冷静所表明的是一种不受时代潮流所左右的人性尊严与文学尊严，是悬搁浪漫情绪、浮躁情绪、控诉情绪和抒情情绪的艺术大自在风度。

①②③ 刘再复：《高行健论》，第 40、208、208—209 页。

④ 《明报月刊》2011 年 3 月号。

⑤ 刘再复：《高行健小说新文体的创造》。见《高行健论》，第 149—150 页，台北：联经，2004。

这是雪的火炬与夜宇宙的光明，这种热而不热、爱而不爱、怒而不怒，把人间的大关怀化入艺术的冷文学，是高行健对整个人类文学艺术的卓越贡献”。[①]刘再复对高行健文学的阐释是多方面，尤其高行健无论获奖前还是获奖后一直坚持的“逃亡”和“自救”，在刘再复身上引起强烈的共鸣，这是两人在精神和趣味上深切契合之处。正是因为存在这种精神和趣味的相契，刘再复阅读高行健小说、戏剧，往往能言人所不能言，一语中的。《八月雪》是高行健写禅宗六祖慧能的戏，那个得大自在而又平凡无奇的慧能形象，刘再复便一语道破，“慧能便是高行健，慧能就是高行健的思想坐标和人格化身”。[②]《生死界》是高行健一个抽象剧，三个人物，演的却是一个人的内心独白。不习惯的人难以理解。刘再复从高行健创作历程来理解，指出这是高行健“由中国转向世界的标志”。由这部剧开始，高行健扬弃具体的文化背景，“思索和表现普世问题，即所有人的共同问题”。[③]对《灵山》的阅读，刘再复指出三条线索：“文化气息”、“内心真实”、“散文情韵”，[④]其中“内心真实”最为重要，它直通小说的哲理意蕴。刘再复评论高行健的点睛之笔，是古人知音式批评的当代演绎。

三

若以单部作品而论，刘再复谈论最多的，无疑就是他挚爱的《红楼梦》。这部中国文学的瑰宝是他心目中的“圣经”。自从一九八九年“薄雾笼罩的清晨”，他带着两本书，一本是《红楼梦》，另一本是聂绀弩的《散宜生诗》，离开北京，从此《红楼梦》就伴他浪迹天涯。这和一九四九年胡适在围城的隆隆炮声中携甲戌本《石头记》登机离城一事，有异代同曲之妙。中国学人在社会巨变、人生安危的千钧时刻，都珍惜同一印刷典籍所系的文化价值，携着同一文本走上人生的下一程。此中执著与奥妙，令人太息浩叹。惟所不同的是胡适珍视它的版本真传的价值，而刘再复珍视它的精神价值。这部巨著如万斗源泉，浇灌刘再复在漂流日子的心灵和精神生命。他说，“《红楼梦》在身边，故乡故国就

---

① 刘再复：《高行健论》，第 209 页。

② 刘再复：《〈八月雪〉：高行健的人格碑石》。见《高行健论》，第 16 页，台北：联经，2004。

③ 刘再复：《内心舞台的炼狱呈现》。见《高行健论》，第 108 页。

④ 见刘再复《阅读〈灵山〉与〈一个人的圣经〉》，见《高行健论》。

在身边，林黛玉、贾宝玉这些最纯最美的兄弟姐妹就在身边，家园的欢笑与眼泪就在身边”。[①] 他把《红楼梦》比作童年、故乡与故国，对童年、故乡与故国的无比痴情，就融化在对这部不朽巨著的孜孜阅读里。二十多年过去了，由于《红楼梦》的浇灌，在他文学评论的园地里，终于开出了绚烂而别致的学术花朵。这就是他的“红楼四书”:《红楼梦悟》《红楼人三十种解读》《红楼梦哲学笔记》《共悟红楼》。尤其是《红楼梦悟》的写作，从一九九五年开始，前后跨度约十年，一悟再悟，每悟皆有别开生面之处。如果要推一种著作为他海外时期的学术思想的代表，我以为非《红楼梦悟》而莫属。其实，以他的“红楼四书”为学术著作、为文学评论，是过于简单和不得已的，它们既是刘再复学术思想的表述，更是他生命的结晶。“红楼四书”是他以自己的人生阅历、悲欢和思索的妙手，弹拨曹雪芹《红楼梦》如渊如海深的美琴而发出来的美妙共鸣。真是非斯人而无斯作，非斯人而无斯文。

刘再复自述他阅读《红楼梦》经历了四个小阶段：“（一）大观园外阅读，知其大概；（二）生命进入大观园，面对女儿国，知其精髓；（三）大观园（包括女儿国和贾宝玉）反过来进入我自身生命，得其性灵；（四）走出大观园审视，得其境界。”[②] 每个人读书，大概都有自己入乎其内的“内”和出乎其外的“外”。“内”而能走入多深，“外”而能达致何种境界，取决于天分、性灵、阅历、自省等多种因素。刘再复所述四个阶段，其中最有意思的是他说的大观园“反过来进入自身生命”。大观园而能进入自身生命，显然它不是一个普通的文本，甚至它根本就不是文本，而是自身生命的一个部分，两者完全融化在一起。它就是另一个自我，一如海德格尔说的“本真自我”。人生而能够在一个古典文本中与那个“本真自我”相遇，那是多么值得庆幸的事情。所以，刘再复说他阅读《红楼梦》，“充满与本真己我相逢的大喜悦”。有生命的全情投入，才有生命感悟的全情吸收。刘再复将生命全情投入大观园，因而亦能从大观园中吸收生命的感悟。用他的话说，这种被大观园的诗意所照亮的生活，真是连吃饭睡觉、游山玩水都不一样。这种读书的大喜悦，我相信具“学者相”的学人，终其一生都无从体验。刘再复读《红楼梦》之法，可遇而不可求，以无法为法。

---

① 刘再复：《红楼梦悟》，第 3 页，北京：生活·读书·新知三联，2009。

② 刘再复：《自序（二）尝试〈红楼梦〉阅读的第三种形态》，见《红楼梦悟》，北京：生活·读书·新知三联书店，2009。

勉强言之，可称作“本真读书法”或曰“本真读法”。取无法胜有法、无剑胜有剑的通则，也可说是读书法中的“至法”，读书的最高境界。

刘再复由本真感悟阅读《红楼梦》而开启了“红学”的另一个路向，他称为“《红楼梦》悟”。当然，悟法读红楼，清代就有。如王国维《红楼梦评论》，虽然说是论，但其中也有悟，例如说生活的本质是欲，而“玉”与“欲”通，这论断都有生命感悟的成分在内。但王氏的感悟也没有“悟”得这样深，“悟”得这样透。刘再复的悟是由里到外的，由文本字句到精神的彻悟。他能够集悟法的大成，开启“红学”研究的另一路向，其实也是有学术渊源的。刘再复将两百年来的红学概括为三个方向：一是“辨”，就是索隐、考据、探佚、注疏等；一是“论”，就是引经据典，对《红楼梦》的文本内容阐释演绎；一是“悟”，何为“悟”？“悟的方式乃是禅的方式，即明心见性、直逼要害、道破文眼的方式，也可以说是抽离概念、范畴的审美方式。”简言之，“这也与中医的点穴差不多，一段悟语、悟文，力求点中一个穴位，捕住一个精神之核”。[①]平心而论，历代红学“辨”中也有“论”，也有“悟”；而论亦然；而“悟”之中，即使无“辨”，也是有“论”。“辨”、“论”、“悟”，是就其基本形态而作出的区分，不是三者截然互不相干。但是，确实历代红学，没有人像刘再复那样具有自觉的“悟”意识，以禅心莲悟，集悟法说红的大成。他的“红楼四书”，尤其是《红楼梦悟》，无论是基本方法还是妙悟通得，在两百年红学史上，自是继“辨”和“论”之后又一脉的开山之作。不过，我相信刘再复是“但开风气不为师”的人，他并没有开山立派、演说真传的意思，毋宁说他对这做法极端厌恶。他只是自感自悟，在前辈学人的基础上，无心插柳而在红学园地育出一片柳荫。刘再复多次谈到，一九八六年他主持纪念红学考证派泰斗俞平伯先生从事学术活动六十周年会议。做了一辈子考据的俞老会上表达他的学术期待，认为后人应多着眼《红楼梦》的文学和哲学价值。事隔二十多年，刘再复的《红楼梦悟》也是对他尊敬的学术前辈俞平伯当年期待的回响。

《红楼梦悟》共三百零四则，展卷读来，如珠玉满眼，都是解人解语，每则文字不多，以道破为限。刘再复的所悟，无论是文本的细微小处，还是通篇整体，以澄明透彻为最显明的特色。他以大观的眼睛、大观的精神读红楼，如大鹏扶摇高飞，凌空遨游，人间的巨细无遗尽收眼底。例如第一百六十则，他

① 刘再复：《自序（二）尝试〈红楼梦〉阅读的第三种形态》，见《红楼梦悟》。

说，“曹雪芹建构的世界，由两个对立的国度构成：一是女儿国，净水世界；一是荒诞国，泥浊世界。《红楼梦》既书写女儿国的毁灭（悲剧），又写荒诞国的兴衰（荒诞剧）。于是，小说成了悲剧与喜剧并置的艺术整体”。[①]曹雪芹的笔触似有意创造两个并置的“世界”，这点相信许多细心读者都感觉到了。前人有称之为“理想”和“现实”两个世界。但“理想”和“现实”的概括，虽不能厚非，但似终觉有隔，不如刘再复所云“净水世界”与“泥浊世界”。一来因为前者好似摆开做论的架势，框架胜过真感觉；二来因为“理想”和“现实”的对峙，人生无时无刻不有，社会亦常陷于其中，用来指称曹雪芹创造的那个独一无二的“世界”，觉得过于宽泛，不在点上。而刘再复的“净水世界”和“泥浊世界”一说，一目了然。映入眼帘，便只能连声叹妙，再也不用多说。有女儿国“净水世界”的毁灭，自然就有悲剧；而有“泥浊世界”的搬演，自然就有荒诞剧。“净水”与“泥浊”的道破，又连带出刘再复对《红楼梦》喜剧艺术的发现。前人仅以红楼为悲剧，无人以红楼为喜剧，刘再复抛出红楼是悲剧和喜剧的艺术整体的说法，为后世读者理解曹雪芹的妙笔，进一新解。

说红楼不能不说到大观园，但人多以大观园为一贵族园林而已，未曾想到曹雪芹为何取名“大观”，以及“大观”有什么含义。刘再复就从此而说开去，第四十则：“《红楼梦》中的女儿国，立于‘大观园’。大观，这正是曹雪芹看世界的方式。‘先立乎其大者，则其小者弗能夺也。’也可以说，曹雪芹的眼睛是大观的眼睛，这种眼睛不是‘俗眼’，而是‘天眼’；不是世俗的视角，而是宇宙的超越视角。曹雪芹用‘大观的眼睛’看人间，不仅看出大悲剧，还看出大闹剧。‘好了歌’就是荒诞歌，就是嘲讽争名夺利的喜剧主题歌，甄士隐的注解则是主题歌的补充。”[②]刘再复的感悟暗示读者，女儿国大观园的含义是多层次的，曹雪芹以这个取名隐示自己看世界的视角，只有顺着“大观”的方向才能把握好了歌的真义，也才能理解《红楼梦》的真精神。然而，细寻文本，刘再复并未明说，他同曹雪芹一样，抛出一个“偈言”，读者自己去悟。这种立文字的精妙，充分体现了刘再复一再说明的悟法。悟法读书，不靠死参，不求字字有来历，句句有出处，而靠慧心明发，了然于心。伟大的文学，其好处就在于字里行间密布意义的“迷宫”，不是一眼望尽，而单等有心人前来踏芳

①② 刘再复：《红楼梦悟》，第 88、24—25 页，北京：生活·读书·新知三联书店，2009。

寻踪。刘再复就是这样的人，他以观人间，察古今的大观天眼，读出了曹雪芹之所以将贾宝玉前身定为“石头”的真义：“曹雪芹也把主人公界定为悠悠时空中的一石头，而且是多余的石头，连补天的资格也没有的石头。因为有这一界定，所以他通灵幻化进入人间之后，虽然聪慧过人，但不与人争，不与鬼争，不与亲争，不与仇争，不进入补天队伍，也不加入反天队伍，自然而生，欣然而活，坦然而为。”

曹雪芹以写人如生、含义深远而超迈前代，大观园中许多人物令人思之入迷，刘再复以他哲学大观之眼，一一予以点化。这方面的见解在“红楼四书”中时常互见，刘再复是知人论世的高手，对人物性格所显示的美妙深意，常能道人所不能言。秦可卿乳名“兼美”，人皆知是兼黛玉与宝钗两人之美，而刘再复正由“兼美”而说开去，“兼美正是曹雪芹的审美情怀与美学观，而兼美、兼爱、兼容则是曹雪芹的精神整体与人格整体。无论是黛玉的率性、妙玉的清高、宝钗的矜持、湘云的洒脱、尤二姐的懦弱、尤三姐的刚烈、晴雯的孤傲、袭人的殷勤，各种美的类型，都能兼而爱之。除此之外，对于薛蟠、贾环等，也能视为朋友兄弟，更是难事”。[①]因曹雪芹如此写人，刘再复认为“曹雪芹是中国‘多元主义’的先知先觉”。[②]由秦可卿的乳名而融汇通识曹雪芹的审美情怀，明了曹雪芹写出各种性格及其对他们所持的态度，如果不是能够有大眼光而又圆融贯通精熟文本，真是无从道破其中精妙。黛玉、宝钗两人是论红、评红的大题目，读者的爱恨也是争论不休。刘再复由两人性格的热与冷切入，进而说出两人悲剧的不同。《红楼梦悟》第二百四十七则，薛宝钗“她的骨子里是热的，内心是热的，但她竭力掩盖热，竭力压抑热，只好常吃‘冷香丸’。林黛玉也吃药，但绝不会吞服冷香丸，即便心灰意冷，也掩盖不住身内的热肠忧思。林黛玉任性而亡是悲剧，宝钗压抑性情而冷化自己也是悲剧，甚至是更深的悲剧”。这看法刘再复在《共悟红楼》第十章《红楼梦女性的文化类型》和《红楼人三十种解读》“冷人解读”中有很好的发挥。刘再复赞同胡菊人认为冷香丸是全书大悲剧象征的看法。刘再复将“冷香丸”的象征意味和薛宝钗悲剧的意味解说得透辟醒神。他说，薛宝钗“和林黛玉等少女一样，有生命激情，有爱恋向往，但她接受了一套儒家的道德规范，竭力掩盖自己的内热，压抑自己的内热，以至用‘冷香丸’化解自己的内热”。她的悲剧“是青春热情自我压抑、自我消

①② 刘再复：《红楼梦悟》，第113页。

灭的悲剧”。[①]过去说到薛宝钗，多将她当成单纯的“卫道士”，看不到曹雪芹在“冷香”笔下隐伏的深微意旨，经刘再复的圆通悟解，我读之后真如恍然大觉，这见解更贴近曹雪芹当初秉笔的命意。刘再复论红楼人的见解，如宝玉、黛玉、贾政、妙玉、惜春、湘云等，都有明心见性的妙解。读之如沐春风，如见故人。

《红楼梦悟》是红学中的一大奇书，而红学因有刘再复的“悟”而更添丰富色彩。刘再复深知，他的悟解存在可以意会不可以言传的成分，这与通常的论说和辨证不同，因此找到恰当的形式和语言是传情达意的关键。虽不可以言传，但毕竟要靠言来表达意旨，托言明意，读之者才能由言而会意。刘再复之所以选择语录笔记体来表达阅读红楼的悟解，我以为当中存了个深切洞明的文体探索和文体自觉的意识。他将自己迹近半世纪的写作体验做了一个汇通，兼容散文、散文诗创作而积累练就的美文表达艺术和学术探索过程锻造的慧心洞识于一炉，成就了这本红学奇书。在学者人群里，我们不要忘记，刘再复不是“独擅”型的学者，而是一个“兼美”型的学者。他的写作生涯有两个近半世纪，一是近半世纪的学术探索，一是近半世纪的散文和散文诗写作。若要问前者和后者哪个更出色，我不敢遂下断语。两者分属不同的类型，不好比较。但他同样是当代极为出色的一流散文家则无有可疑。在读书界，刘再复散文的人气，受读者欢迎的程度和影响力，恐怕要胜过他的学术著作。我要强调的是，这两个半世纪在《红楼梦悟》里完全融汇在一起，无分彼此，无分你我。在阅历、见识、体验积累的高峰，他写出了这部红学奇书。它既是美文的红学，又是红学的美文。于是我们才可以读到刘再复用这样神奇的文字推测曹雪芹的写作意图：

> 梦是黑暗的产物。黑夜里的梦五彩缤纷。白日梦也是在闭上眼睛、进入黑暗之后才展开的。人处于无望与绝望中时，主体的黑暗被一束来自乌托邦的美妙之光所穿透，于是，黑暗化作光明，绝望被揭示为希望。警幻仙境、女儿国，就是乌托邦的光束。曹雪芹在所有的梦都破灭之后还留着这最后的一梦。[①]

是沧桑而不是书本才是人生最好的老师。如同曹雪芹遍历人间沧桑，最后于悼红轩中“披阅十载，增删五次”，写出一部《红楼梦》一样，刘再复去国前后，亦经历了个人命运的沧桑巨变，他由“鲜花着锦，烈火煎油”的热烈，

① 刘再复：《红楼人三十种解读》，第 48 页，北京：生活·读书·新知三联书店，2009。

跌落到无名的孤独与寂寞的境地，但他也留着这“最后的一梦”，写出“红楼四书”。曹雪芹以《红楼梦》为自己生命的见证，而刘再复亦以“红楼四书”为“自救的讲述”。曹雪芹写《红楼梦》，刘再复悟《红楼梦》，但他们都以这“最后的一梦”来做自我生命的超越。

刘再复近半世纪的文学评论是多方面的，他有惊人的把握事物核心，总括其真髓的能力。例如《中国大百科全书 · 文学卷》卷首的“中国文学”条出于他的手笔。他的《双典批判》直指中国读者最流行的“三国”和“水浒”。这些都是极有创见而非一般学者能做的。我这篇文章已经写长了，而刘再复文学评论的好处又非更长的文字能够说尽。我只是挑选一些自己读后有心得的，稍作阐释，来与各位热心读者分享。

四

刘再复和李泽厚一道是八十年代思想界、文学界思想解放的核心人物。那时期他从“文革”的灾难中觉醒过来，义无反顾投身到拨乱反正，思想解放的运动中来。但是他和他们那一代人的“致君尧舜”的努力为历史大变局所中断，从此离开故土，漂流到遥远的海外。对个人命运来说，无疑这是刻骨铭心的沧桑巨变。如果意志和思想的定力不是那么强大，经此巨变，恐怕早就被这个突如其来的打击弄得丧魂失魄了，这或许又是某些居心不善者所乐于见到的。不过刘再复并没有这样。不错，他失望过，彷徨过，更孤独过，但他没有乱了方寸。他把灾难化作人格和灵魂升华的阶梯，写作拯救了他。当然反过来，刘再复也拯救了他的写作，历经弥久，他的散文境界变得更加阔大，更加深邃，犹如一个孤独的行者，所行越远，所见越深。我们从他的散文里清晰地看到他心灵的轨迹。

他的散文生动地记录了他身处海外迈出的第一步，这就是不断地脱去身上的“旧我”。蜕变是异常艰难的，刘再复把这个过程形象地形容为“第二人生”。“第二人生”既是一个客观的过程，也是一个难得的主观心灵的觉醒。母亲、故土养育了他，识字、读书、上大学，在这之后，他也以他的勤奋和智慧参与家国故土的建设。假如这一过程延续下去，很可能就没有了后来的“第二人生”；

① 刘再复：《红楼梦悟》，第 49 页。

只是在“第一人生”的可能性封闭了之后，他才以顽强的自我拯救的意志和强大的心灵智慧寻找到了造物向他开启的“第二人生”。这个过程无异于佛经上说的浴火重生式的涅槃，从肉身到灵魂来一次再造。从学说话（学外语）、学走路（开车）、学融入社区生活开始（《第二人生之初》《谷底》《梦里已知身是客》）到在寂寞、孤独中走出情感和心理的低谷，在自我放逐中回归到真我的内心世界。前者是世间的、社会的，做起来虽然艰难，但毕竟有限；而后者则是心理的、精神的，我相信不经过漫长的、反复的精神阵痛是没办法走出这片人生的戈壁荒漠的。刘再复用“转世投胎”，用斩断与故国乡土的“脐带”来描述当初经历的精神阵痛，没有丝毫的夸大。所幸的是他终于走出了辞土去国的阴影，人生的巨大变故不但没有击倒他，他反而从中汲取了无尽的养分，滋养他的心灵世界。

第二人生的展开，对刘再复来说仿佛睁开了一双“天眼”，一个新的可能性世界在旧的可能性世界关闭之后出现在他的面前。他在这个世界游走，他在这个世界歌吟，他尽情地抒发他在这个世界的感悟，他尽情表达他在这个世界的洞见。这个新的可能性世界，既是现实的海外，又是文化的中国；既是哲人沉思的存在，又是诗人安身立命的诗意的家园。刘再复的海外散文有一种“发现之美”，或者说饱含“发现的诗意”。他像一个用心的观察者，以他成长起来的“天眼”看周遭的大千世界，看幽冥微妙的内心世界，常常能够见他人所不能见，思他人所不能思；他又像一个旷野的跋涉者，一路用心寻找，他能够在荒漠里找到人生的甘泉，能够在巉岩绝岭中发现哲思的玉石。如果要用简洁的语言来概括刘再复海外散文的特色，我觉得只有“发现之美”四字才差强当之。这里说的发现不是左顾右盼的一孔之见，不是东张西望的随意猎奇之见，而是融汇了作者本人在心灵的炼狱中重生的人生体验的发现，就算是平凡的事物，在刘再复的笔下都显得不同凡响，因为那是经过他的心灵过滤的。

秋天到了，秋风瑟瑟，落叶纷纷而下，大自然在一阵秋风中改换了它的节奏。自然季节的变迁触发了思绪的灵感。刘再复有感于芝加哥大学校园满树的黄叶，在《瞬间》里写道：“人的生命也如大自然的生命一样，常在瞬间完成了精彩的超越，生命的意义就蕴含在一刹那的超越之中。在一刹那间，生命突然会奇迹般地涌出一个念头，一种思想，一股激情……也许就在这一刹那间，你的灵魂往另一方向飞升，穿越了庞大的痛苦与黑暗，甚至穿越了残酷的死亡，实现了灵与肉的再生。这一刹那，就是偶然，就是命运。”从自然万象一刹那的变化，悟出瞬间在人生命运抉择的含义，若不是经历一番“生死巨变”，又怎么能洞见自然世界蕴含的人生奥妙？然而，《瞬间》里所感悟的又不仅仅具有个人体验的意义，刘再复对自然的发现，使出于个人的体验升华至普遍的哲理感悟，这是对东西方的哲人“瞬刻永恒”最好的诗意表达。我个人非常喜欢那些从自然万象中感悟人生的篇什，这些年来他远游的脚步足迹遍及欧亚、北美，他的“天眼”让他洞烛幽微，让他磅礴万象。他读山川，读大海，读小草，读落叶，读飞鸟，读走鹿，目光所至，思考所触，皆有发现。浩瀚的波罗的海让他感悟大海是“天地间最伟大的胸襟”，个人的心胸也应该像大海的心胸那样辽阔，辽阔得可容下星辰与日月（《听涛声》）。海明威《屈力马扎罗山的雪》写过一个冻死的豹子。这只豹子引起刘再复多年的思索，在穿山跋涉，看惯了落矶山日升月落之后，他终于感悟到了这是一个关于寻找的故事，而寻找的真义在于“并不寻找什么”。因为生命的本色是自由，就像那只豹子不为寻找食物，不为称霸高山，只为自由的本性（《屈力马扎罗山的豹子》）。买了房子，定居下来，刘再复听从邻居的劝告，开始了“征服蒲公英”的护园行动。可能的方法，包括不停拔除和喷洒除草剂都试过了，他发现生命的速度总是比剪灭生命的速度要快，由此他再次想起了卡夫卡的名言：“从土地生长出来的生命是难以被消灭的，因为土地是永生的，附丽在土地上的生命也是永生的。”自然的启示刚好和他的经历共鸣：就像那些想征服他的人失败了一样，他想征服蒲公英也失败了，因为生命是不可战胜的（《征服蒲公英》）。类似的例子还可以举出好些，不过仅此也就可以见出刘再复写散文，注重的是灵犀一闪的发现，心中有悟，才下笔成文。他的海外生活的感悟，如同汩汩细流的泉眼，源源不断，全是从自身生命的遍历中流出的。他的散文体现了他对生命和自然的大爱，显示了他敏锐的观察和睿智的体验，当之无愧称为思想者的散文。

古人云，失之东隅，收之桑榆。别乡去国，西海远游的经历对刘再复来说也是如此，从前对“东隅”的执着、执念，使得他无法放开生命的节奏去观察、体会异国异土的历史文化，只能通过翻译书籍多少“拿来”一些来自遥远西海的文化营养。即使初到海外，尚未脱去“旧我”，依旧沉浸在“乡愁”的情绪之中，异国丰富的历史文化还是没有进入他散文的视野。当他完成个人感情和心灵的超越之后，“桑榆”便出现在他的眼前。他的《漂流手记》中有一卷是《阅读美国》，其实这十数年来，刘再复写了不少的篇什是关于西方的历史文化和都市地理的。在这些篇章中，我们看到他不再是一个“拿来主义”者了，更深邃的哲思取代了从前功利主义色彩浓厚的为我所用式的对待西洋文化的态度；他也不再是一个刘姥姥似的执著于故园乡土的文化猎奇角色。他身处的西海一如他以前的故土，都被看作是人类栖息的大地。大地只有山脉河流的不同，没有何者优先的价值高下。耿耿于怀的民族、家国、历史的执念被放在一边，代之以悲天悯人的普世感怀。他这样描述他的东西行走，“这几年，我像负笈的行者到处漂流，登览另一世间的兴亡悲笑，眼界逐渐放宽，不再把一国一乡一里当作自己的归宿，而把遥远的另一未知的彼岸作为真正的故乡”。（《初见温哥华》）他的眼光伴随着他的行走，越行越远，也越行越深，使他的异域散文既有远眺者的大气，又有深思者的洞见。

故乡、家园都是人们耳熟能详的字眼，不论人们寄托怎样的形而上的感情，故乡家园总是和人们生于斯、长于斯的生活空间相联系的。它是具体的，不是抽象的。可是刘再复对爱默生的阅读超越了这一习常的俗见。他把爱默生誉为“新哥伦布”，老哥伦布发现新大陆，那是一片可以安居乐业的土地，而爱默生则是一个精神领域的哥伦布，致力于发现为俗见遮蔽的真理。他在《新哥伦布的使命》中引用爱默生对故乡的看法：“哪里有知识，哪里有美德，哪里有美好的事物，哪里就是他的家。”行走中的刘再复对爱默生关于家园的看法备感亲切，他说爱默生的看法“从根本上拯救了我”。也许有人会认为这又是一个同在天涯而相惜的故事，其实道理并不那么简单。爱默生并不是一个简单的普世主义者。他对何者是故乡的认识与其说是普世主义，不如说是一种生活境界的体验：人应以知识和美德为终生的使命，那知识与美德自然就成了心目中的故乡。漂流的生活对刘再复来说其实就是洗涤，荡涤了凡俗的尘埃，才有对真义的共鸣。他能激赏爱默生的“故乡”，说明他实现了生活境界的超越，实现了人生的升华。正如他在散文说到的那样：“用地域、国界、党派、肤色等来规定一个人的本质是爱默生无法容忍的。大自由人的心灵没有任何栅栏，包括没有南方与北方、东方与西方、天上与地下的栅栏，也没有任何世俗的障碍，包括语障、理念障、种族障、身份障等等。”人对具体故乡的依恋，固然说明人的深情，但这同样是一种“我执”式的局限，它遮拦我们走向更自由的天地，刘再复对“故乡”的再发现，渗透着痛彻的反省精神。

刘再复在美国生活多年，美国对他而言不再如同国人心目中的“西方”，而是一块实实在在的人类生活的土地。他作为这片土地上生活的见证者，对美国的赞美和批评都来得特别真切，丝毫没有那些中西文化比较话题里常常可以见到的意识形态色彩。他对美国生活的发现是一个心地宽广、不存偏见的发现。比如，他盛赞杰弗逊对言论心灵自由的热爱（《杰弗逊誓辞》）；他从美国小镇生活里看到真正的美国精神（《我爱波德城》）；但是刘再复也中肯指出南达科他州巨岩壁立的黑山四总统像，当中的一人西奥多·罗斯福名不副实（《走访黑山四总统》）；他也坦言美国中学对学生过度放任造成了不良后果（《女儿的学校》）。刘再复写美国，我最喜欢的一篇是《纳博科夫寓言》，他谈他对《洛丽塔》的发现。这本是一个可以长篇大论的题目，刘再复却以他的独到发现浓缩成一篇短散文，显示出他阅历丰富思考深刻之后的明心见性一语道破的功夫。纳博科夫写的是一个变态畸形恋的故事，但对这个故事的解释却是人言人殊，光学术界就解人无数，理论套上一大堆，却未见说出什么真知灼见。刘再复这篇短文，参以自身游走欧美两地多年的体验，一语中的：《洛丽塔》是“美国文化与欧洲文化的伟大寓言”。他的话是我读到的关于纳博科夫这部小说的最开悟、最益智的见解。他说，“我在洛丽塔身上读到了美国，读到了这个年轻的国家远离欧洲的人文传统，远离欧洲的理想主义与浪漫气息，读到了这个被物欲所覆盖的国家一切都纳入做生意的轨道，现实到极点”。纳博科夫的写作像迷宫一样难解，我想有了刘再复的读破，他应该会含笑于九泉。

刘再复散文里有一类很特别，写得非常空灵碧透，越到后来，他似乎越倾心于这类渗透哲思感悟的写作。我个人不但喜欢他这种风格的散文，还以为这代表他散文写作的最高的境界。他的这类散文没有事体，只有意象和淋漓酣畅的思考，以人生的玄思彻悟灌注于文字中间，像一股汩汩的流泉，清澈透明，又渗人肺脾，是汉语散文难得的精品。比如他与女儿刘剑梅的“两地书写”，探讨智慧、追思灵魂、议论快乐、畅论生命等篇什，虽然这都不算独得的论题，中西哲人也曾多所论述，但是刘再复以他神来之笔，发而为书信体，不是站在高处指点迷津，而是对谈交流，在严肃的题目下做亲切的文字。更重要的是他将自己经历世道沧桑之后的独有感悟娓娓道来，他的姿态不是一个论述者的姿态，他不做真理的阐述者，他不要读者接受什么在手的真理，而是与读者一道分享自己漫长思索追求所得的感悟。这一类的文字，刘再复除了发为书信体以外，还有一种就是他的“独语体”。这个名称是我忽然一想的，来自他另一本散文集《独语天涯》。古人有灯下漫笔的说法，而“独语天涯”恰好道出他写作的本真状态：独自面对人生、大地、苍穹宇宙，诉说自己的思考和感悟。此处容我引一节《〈山海经〉的领悟》：

夸父、精卫、刑天、女娲：天地之间永恒的天真；只知耕耘，不知收获的天真；只知奋飞，不知占有的天真。有天真在，便不顾路途中的巨火烈焰，人生中有沧海般的大苦难，贴近目标时有断头的危险。有夸父、精卫、刑天、女娲的名字在，就会有伟大的耕耘者与追求者。王朝明明灭灭，天真的探寻者却生生不息。

散文写得这样精粹，其道已经与诗相通。浓浓的思考穿越千万年的神话与历史，与诗意结合在一起，形成了刘再复散文那种近乎完璧的思与诗的融合。

散文之道入门容易，登堂入室困难，其中存在一个“工夫”与“境界”的差别。因为散文全赖单行散句敷衍成文，推而广之会说话造句就离会写散文不远。那些取捷径者往往利用了散文形式性要素不强的特点，以外部的“工夫”掩盖自身修养的不足，比如多以知识的堆砌规避真知的不足，多以景物的描写弥补精神的缺陷，多以句式的罗列变换营造抒情的架子而实质缺乏内里的真情，或者以刁钻的语文造句营造新奇的气氛，凡此种种在时下散文的文坛惯常可见。清代桐城义法以义理、考据、辞章视为秘而不传的作文不二法门，义理姑且不论，所谓考据、所谓辞章，其实就是桐城义法的“工夫”。如今的散文文坛虽无桐城之名，但有桐城之实，完全是古人的衣钵的再现。作者不自知，承袭了作文之道的表面“工夫”。散文固然要讲工夫，但更要讲境界。散文之道登堂入室的最后分界线其实就在境界。境界从漫长的自我修养和精神历练中得来，境界从透彻的感悟中得来。读刘再复的散文，会让人深深感到，他写散文有一个非常自觉的自我意识：写散文当追求高远的境界。远游西海的十九年，无论尝试哪一种散文的体式，都以自己悟得的真知灼见下笔，都以明心见性的一语道破为文。所以读他的散文，没有障碍。既没有知识障，没有地理障，也没有语词障。他捐弃寻常的工夫，一意追求散文之道的境界，因此他的散文境界清澈、高远、辽阔。写得不落俗套，读来一洗凡尘，在当代汉语散文之林卓然自树一家。

古人有“艰难困苦，玉汝于成”的说法。因西海行走，刘再复经历了料想不到的人生大转折、大沧桑，其艰难困苦的程度，亦只有他自己冷暖自知，然而玄思彻悟落于笔端，妙想指涉皆成文字，这未尝不可以说是天意的报偿、造物的厚爱。在今后的岁月，我们衷心祝愿他在孤独精神之旅的探寻中，有更丰厚的收获，有更多的佳作与我们读者一道分享。

理性视角下的文学史书写（上）

——论刘再复对"重写文学史"的思考

李春红

当我们提及"重写文学史"这一口号，至少包含三层含义：作为文学事件的"重写文学史"、作为文学运动的"重写文学史"和作为文学思潮的"重写文学史"。作为事件的"重写文学史"，与陈思和、王晓明、毛时安、徐俊西与一本刊物即《上海文论》密切相关。它的开始和结束及活动区域都有迹可循，一九八八年《上海文论》第四期"重写文学史"专栏的开设为起点，以一九八九年年底《上海文论》这一栏目的结束为终点，持续时间一年半左右。而作为文学运动的"重写文学史"在时间跨度、影响区域和参与人数上要远远超出作为事件的"重写文学史"。这一运动的起点较早可以推到一九八一年的五四新文学性质讨论、一九八三年的"当代文学是否可以写史"的讨论、一九八五年的"二十世纪中国文学"、"中国新文学整体观"的提出，当然也包括一九八八年"重写文学史"的栏目开设，一九八八年十一月"重写文学史"研讨会召开等系列文学事件，在时间跨度上大概从八十年代初到一九八九年末，近十年时间。活动的区域不仅包括上海，还辐射到北京、南京、长春、杭州、武汉、广州等地，而参与者则包括王瑶、唐弢、严家炎、钱谷融、贾植芳、徐中玉、钱理群、黄子平、

【作者简介】

李春红，文艺学博士，常熟理工学院副教授。

陈平原、陈思和、王晓明等在内的老中青三代众多学者。用类似专栏表达类似诉求的刊物有《文学评论》《中国现代文学研究丛刊》《文艺研究》《文艺争鸣》等，其中《现代文学研究丛刊》的“名著重读”明确表示了对上海《上海文论》“重写文学史”专栏的回应。在这一运动中，上海的《上海文论》及相关参与者是作为这场文学运动的一部分而存在的。之所以用“运动”来表述辐射全国范围的这次文学活动，在于其具有文学运动的明显特点，“为了达到某种文学目的而组织起来的，在各方面努力并造成一定声势的群体性活动”[①]。关于文学思潮，概念众多，在这里我采用卢铁澎的界定“特定历史时期文学活动系统中受某种文学规范体系所支配的群体性思想倾向”。[②]之所以认为“重写文学史”事件最终发展为文学思潮，理由在于经过一年多声势浩大的“重写文学史”运动，由“重写”口号带来的批判意识深入人心，重新寻求文学研究、文学史写作的新模式已经成为文学研究者及文学史编著者的自觉。无论是一九九四年爆出的“文学大师重排座次”的新闻，还是以一九九九年陈思和《中国当代文学史教程》和洪子诚《中国当代文学史》为代表的“重写文学史”阶段性成果的出现，都可以是证明。作为思潮的“重写文学史”，我觉得区域更广泛，时间跨度也更长，上限大概在 1988 年末，以上海“重写文学史”专栏引起广泛关注为标志，而下限则可以绵延到 21 世纪初，以全国各地不同版本的文学史教材的出版为终点。当然作为事件、运动和思潮的“重写文学史”显然具有密不可分的联系，从事件到运动到思潮正好说明了“重写文学史”这一文学活动的不断发酵和广泛的社会影响力。对之不同层面的划分有利于更清楚其发展的轨迹。

回看八十年代中国文学界、思想界“重写文学史”这是一个无法越过的话题，但回看这段历史的时候，引起我对这一话题兴趣的倒是，在八十年代中国文论界因为“性格论”和“主体文学观”、“国民性反思”等理论建构而使得个人成为“现象”的刘再复为何在这一文学界的大活动中“悄无声息”。原因何在？本文尝试通过对一九八八年前后刘再复文学踪迹的梳理，对其未参与这一文学活动的原因进行大胆设想，小心求证。另外虽然刘再复没有参与到这一具体的文学事件中，但不意味着他与其没有关联，他当时的文论研究及个人的学界影响力对这一事件、运动显然起到不可或缺的推动作用。在国内对重写文学史的热烈关注暂告一段落的九十年代，即便积极参与这一事件的当事人王晓

①② 卢铁澎：《文学思潮论》，第 148、78 页，北京：人民文学出版社，2015。

明也转向了对人文精神的讨论，刘再复在海外默默重拾这一话题，开始撰写“一个人的文学史”，构成“重写文学史”思潮的重要构成。由于缺少和国内学界互动，当然也因为学界缺少了八十年代那种对学术的单纯的热情，刘再复九十年代对“重写文学史”的思考并没有太大反响。但也许正因为没有直接置身其中，缺少在场的热情，因为有了远距离静观，刘再复对重写文学史的思考更理性，也更具学术价值。作为事件的重写文学史已然成为过去，但文学史的重写也好，另写也罢，却是一个永不结束的话题，重新梳理这一段历史，审视刘再复在重写文学史问题上的思考对文学史编撰、文学研究有借鉴意义。

一　合力作用下的“重写文学史”事件

“重写文学史”事件的发生是当时国内外政治、思想、文化、文学等多种要素合力推动的结果。正如有学者指出：“重写文学史”的出现并非偶然，它是在控诉“文革”、拨乱反正、反思历史、解放思想的时代背景下，随着整体上历史研究领域的反思与创新，承接着学界关于人道主义、美学热、文学主体性等问题的争论，在中国现当代文学学科内部产生、影响及于人文社会科学领域的，具有意识形态性质的一场文学运动和思想事件。[①]

就政治而言，如果没有当时对“文革”的否定，没有冤假错案的平反，没有知识分子政策的落实，没有从政治高度“文学不从属政治”的明确提法，“重写文学史”根本没有生长的土壤，更不要说由事件发展为一个影响全国的运动再成为思潮的可能。这是一个大前提，没有这个前提，其他无从谈起。也正是因为政治上否定“文革”这样的大前提存在，思想文化界空前活跃，五四话题的重新提起，启蒙议题的再次热门，伴随着现代化的诉求激荡整个华夏。重写文学史事件的出现是在这样一个如何告别过去走向现代化的整体时代氛围中出现，在众多对这一事件发生起作用的因素中，到底哪一种力量起到关键作用其实很难区分，但得承认的是文学之外的政治的、经济的、文化的、思想的因素作为外因、前提条件而存在，这是外在的契机，文学自身的内在诉求当是其最重要的驱动力。在这一事件中我觉得对原有文学史著作的不满、外来文学史写

---

① 陈越：《“审美性”的偏至与“主体性”的虚妄——关于“重写文学史”的再思考》，《文艺理论与批评》2016年第2期，第14页。

作范式的刺激以及知识分子通过文学介入现实的强烈意愿，是推动这一事件产生的最重要的内驱力。

（一）对原有文学史著作的不满。这里的文学史著作具体指以毛泽东《新民主主义论》为理论预设的文学史叙述。包括二十世纪五十年代王瑶的《中国新文学史稿》，丁易的《中国现代文学史略》、刘绶松的《中国新文学史初稿》等，虽然这些文学史各有特点，各有侧重，“丁本最具苏联‘普罗’风格，刘本最是‘左’得可以，王本史料感比较强”。[①]还有一本一定要提的是唐弢主编的《中国现代文学史》。这是一本严格意义上的官修文学史，“为了编好这部教材，国家投入力量之大，是迄今为止无以超越，会不会是绝后的，也难说。只就人员而言，编写组集中了当时这一学科最有权威的学者……在国内，恐怕很难再组成第二个这样的编写组了”。[②]这部文学史自一九六一年开始编写，一九七九年由唐弢主编的《中国现代文学史》第一卷第二卷出版，一九八〇年唐弢和严家炎主编的第三卷出版。从一九六一年到一九八〇年，前后历时达二十年之久。对照这一时期整个中国社会的风风雨雨，不难想象这部文学史从编写到形成所经历的风波曲折，“一方面它是六十年代各种力量较量，互相‘改写’的产物；另一方面，如黄修己所判断的，它又是对前三十年的新文学史著作（王瑶、丁易、刘绶松）的一种总结；最后，因为出版于八十年代，它又加入了新的历史条件下对六十年代的修改”。[③]

在这些文学史著作中，尤其是王本和唐本优点明显：前者努力实现“文学史叙述的历史性与艺术性的统一”，后者“在意识形态的支配下最大可能实现了文学史叙述的丰富与扎实”；但“都是以毛泽东的‘新民主主义’理论完成文学史的叙述”，[④]所以缺点也很明显。更严重的是八十年代初文学史书写虽然力图摆脱政治化书写的影响，但“政治判断加上英雄排座次的章回体文学史模式”（刘再复语）并没有太大改观。“二十世纪八十年代以前，中国现代文学史的书写主要有一九四九年以前的个人化的文学史叙事和一九四九年以后的政治化、

① 王少杰、陆维天：《关于重写中国现代文学史的几点思考》，《新疆大学学报》（哲学社会科学）1989年第4期，第56页。

② 黄修己：《中国新文学编撰史》，第201页，北京：北京大学出版社，1995。

③ 杨庆祥：《“重写”的限度——“重写文学史”的想象和实践》，第30—31页，北京：北京大学出版社，2011。

④⑤ 王本朝：《重写文学史：一段问题史》，《广东社会科学》2003年第5期，第67、66页。

权利化的文学史”，[⑤]上面的几个版本的文学史尤其是王本和唐本，均作为教材在高校广泛使用。当政治化、权利化的文学史作为教材在高校中使用，一方面这类教科书叙事体式的文学史无论是在出版发行、经费保障，还是占据高校教学阵地所带来的社会影响力方面，拥有与一般个体化叙事文学史所不可比拟的优势，教科书体式的文学史的写史模式和经典作家的排序更是经由学校而到社会产生重大影响。在强调个性，强调创新的八十年代初，在西方各种思想理论输入的语境中如何运用个体化/个性化叙事让文学回归自身的努力成为当时很多从事高校教学研究的学者的自觉诉求。而教科书体式的文学史有两大特点影响阅读体验及教学研究需要：一是因为这类文学史为适合教学的需要更多传授的是常识而非个人见识，有广度而缺少深度；二是因为官修教科书承担意识形态宣教功能，为了突出这一功能往往不惜对文学史裁剪，于是弱化了文学史的文学性而强化了其政治性。这两点都与当时知识分子挣脱政治束缚，寻求个性化表达的时代需求格格不入。所以八十年代的重写文学史“主要反拨50年代以来文学史知识的政治伦理叙事、追求文学史知识的审美还原”。[①]

（二）另一种文学史写作范式的刺激/诱惑。这种写作范式以夏志清的《中国现代小说史》为代表。夏志清的这本小说史版本众多。英文有三个版本：《中国现代小说史（一九一七～一九五七）》，一九六一年美国耶鲁大学出版社出版。《中国现代小说史》第二版，一九七一年耶鲁大学出版社再版，这是一个增删版。与第一版相比新增再版序、增添结尾一章《一九五八年来中国大陆的文学》，增补两篇附录一篇《现代中国文学感时忧国的精神》，一篇《评姜贵的<旋风>》；删掉夏济安所作“台湾文学”这一章，删去第一版副标题“一九一七～一九五七”。第三版由美国印第安纳大学出版社一九九九年出版，增加王德威的导读《重读夏志清教授<中国现代小说史>》和一篇以姜贵、余光中、白先勇三人为代表的一九四九至一九七五年台湾文学成就的论文为附录。中译繁体字有多个版本。一九七九年七月香港友联出版社出版。由刘绍铭、李欧梵、水晶、夏济安等十五人合译。一九七九年九月台湾传记文学出版社初版。一九八五年十一月台湾传记文学出版社再版精装本。一九九一年十一月台湾传记出版社再版平装本。二〇〇一年香港中文大学出版社再版。中译简体版二〇〇五年由复旦大学出版社出版。在众多版本中，英文版的一九七九年版本尤为重要，

① 王本朝：《重写文学史：一段问题史》，《广东社会科学》2003年第5期，第66页。

一九七九年香港友联出版的中译繁体本以此为底本，略有删减。增加的部分中，刘绍铭写的《经典之作——夏志清著〈中国现代小说史〉中译本引言》，将《中国现代小说史》与中国大陆五十年代出版的三部“代表性”的中国现代文学史著作，即王瑶的《中国新文学史稿》、丁易的《中国现代文学史略》以及刘绶松的《中国新文学史初稿》“作了简要而有趣的比较”。[①]

夏志清这本文学史，具体何时进入大陆研究者阅读视野时间不详，但在二十世纪八十年代初就开始在大陆悄悄流行，并引起巨大反响却是事实。很多参与“重写文学史”事件的学者都提到这本书对他们的影响。

温儒敏这样讲述这本书对他研究的影响：“记得一九七九年，那是我还在读研究生，看到美国汉学家夏志清的英文版《现代中国小说史》，在我们习见的文学史之外第一次发现很不相同的另一种模式。在该书的引导下，我找张爱玲、钱锺书、沈从文、废名等被遗忘的作家作品来看，大大拓展了眼界，也冲击了自己原有比较沉闷的思维研究”。[②]钱理群在一次谈话中直接谈到这本书和另外一本“外来”文学史对他现代文学研究的影响。“夏志清对我的启发主要是他对几个作家的发现，一个是张爱玲，一个是师陀，还有端木蕻良，因为我认为一个文学史家的功力主要在于发现作家，所以印象很深，但是当时我总的看法是他的反共意识太强，而且我不认为他的整个框架和思路有什么新的东西。司马长风的艺术感觉非常好，这对我有影响，我对周作人的研究就受到了他的影响。当时我们接触到的海外学者主要就是他们两个，他们的著作都是个人著述，而我们当时都是教科书，好像是吹来了一股新鲜之风，这也是一种影响”。[③]陈子善也曾谈及这本书带给他的震撼：“夏志清先生的《中国现代小说史》繁体字中译本（香港版），我早在书出版的第二年，也即一九八〇年就已读到了，那是香港作家林真先生的馈赠，我至今感激他。说老实话，读后所受的震撼委实不小，因为它与我当时所读过的几种作为教科书的中国现代文学史著作太不一样了。记得当时此书还是偷偷流传，想读的同仁还真不少，后来写出《郁达

---

① 关于《中国现代小说史》版本的论述参考了陈子善《增删之间——略说〈中国现代小说史〉简体字本》，陈子善：《探幽途中》，第 119—126 页，长沙：湖南教育出版社，2007。

② 温儒敏：《文学研究中的“汉学心态”》，《文艺争鸣》2007 年第 7 期。

③ 钱理群、杨庆祥：《“20 世纪中国文学”和 80 年代的现代文学研究——钱理群访谈录》，杨庆祥：《“重写”的限度——“重写文学史”的想象和实践》，第 181 页，北京：北京大学出版社，2011。

夫新论》的许子东兄就向我借阅过，还约定三天之内一定归还，那种神秘兮兮的情景我一直记忆犹新。”①

夏志清曾经在一九八三年六月到访复旦大学，与贾植芳有过见面。所以我们有理由相信作为贾植芳弟子的陈思和也应该对这本书有所了解。贾植芳在其《早春三年日记》中记载一九八三年十二月二十四日，贾植芳阅读何满子送他的夏的小说史。一九八三年六月二十九日，贾植芳负责接待来访的夏志清夫妇。因为政治原因，既未留影，也未赏饭。前面我们提到上海华东师大的陈子善对夏小说史的阅读体验，以及许子东对此书的传阅，我们有理由相信，重写文学史另一个参与人王晓明也应该不可能不关注此书。

这本书的影响力不仅局限于学者圈，影响力大到《文艺报》专门组织人员批评这部小说史。袁良骏这样写道：“二十多年前，《文艺报》在京召开‘现代文学研究座谈会’，与会者除唐弢、王瑶等前辈学者外，中年学者计二十余人。会议的基调是批评夏志清先生的《中国现代小说史》，会议纪要后来刊于《文艺报》一九八三年第七期。”“一九七九年夏，在拜读了夏志清先生的《中国现代小说史》中译本……在海外资料比较缺乏的情况下，夏先生这本二十年前的旧作还是难能可贵的。加之著者学贯中西，能透过世界现代文学发展的潮流来评价作家作品并观察中国现代文学的发展变化，也的确提出了一些很有参考价值的简介和论断……但是众所周知，无论是对中国革命、中国社会、中国文学还是对具体的作家作品、著者都有很多偏见，而这些偏见严重伤害了这部学术著作”。②这一段文字袁良骏对于夏志清这部小说史给出了较中肯的评价，一本未在大陆公开出版的《中国现代小说史》居然引起如此大的关注，足见其对传统现代文学史写作模式的冲击，之所以引发如此强烈的反响，倒不是因为这本小说史真的有太多耳目一新的发见。更多是其文学史写作中的个性化色彩，对于浸淫政治化文学史模式多年的学者读到这种充满“偏见”的个性化表述无疑对他们是巨大的冲击力和诱惑力。这种冲击一方面让他们在作家作品的解读中多了一种参照系，一方面也刺激他们对这种充满个性化文学史叙事范式的模仿。

（三）知识分子通过重写介入现实的冲动。这种重写的冲动基于 80 年代知

① 陈子善：《我所见到的夏志清先生》，陈子善：《素描》，第 98 页，济南：山东画报出版社，2007。

② 袁良骏：《重评夏志清的〈中国现代小说史〉》，《粤海风》2007 年第 3 期。

识分子浓烈的介入现实意识，他们要通过重写这一方式介入现实。他们希冀通过专业的知识能为这个迎来新生的社会做点什么。陈思和这样描述这帮积极推动参与这一事件的学人的行为动机："这些年轻的学者，几乎没有人是单纯地为学术而研究的，他们都是从实难中挣扎出来，带着'文革'留在肉体和心灵上的伤痕，把眼睛盯住了属于他们经验以外的方面。他们如饥似渴地探求一切新的知识、新的学术，企图用新的理论信念来平衡他们已经失去了原有理论支持的心理，他们通过文学史的回复和反省，企图悟出一条中国知识分子为什么老是演出悲剧的道理来。而在这个时候的现代文学学科，他们感到特别亲近……唯有现代文学领域，在时间和空间上都为这批学者提供了一片任意驰骋的处女地。"[①]就陈思和本人来说，也以五四知识分子对现实的介入来自觉定位自己的：五四知识分子凭专业知识职业批判社会、推动社会进步的光辉历史激励着八十年代的知识分子， 五四"就创造出了一个新的知识分子群体，这个群体就凭他的知识、凭他的社会上的一个职业，他就对这个社会有力量说话，能够批判这个社会，能推动这个社会的进步" 。[②]现实的需求，即使是假想的现实也有着纯学术不可比拟的驱动力，即使这会导致跑偏，但谁来得及仔细思考呢？即便陈平原也是在多年以后才有冷静反思："八十年代的学人，因急于影响社会进程，多少养成了'借经术文饰政论'的习惯……换句话说，表面上在讨论学术问题，其实在做政论，真正的意图在当代中国政治。这一方面体现了我们的现实关怀，但另一方面，也会导致专业研究中习惯性的曲解和挪用。"[③]曲解也罢，挪用也好，这股冲动足够他们投入这样轰轰烈烈的运动，并在中国文学史上写下重要一笔。

二　刘再复在重写文学史事件中的"缺席"

纵观八十年代轰轰烈烈的"重写文学史"运动，作为"潮流中人"的刘再

---

① 陈思和：《关于"重写文学史"》，《笔走龙蛇》，第111—112页，济南：山东友谊出版社，1997。

② 杨庆祥、陈思和：《知识分子精神与"重写文学史"——陈思和访谈录》，第225页，北京：北京大学出版社，2011。

③ 查建英：《八十年代访谈录·陈平原》，第138—139页，北京：生活·读书·新知三联书店，2006 。

复并未直接投身其中，不仅未对一九八五年“二十世纪中国文学”、“整体文学观”的提法发一言，也未对当时引起争议的重评文章给出肯定或否定的意见，更未参加一九八八年十一月十四日由《上海文论》编辑部为了扩大刊物影响而北上召开的“重写文学史”的研讨会。而根据《上海文论》时任编辑毛时安的回忆，这个会议规模很大，王瑶、谢冕、何西来、吴泰昌、樊骏、钱理群、王富仁、黄子平、陈平原、赵园等均参加了研讨。在这个会议召开之前，毛时安曾经专门去请过刘再复。“记得去刘再复家是晚上，天黑得很厉害，十一月的北京已经很冷，感觉夜空很高远稀朗，颇有点‘月黑风高夜’的味道。那时正是‘三刘’（刘再复、刘心武、刘湛秋）‘火’的时候。他们都住大北窑那儿，刘好像住一楼，家里挺暗。带着点福建口音，人很客气。”[①]刘再复究竟为何多次“缺席”？也许可以通过对刘再复在一九八五到一九八九年六月，尤其是一九八八到一九八九年六月这段时间其文学踪迹的梳理，来发现其中端倪。

这段时间，刘再复的主要文学活动可以总结为三手抓。一方面积极利用文学研究所所长身份推动文艺发展；一方面笔耕不辍进行性格论、文学主体论、国民性反思的理论建构；一方面积极关注文学界、文论界的新动向进行总结并引导。为了更清晰理解，我们不妨对这三方面的事务简单罗列。

（一）一九八四年十月在刘再复在不知情的情况下当选为文学所所长，一九八五年在所长就职典礼上提出“学术自由、学术个性、学术尊严、学术美德”领导方针，“努力开辟一个以学术为主导的研究所格局”。[②]一九八六年一月二十一日，文学所召开俞平伯先生从事学术活动六十五周年，诞辰八十五周年会议，会议向全国各地发出四百多封邀请函，还特别邀请到俞平伯、钱锺书、胡绳等出席会议。这个会议是刘再复任所长以后做的第一件大事。[③]一九八六年九月七日到十二日主持以中国社会科学院文研所名义召开的全国性大型学术研讨会《新时期文学十年》，参会并发言的人员名单阵容强大：钱锺书、张光年、陈荒煤、王蒙、李泽厚、范伯群、李陀、杨义、杨匡汉、吴泰昌等。一九八八年七月十六日，响应中央为胡风平反的通知，文学研究所和《文学评论》编辑

① 杨庆祥：《“重写”的限度——“重写文学史”的想象和实践》，北京大学出版社，2011年，第30—31页。

② 刘再复、黄平：《回望八十年代——刘再复访谈录》，《现代中文学刊》2010年第5期。

③ 刘锋杰、李春红：《刘再复学术年谱（上）》，《东吴学术》2015年第1期，第118页。

部召开“关于胡风文艺思想的反思”座谈会。会上刘再复指出胡风问题“是我国社会主义文艺运动的一个重大问题”，解决这一问题，有助于为“我国文学艺术的发展创造更好的人文环境”。[①]是否因为这些对文学大事的分神，而未来得及对于“重写文学史”这一相对小事件的关注，这确实也是一个可以成立的理由。

（二）一九八八年前后刘再复在理论建构方面的努力毋庸多言。性格论系列文章：一九八四年《论人物性格的二重组合原理》、一九八五年发表《两级心理对位效应和文学的人性深度——关于“人物性格二重组合原理”心理依据的探讨》、一九八六年发表《艰难的课题——写在 < 性格组合论 > 出版之前》、一九八六年发表《广义情欲论——性格二重组合的心理动力》。一九八六年七月《性格组合论》著作出版。在建构“性格论”的同时，将目光转向主体性的思考，建构文学主体性理论，“有意识地引导文论界进一步地解放思想，消除反映论的影响，为文学批评开拓更大空间”。[②]在《文学评论》一九八五年第六期和一九八六年第一期发表《论文学主体性》，引发激烈讨论。除此之外还集中反思国民性话题。仅一九八八年一年就发表论文数篇，包括《近现代批判理性的成长》《传统道德的困境——“五四”新文化运动对传统道德的反思》《中国传统文化与“阿 Q 模式”》《“五四”文化革命与人的现代化》等，出版著作两部：《论中国文化对人的设计》《传统与中国人》。理论的建构要花费大量的时间与精力，而由理论建构带来的争论、困惑、压力，当然也可以作为未直接介入这一事件的理由。

（三）有意识对新时期文学创作、文论研究进行总结、引导。积极关注文学领域出现的新动向并加以总结，一九八五年在《读书》杂志连发两篇长文《文学研究思维空间的拓展——近年来我国文学研究的若干发展动态》，一九八七年发表《近年来我国文学评论界的三次变革热潮》，一九八八年论文《八十年代文学批评的文体革命》等。除此以外还积极推动中外文学 / 文化交流，有意识把中国文学推向国际。一九八八年十二月被邀请赴瑞典参加诺贝尔颁奖仪式。“参加这次颁奖仪式之后，一种使命感开始在我心中觉醒：我应当履行一个中国文学研究者的责任，好好推荐祖国的几位诗人与作家。不管是谁，不管他是身处

① 李春红、刘锋杰：《刘再复学术年谱（中）》，《东吴学术》2015 年第 2 期，第 110 页。
② 刘锋杰、李春红：《刘再复学术年谱（上）》，《东吴学术》2015 年第 1 期，第 116 页。

大陆还是身处台湾或香港，只要他们确实高擎着人类光明的火炬，而且具有不同凡响的创造业绩，我都应当作他们的马前卒，为他们摇旗呐喊”。[①]一九八八年三月发表《近十年的中国文学精神和文学道路——为即将在法国出版的〈众多当代作家作品选〉所作的序言》。一九八九年三月、四月、五月，应中美学术交流协会邀请，到美国作学术访问。先后在哥伦比亚大学、哈佛大学、芝加哥大学、斯坦福大学、加州（圣地亚哥分校）作学术演讲。

在罗列了这么多的刘再复在“重写文学史”平行时间段内所做的众多事务，也许可以将刘再复未参与到“重写文学史”运动之中的理由归结为事务繁忙，无暇顾及。但这样的结论显然不能作为全部的理由，而只能是理由之一。我觉得更重要的原因在于以下几个方面。

首先，刘再复在这段时间内对中国文学的态度与“重写文学史”事件参与者的态度存在根本的区别。在这一段时间，刘再复的研究重心在“立”而不在“破”，无论是为重要文学人物的平反还是理论的建构还是对文学新动向的关注、总结，他对文学的态度是建设的而不是破坏的，是建构的而不是解构的，所以对于“重写文学史”事件表现出来的狂飙突进的势头持审慎的态度。

其次，步调不一致。八十年代的刘再复是带着启蒙情结从事文学的，通过性格论到文学主体论到反思国民性，已经基本实现从文学作品中的人到文学创作者、研究者到现代化更需要的人的成功转换，他站在一个更高的高度思考文学对现实的介入。而与之相比，“重写文学史”的践行者们显然才在第一阶段或第二阶段踟蹰，因为二者步调上的不一致，可能使得刘再复对这话题兴趣不足。

最后，文学研究所所长身份及其在学界的影响力也让他对这个结果未明的运动持审慎的态度，不轻易用肯定或否定来对之做出鲜明的表态。例如同样对姚雪垠《李自成》的评价，刘再复在指出《李自成》第一卷较好，后来写得粗糙后，引发姚雪垠强烈反应，指控刘再复文章犯有“侮辱与诽谤罪”。由《李自成》评价所带来的连锁效应也算得上是一九八八年学界的一桩事件了。而作为学者的章培恒对《李自成》做出颇为“尖刻”的评价，倒也风平浪静：姚雪垠虽然力图使《李自成》成为真实的历史画卷，但在我看来，其结果，却往往是真中见假。正如鲁迅先生早就指出的：真中见假就会导致读者的幻灭感。而这种幻灭感也正是我在读《李自成》时所经常产生的。因此，尽管姚先生在写

---

① 刘再复：《百年诺贝尔奖和中国作家的缺席》，《北京文学》1999年第8期，第7页。

作过程中“常常被自己构思的情节感动得热泪纵横和哽咽”，但我始终感动不起来。[①]

三 刘再复对重写文学史事件的推动

虽然刘再复没有直接参与到“重写文学史”事件，但实际上早在一九八五年刘再复就已经有过关于文学史重写的想法：“我们解放后已经形成的文学研究成果，特别是文学史和文学概论的著作，已经形成两个参照系统：一是政治斗争编年史的参照系统；二是作家政治履历参照系统。在这两个参照系统的制约下，我们才进入作品的评价。这样对作品的评价和作家在整个文学史的地位在很大程度上就被这两个参照系统所决定……把文学史变成政治斗争史的文学版，文学变成政治母系统中的一个子系统，政治与文学变成一种线性因果关系。”“通过参照系统的新开拓，我们将编写出新的外国语中国的古代、现代、当代文学史，改变那种把文学观念作为经济政治发展的附生物的研究方法，而把文学当成人类历史发展的自我肯定手段。”[②]

另外，虽然没有参加《上海文论》一九八八年十一月十四日在北京召开的“重写文学史”研讨会，但一九八八年十月份他在第二届“中国现代文学研究创新会”上的发言却间接对“重写文学史”讨论给出回应：提出要“重写文学史”，这也是实现研究个性的一种要求。我想，每一个人对于历史，都有重写权。事实上，每一个人都在重新解释历史。就像文学理论家一样，每一个人都要重新界定文学的定义。如果不是这样，而是原封不动地重复和注释前人的旧结论，那就失去研究的意义。但是，我觉得与其说“重写”，不如说“改写”或“另写”更贴切。因为“改写”、“另写”包含着对已有的研究成果的尊重。业已问世的文学史书，都有作为一元存在的权利，我们新写的文学史书，不是无视原有的文学史书。过去的文学史书，已纳入我们的视野之内，这就成了我们思考、改写、另写的基础。即使是完全推翻它，这“推翻”也是一种联系。[③]从这段话里其实

---

① 章培恒：《金庸武侠小说与姚雪垠的〈李自成〉》，刘起林主编《文学“马拉松”〈李自成〉出版五十年研究文学选》，第 391 页，北京：中国青年出版社，2013。

② 刘再复：《文学研究应以人为思维中心》，《文汇报》1985 年 7 月 8 日。

③ 刘再复：《强化现代文学研究的学术个性》，《人民日报》1988 年 11 月 22 日。

是可以清楚看出刘再复对于当时热烈的“重写”运动的理性态度，希望用一种更冷静的态度对待业已存在的文学史书，而不是彻底抛弃另起炉灶。

其实即使没有这样的间接的参与，刘再复八十年代的文学活动也在事实上对“重写文学史”事件以及由事件向运动的转化有着“推波助澜”之功。且不论八十年代他担任文学所长期间为文研所开辟学术主导的自觉意识，也不论为文学、文论界摆脱政治桎梏的自觉启蒙意识，仅仅是他的性格论和对主体文学观的倡导，就已经为“重写文学史”由事件到运动到后来影响深远的文学史思潮的转变立下功勋。

杨庆祥认为刘再复性格论通过将现代文学纳入“世界文学”这一空间里面予以讨论和定位，利用一组二元对立的概念（个人/集体、内宇宙/外宇宙、精神性/实践性）把中国现代文学从“社会主义传统”里面置换出来，并将其命名为“艺术本性的失落与复归激烈斗争的历史”。[①]刘再复的性格论“无论是话语的新颖，还是人文主义的温情，或者是学术界的热烈讨论……在一个缺乏心理学、缺乏对于人理解的年代里，不仅是为学术界，也是为大众提供了一本独特的性格心理学读本——一本了解人的性格的入门书，所以它才产生了巨大的反响，才产生了巨大作用”。[②]

而主体性理论的影响则更加明显。王晓明承认在“重写文学史”背后有一个“主体性”问题，刘再复的“主体性”。[③]关键是经过八十年代学界对于主体性理论的激烈讨论，实现了话语格局的转变，“某种意义上，有关文学主体性理论的论争，或许可以被视为‘新时期’话语转型的一次事件或一个象征，因为他以一种看似突兀的方式改变了八十年代前期的话语格局，显示出马克思主义作为一种理论/话语的疆界被跨越，并不如人们曾经想象的那样艰难。或许，也正是在这一知识界的事件中，‘老左派’不再如八十年代前期那样具有威慑力，而呈现出某种漫画式的滑稽色彩，并且第一次显出‘虚弱’”。[④]就《上海文论》引起“重写文学史”专栏前几期对赵树理现象、柳青现象、丁玲等人的重评来说，

---

① 杨庆祥：《“重写”的限度——“重写文学史”的想象和实践》，第90页，北京：北京大学出版社，2011。

② 李春红：《刘再复“启蒙文论”研究》，博士论文，第57页。

③ 见王晓明与杨庆祥对话《历史视野中的“重写文学史”》，《南方文坛》2009年第3期。

④ 贺桂梅：《“新启蒙”知识档案》，第106页，北京：北京大学出版社，2010。

虽然批评的重心有差异，但话语模式其实都离不开作家顺从政治放弃作家主体性，文学创作失去个性，因为创作主体性的缺失导致作品个性的丧失类似结论，而在这些结论背后其实让我们看到了主体性理论的深入人心。这些论文“似乎是以各自的方式不约而同地‘演练’主体性理论，同时向其致敬一般，这不能视为巧合或偶然，只能说明‘主体性’理论在当时对人文学科特别是文艺领域的知识分子产生了很大影响”，“主体性理论在知识界之所以反响能够如此强烈，如此深得人心，正是由于这种理论隐晦而又恰切表达了处于上升阶段的知识分子的自我期许”。[①]（未完待续）

---

① 陈越：《“审美性”的偏至与“主体性”的虚妄——关于“重写文学史”的在思考》，《文艺理论与批评》2016 年第 2 期，第 18 页。

贾平凹、仁及小说阅读[①]

[美] 欧阳桢　著　杨慧仪　译

沈从文的中篇小说《边城》有这样一个段落：

一个本地的老实年轻人问船夫："别人家全说我们这个地方风水好，出大人，

【作者简介】

欧阳桢，国际知名翻译家和文化学者，印第安纳大学、岭南大学教授，二〇一二年印第安纳大学亚洲校友会杰出亚太裔校友奖得主，著有《透明的眼睛：翻译、中国文学和比较诗学思考录》（一九九三），《多彩之衣：关于一之少数对多样性霸权的思辨》（一九九五），《借来的羽毛：翻译论辩》（二〇〇三），《双面镜：对全球化的跨文化研究》（二〇〇七）等。

【译者简介】

杨慧仪（Jessica Yeung），香港大学文学学士（翻译）、哲学硕士（比较文学），伦敦 Middlesex University 哲学博士（表演艺术）。曾任香港大学比较文学系导师、香港大学专业及持续进修学院戏剧课程兼职讲师及课程设计、Middlesex University 视觉及表演艺术学院跨文化戏剧硕士课程兼职讲师。二〇一三年加入香港浸会大学文学院英文系翻译课程，曾任助理教授、翻译学研究中心副主任、翻译及双语写作硕士课程主任，现任翻译课程副教授、博士生导师。代表作品有《高行健的作品作为文化翻译》《张承志的〈黑骏马〉英译》《贾平凹的〈带灯〉英译》《万玛才旦的小说、电影与翻译》等。

---

① 本文首读于 2015 年 10 月 29 日香港浸会大学"地域与文学：贾平凹文学作品国际学术研讨会上"。

不知为甚么原因，如今还不出大人？” 船夫回答说：“你是不是说风水好应出有大名头的人。我以为，这种人不生在我们这个小地方也不碍事。我们有聪明，正直，勇敢，耐劳的年轻人，就够了。”

戴乃迭的英译是：

“……Outsiders say there’s something about our district [①] that produces outstanding men. Why have we none now?” “Men who make a name? I don’t care if we have none of those. We’ve intelligent, honest, brave, hard-working youngsters— that’s good enough for me……” [第 47 页]

中文原文有个微妙的意义区别，英译没有翻译出来，就是“大人”与“有大名头的人”之间的分别，而船夫认为，能出“大人”，“就够了”。本文讨论的，就是“大人”和“有大名头的人”之别。的确，船夫表面是说他们那里出不了有大名头的人（英文我会翻译“Big Shots”），“我们有聪明，正直，勇敢，耐劳的年轻人，就够了”。我认为贾平凹的小说里，尤其是在他的得奖小说《浮躁》里探讨的，那些功成名就是“有大名头的人”和不过是“大人”之间的分别。戴乃迭对“大人”这重要概念译成“outstanding people”（突出优秀的人），其实并没有把“大人”言内之意充分表达。“大人”在中文的意思，与“小人”相对；在现实世界，“小人”总远比“大人”多，这可能使戴乃迭把“大人”翻译成“outstanding people”变得可以接受，因为“大人”的确就是胸怀广阔的人，他们不自私，不多欲，不求己益，不计较各人得失，他们的世界观不囿于个人观点范围之内，《浮躁》里的小水就是这样的一个“大人”（我建议小水的名字可翻译为 Brook）。小说里小水面对情敌，要失去家乡最受欢迎的男子金狗，她并没有沉湎于自利的嫉妒情绪里，反而更愿意体谅情敌英英的心情。金狗与英英订婚后，对小水念念不忘，对英英却非常冷淡，英英去见小水，小水心里这

---

① 我认为戴乃迭把“风水”翻译为“something about our district”（我们这地方的一些什么），比 Jeffrey Kinkley 另一个译本里直译“feng shui” 好多了，因为英语里“feng shui” 一词已经变得非常技术性又新潮；而沈从文这里的用法，重点并非这地方的地理情况，而是这地方本身。

样想：

她气恨英英这样威逼她，作践她，但突然间她意识到了英英之所以是英英，全在于无所顾忌，落到这种地步不是金狗抛弃了她小水，是她小水失掉了金狗啊！她眼红着英英，也佩服起英英，为自己的软弱和胆怯而心情沉痛。可她万没想到现在的英英却也遇到这种处境，她倒喃喃地说了一句："英英也够伤心的。"[第 158 页]

在贾平凹笔下，这话是小水"喃喃地"、以类似内心独白的形式说出，表示小水并不是以这样的感思来争取社会赞誉，而是一个大方、心胸慷慨的人那样真诚且没心计的观点，是一个"大人"的表现。（的确，一般人不一定察觉，女人也绝对可以是大人。）

小水明显很喜欢金狗，她静静地听他说话：

觉得金狗比她想得更深更开，突然间倒感到金狗是一个极聪明极有心劲的人，他表面上似乎随随便便，漫不经心，其实他把什么都看到了，想到了，是一个真正的男人！[第 111 页]

正是一般平民那漫不经心、随随便便的态度，让那些社会"贤达"以为他们缺乏智慧。可是，事实上他们对事情非常警觉，看法也很有道理，金狗"把什么都看到了，想到了"，就像一个"大人"该有的智慧，却异于那些"有大名头的人"，金狗把自己的智慧隐藏：他的样子像个山村里的土包子，一点不像那些"有大名头的人"。

无可避免，"大人"一词必然引起对它的相反词"小人"的联想。在《论语》里，"小人"与"君子"相对，"君子"专指高等人，一般假设是男性。可是《浮躁》里金狗固然是个"大人"，却肯定不是个"君子"；小水也不是个"君子"。贾平凹在小说里探索的，是英雄人物的不同可能性，不需要饱读诗书，甚至不必要是男性，他笔下的"大人"仍然行"仁"道，却不是以一种"善意"或"道德"呈现，虽然他们的作为能成就"善意"和"道德"。在贾平凹这种对"仁者"形象的发展下，"仁"有了新的意义："仁"是个人时刻观注到自己与别人的关联，这些"别人"，也包括世上众多的"小人"。这样的"大人"并不以为自己与"小人”有别，也像他们追求野心利己地位权势，他们不仅不把自己有意别于“小人”，相反，他们看到自己与那些“小人”的共同之处，而这看到人类之间互相关联的视野，正是“仁”的中心。除了能够理解别人之外，仁者谦逊，因为他们自觉与别人有所关联，所以不认为自己高于任何人。

在贾平凹的小说中，没有纯粹的“好人”，也没有“纯粹”的“坏人”，[①] 人与人之间互相连结，意思也是没有人能避免“小人”的小气：仁者愿意与小人共处共事；小水说：世界上有好人，也有坏人。专拍马屁的蔡大安提出要加入金狗的船队，小水坚持说：“We can put his association with us to our own advantage as long as we don’t forget what kind of person he is.”（“让他来也有好处，当然他的为人咱心里清楚就是了。”）[第 433 页] 传统把“仁”作“善意”或“道德”的理解产生了一个问题，就是忽略了“仁”其实是人与人之间的关系的基本真理：我们每人都是因为两个人之间有了关联才出生的；我们的父母，每人也是因为另外两个人之间有了关联才出生的，这样算上去，我们祖上每一代祖先莫不如是。[②] 如果我们的祖先都是个体(大概不可能得)，那么，三十六代之前(上算北宋年间)，我们可能有 1073741824(北宋时代世界估计人口只有三点二亿)个祖先之多！“仁”异于人为的（且缺乏基础的）“善意”或“道德”，“仁”是不容置疑的事实，明白“仁”，即明白人与人之间互相关联，可以引发多样结果，成就“善意”只是其中一种，还可以成就“慈悲”、“推己及人”、“大我无私”等。（仁的观念提醒我们要记得人类都是亲人。中文不是指名“其他的人”、“大家”？）

里雅各把孟子语“仁者无敌”翻译为“The benevolent has no enemy”（善意之人没有敌人），显示他对此一概念缺乏准确的把握，“善意之人没有敌人”

① 葛浩文在他的英译本里加了一句：“The Gongs and Tians were good people, too, until they became officials.”[第 502 页] 意指“巩家和田家在当官之前，本来也是好人”。虽然这句并不违背小说整体意思，但的确在原文里是没有的。[第 434 页]。

② 里雅各在《孟子》第一章末段把“仁者无敌 ”翻译成“The benevolent has no enemy”[The Mencius, 第一册，第五、六章，里雅各译，第 446 页]，这是很糟的翻译。英语版读起来是“善意之人没有敌人”，这样的断语不仅显得多余，而且不对。“善意”有很多敌对力量，包括贪婪、野心、自利、权力欲等。刘殿爵似乎意识到这问题，在“敌”字的翻译上动手脚，以“match”（对手）代替里雅各用的“enemy”（敌人），译作“The benevolent man has no match”（善意之人没有对手）[第 8 页]。可是，他仍然把“仁”译作“benevolent”（善意之人）；结果，这句话的真确度并不高，而且读来有点无关痛痒。

这话大错特错，“善意”的敌对力量无处不在。“仁者无敌”一语千真万确，唯一的原因就是“仁”应该理解为人与人之间的关联。俗语说：四海之内皆兄弟，如果每个人都是“人”这家庭的一份子，便没有人不是家里人，那么，就没有人是敌人。“仁”这概念一个较少人认知的方面，就是如果人与其他所有人都有所关联，那么，人就不能分成好人或坏人，因为如果我们每个人都参与到“人”之中，那么，没有人能把自己与人性中的任何东西隔异开去，正如二世纪罗马戏剧家 Terence 说的：“Homo sum: humani nil a me alienum puto.”（我是人，人性里没有东西是与我隔异的。）因此，孟子强调只有“仁”能让统治者有效管治：“尧舜之仁不遍爱人，急亲贤也。”他们的“仁”不左右于个人情感，公正不偏，最亲于贤。[①]《孟子》里的“仁”是人类存在的真相，不是想象出来的抽象道德概念，可见于“仁之实，事亲是也”一语，现实中的“仁”就是孝顺父母，这并非善意道德的训练，而是对“仁”的认知，个人认知到对给予自己生命那两个人的亏欠。[②]善意之人一般无法有效治国，因为他们常假设别人都跟自己一样行善意，可是——呜呼哀哉！——世事并不如此。相反，一个人如果认知到人与人之间有所关联这基本真理，这认知就可以帮助他与各式人种建立关联，这样的人，便是治国的最佳人才。这观点以伦理上的真理为基础，无论是儒家或基督教理，均有所阐述；儒家的说法比较负面：“己所不欲，勿施于人”；基督教的说法比较正面：“你们愿意人怎样待你们，你们也要怎样待人”；正因如此，“恕”是儒家一个重要的概念。

我所知道对“仁”这概念最好的说明的文本，却不是中文文本，而是十七世纪英国牧师诗人约翰·多恩，他著名的《沉思》第十七章里说：

人非孤岛
独绝而立
个人乃大陆之一块
整体之一部

---

① 《尽心上》：参考 http://ctext.org/mengzi/jin-xin-i#n1806]。

② 里雅各把此语翻译成简单的断语：“The richest fruit of benevolence is this: the service of one's parents.”（善意结出最丰富的果实就是：侍奉父母。）这翻译极尽花巧的能事却不着边际。

死亡降于他人而损于我
因我参与在人类之中
故勿问丧钟为谁鸣
其为你鸣

贾平凹在一九八五年发表的一篇小说《蒿子梅》[①]的作者注释里提供了很有趣的说明，无论他说的是真话还是反讽调侃，反正他觉得这有写下来的价值：

这是一个真实的人物和曾经发生的真实故事。但她却已经死了，死了三年啦！她的队友曾五次给一家报社去信，要求报道她，宣传她，树一个典型。报社先后有三个记者来采访，结果皆摇头了，说她生前并没有作出什么了不起的事迹，死也死得极不壮烈，够不上见报的标准。今年冬天，我偶尔的机会去到那里，她的队友得知我是作家，就又缠住我要写她，几乎是苦苦哀求了。一了解，她确实太平凡了，但当我在这六十三个男人中间生活了两天，设身处地作为第六十四个男人的时候，我深深地被她感动了，我不能不写她。但我告诉她的队友们：因为我是作家，不管怎样真真实实地来写，那些过惯大城市优裕生活的男读者或女读者们，一定会认为我又在虚构一个多么荒唐的故事。那六十三个男人说：可你毕竟把她写出来了！不管别人怎么看，你一定要想办法把它公开发表，世上总会有人信的。我只好遵命。

这“作者序”说明很多事情。首先，贾平凹认为需要把它加到小说里；第二，它说明作者（或这人物）对“那些过惯大城市优裕生活的男读者或女读者们”的看法，或对他想象他读者中占大多数那些人的看法。然而，重要的在于贾平凹并不争执那拒绝跟进这故事的“五间报社”和“三个记者”，正如他自己说的，他感觉故事的主角“确实太平凡了”。此外，根据这“作者序”，他是受到六十三个“队友”诚恳苦求，才跟进这故事，而他在跟他们“生活了两天”后，他便下定决心，把这个人物写好。贾平凹在一篇题为《夜籁》[②]的散文里写道：“天下最劳心者，文人。”[③]这文章的翻译虽然并非不对，但无可避免有些东西

① 《蒿子梅》有英译，载于 Chinese Literature，1987 年夏季号，第 3—16 页。

② Chinese Literature， 2000， 第 157 页。

③ 《贾平凹散文精选》，《夜籁》， p.322 。

没能在英译里传达出来；“心”字在中文指的既是胸怀（to avoid defining 心 with 心），也是头脑，“作家是最劳心的人”，如果就这样简单地理解，便会让贾平凹显得太感性了。其实他说的，是作家比别人更需要同时动心和动脑筋，动用“以同情心为基础的想象”；基于此，我认为贾平凹的作品包含了“恕”（我把“恕”翻译为“imaginative sympathy”，即以同情心为基础去想象别人的处境，而不采用常用但容易引起误解的“reciprocity”——即互为双向，因为这比“恕”抽象多了，同时把“恕”变得非个人化。另一个常见的翻译“forgiveness”——原谅——也不恰当，因为这又太主观、太个人化了。）贾平凹的小说都充满着一种“富创意的同理心”，文本的写法也引领着读者以这态度来理解小说的人物；这样的“恕”，或说是“以同情心为基础的想象”，是心灵与智慧的共同劳动。

一个好例子是《浮躁》里的主角金狗，他与本地党领导田中正的侄女英英发生了关系，在报考州城报馆当记者的事情上得到好处；又与石华发生婚外情，后来在危急关头，得到石华帮助，才免几乎将在他身上那出于政治原因的冤狱。他在适当时候又利用在河里救过田中正一命的事情（他拒绝不领此功是非常聪明的举动）；下棋故意输给东阳县一个干部，说服这人给他本地政治人物贪污的资料。这样的金狗，不完全表现出一个“善意之人”的样子，他善于操控人、懂计算，甚至有点狡猾；他对各色男女人物，都了如指掌。

金狗作为记者，“才明白问题并不是那么简单呀”。[第 177 页] 他得到本地贪官田中正的赏识，他对田一点好感都没有，却努力去把他摸透。田中正对金狗的赞赏，反映了金狗清楚田的性格，田对他说：有气派，干什么就得有这种派头！我暗中观察，田中正的看法是：你思想很敏锐，发言也有见地。是个人才！[第 105 页]

即使面对的“他者”（或说对方）是个自己很喜欢的好朋友如雷大空，金狗也显得有点客观。小水说：“大空这人风风火火的。心地倒善哩！”金狗同意说：“人当然是好人……”旁白说：却不再说下去了。[第 376 页] 早前，雷大空告诉金狗他捐了七万元“政治资本”给一所中学，金狗对这很有意见，但他“没有再问下去，他知道大空现在对他的话不是那么能听得入耳了”。[第 328 页] 对雷大空来说，政治与资本利益已经分不开，可是他没有明白资本利益可以为他带来政治利益，同时也可以被看作贪污。他的下场很不好，锒铛下狱，还在狱中被暗杀。金狗在悲痛的同时，仍没有放过扳倒田家的机会，报复他们谋杀大空的恶行。

无论我们怎样评价金狗的行为，总不能说他是个“善意之人”。他谨慎、世故、实际，但并不是一般意义上的“善意之人”。可是，在《浮躁》的结尾，是金狗当选成为县长，他似乎最有管治的能力，最能够与支持者建立关联，他行为的是“仁”之道。他理解别人，不视对方为“他者”，而把别人看作自己的一部分；孟子说的“仁者无敌”，正是这意思：一个人能以“富创意的同理心”对待别人，他便没有“他者”，因为他视人如己。

我认为贾平凹是小说创作的“仁者”，这里我把“仁”定义为“富创意的同理心”。贾平凹承继了中国最优秀的小说传统，这传统里，最致力于在文本里耕耘“富创意的同理心”的一部，要算是《红楼梦》了。贾平凹在《浮躁》里对这伟大小说致敬的方法，就是加入和尚的角色，其他人物都不把和尚认真看待，认为他不过是一个无所事事、陪小水的监护人韩文举喝酒的闲人而已。曹雪芹的《红楼梦》成为小说的一大突破，最重要的原因正是它充满有“富创意的同理心”，人物包括社会最上层和最下层的，以文言和白话相互动，精准地反映出这样的布局。贾平凹笔下的佛门和尚不难让读者联想起曹雪芹《红楼梦》第一章里的道士，霍克思形容他为“mangy Daoist monk”，[①]是神来之笔。道士那首表面上无稽的打油诗“好了歌 ”不仅说破了整部小说的哲理主题，更提供了对整个故事的一次简短综述：

世人都晓神仙好，惟有功名忘不了！古今将相在何方，荒冢一堆草没了。
世人都晓神仙好，只有金银忘不了！终朝只恨聚无多，及到多时眼闭了。
世人都晓神仙好，只有娇妻忘不了！君生日日说恩情，君死又随人去了。
世人都晓神仙好，只有儿孙忘不了！痴心父母古来多，孝顺儿孙谁见了。

(这打油诗非常著名，我也试试用提供一个口语化的译本：

Y’all know this: it’s dandy to be good,
But a good time is what we crave.
Where are the big shots of the past?
In a grassy plot， a piss-poor grave.

① 见霍克思翻译的《红楼梦》英文版。

Y'all know this: it's dandy to be good,
But filthy lucre is what we crave.
All day we gripe: there ain't enough!
But when there is — we're in the grave.

Y'all know this: it's dandy to be good,
But a pretty wench is what we crave.
She tells us she loves us every day;
But finds someone else who ain't so grave.

Y'all know this: it's dandy to be good,
Our kiddies' love is what we crave.
You'll find lots of dotty parents, over the years;
How many young'uns are asweepin' our grave?

贾平凹的和尚也有一段可以媲美的乱语，他大谈佛理中的“空”：

“空者，所谓内空，外空，内外空，有为空，无为空，无始空，性空，无所有空，第一义空，空空，大空。”[第 217 页]

这可看作“好了歌”的变调，在西方文学里，主题最接近的，莫过于塞缪尔·约翰逊的《人类欲望之虚幻》。在《浮躁》最后部分，贾平凹安排小水的监护人韩文举引用“好了歌”：“人人都说神仙好，可就是酒色财气忘不了。”[第 423 页]

阅读贾平凹小说的经验，与阅读《红楼梦》的经验非常相似，这种阅读经验，扩阔了我们“富创意的同理心”，加深了我们“仁”的意识，让我们更能够与本来好像跟我们截然不同、但与我们有共通人性的人建立关联。这看法可以引申到普遍阅读小说的效果：小说都在不同程度上包含“仁”道，因为阅读小说让我们了解不同的人物，跟别人建立认同。这不同的程度，则视乎小说给我们提供多少个视点，引导我们从不同角度看待事情，鼓励我们看到自己是与他人有着关联，明白我们都是人类大家庭的成员。就是这样，小说越能扩阔我们“富创意的同理心”，就越反映“仁”道。这也是巴赫汀说到小说“复调”结构时所指出的。（中文不指名其他人们“大家”）

贾平凹的小说是“有关人类”的，主题方面上溯《红楼梦》，在广义上，也承继了《人类欲望之虚幻》。他的小说背景虚构在陕西某山区，并不比沈从文的湘西或莫言的山东高密，甚至马里奥·巴尔加斯·略萨的秘鲁森林，或福克纳的约克纳帕塔法县更虚无缥缈，而且说的都是人类共有的人性：我们在自己身上或多或少都有小水、金狗的影子。《浮躁》故事里说的是陕西山区贫穷文盲或半文盲的一般人，在二十世纪末期中国，怎样适应毛时代后而来的改革开放时代；但小说内涵牵涉到在名利网中受到权力和金钱的引诱，误信自我有多重要的情况下，要成为一个好人，解决面对的困难。阅读贾平凹小说，就是探索沈从文说的“大人”和“有大名头的人”之间、那些所谓“大人物”和真正重要的人之间的分别。

贾平凹作为一个小说家的位置，立于中外书写人性、书写人之间互相关联、书写“仁”的作家之列。更具体说，就是他立于写出《穷人》的陀思妥耶夫斯基、写出《孤雏泪》的狄更斯、写出《顽童历险记》的马克·吐温、写出《绿房子》的马里奥·巴尔加斯·略萨之列。在以上举的每部小说中，作者把注意力放到社会低下层一个社群身上，无论是《穷人》里家徒四壁的贫民，《顽童历险记》里的奴隶，或《绿房子》里秘鲁森林中文盲及半文盲的妓院嫖客，这些小说都致力反证一般人认为穷人和没受过教育的人就不值一顾的看法，高傲的人看不起社会低下层，想当然以为他们都是无知粗鲁的，这些小说描述的正好相反；《浮躁》中村民并没有饱读诗书，他们无权无势，也非举止优雅：他们绝不是“有大名头的人”，但他们有智慧、诚实、勇敢、勤奋，他们才是世界上的“大人”，比任何名人——那些所谓贵族就更不用说了——更值得我们注意、尊敬；对沈从文的船夫来说，这已经足够了；对我们其他人来说，更是心悦诚服了。

《废都》英文版译者序

[美] 葛浩文（Howard Goldblatt）　著　林源　译

一些小说能够准确地抓住某个时代的精神或情感的典型代表，向当代和后代传递当时人的生活情景，超越美学性质并竖起让社会观照自我的明镜。贾平凹的《废都》（一九九三）本应该是那些小说中的一本，是一张在文化贫瘠和政治残暴的“文革”（一九六六—一九七六）后初期的都会生活快照。可它却不是——因为小说一出版就遭禁，禁令事实上持续了十七年。上报理由是耸人

【作者简介】

葛浩文（Howard Goldblatt），美国著名的汉学家，是二〇一二年诺贝尔文学奖得主莫言作品的英文译者。二十世纪六十年代服役期间在台湾学习汉语，后获得印第安纳大学中国文学博士学位。二〇一一年六月三日，在纪念萧红诞辰一百周年举行的首届“萧红文学奖”上，葛浩文的《萧红传》获得萧红研究奖。目前是英文世界地位最高的中国文学翻译家。

【译者简介】

林源，现为香港浸会大学翻译系翻译与双语传意博士候选人、《学问》主编助理，江苏省作协会员。曾供职于中国人民大学苏州研究院。复旦大学法学学士，香港浸会大学翻译系翻译与双语传意文学硕士。主编有《二〇〇五最受关注的中篇小说》，选编有《说阎连科》，译著有《而译集》（复旦大学出版社），另译有《〈灵山〉一九八二—一九九〇：从现代主义到折中主义》《诗歌的危机与世界性诗学——美国诗歌二〇〇〇—二〇〇九（上）》《在黑暗中弹奏》等多篇。

听闻的性描写。书中苍凉的笔调、扭曲的人物关系、政府官员和社会总体上的负面形象或许在很大程度上决定了该书不能公之于众，但主要还是与性有关。但若因此认为多年来该书在中国无人问津便是太天真了，因有走私运进国门的，通常从香港；更重要的是，数十种盗版书一度出现在书店和一些读者家里。尽管这样，《废都》在中国近二十年从未公开发售和阅读。

然而，一九九七年，即在小说遭禁四年之后，法文译本的《废都》出版并获得了法国费米娜文学奖。六年后，贾平凹在法国获得“法兰西文学艺术骑士勋章”。我们可以想象中方审查部门的震惊与愤怒，不过如此殊荣并没有改变审查诸公对小说的态度。在二十一世纪之初，有谣言说，因为道德价值的演变和大众对文学作品中性内容的接受，小说将被解禁。一位政府官员出面澄清：“《废都》未被解禁”，他写到，“外界声称《废都》将在二〇〇四年发行纯属炒作”。[①]

贾平凹一九五二年生于陕西商洛，离兵马俑——或许是中国最重要的考古遗迹——的发现地西安不远。在上千年的历史里，西安一度是十三朝的皇都。它以拥有国家许多最宝贵的文化遗产和风景而骄傲，包括著名的钟鼓楼和大雁塔。贾平凹一九七三年开始写作，先写大人小孩都能看的短篇小说，还有散文。之后几十年里，他发表了大批量的短篇、中篇和十几部长篇，其中只有少数作品被译为外文。他是中国最受欢迎但也是最受争议的小说家之一，不但兴趣广泛而且才华横溢，也是书法家、易师和音乐通。从文学创作的角度来看，他是一等一的会讲故事的人，其创作灵感主要来自乡下，在文化上紧系中国古代传统；他从不回避黑暗描述，只要这些是必要的。

贾平凹的文学传记作者王一燕，把他早期的作品描述为本土主义，它们来自土地和耕种这片土地的人们。这些写于八十年代末和九十年代初的小说背景大多是陕西北部的贫困山村，受到广泛读者的喜欢。贾平凹给予读者的，用王一燕的话讲，就是“用浓厚的地方口味、明白的叙事语言讲述一个迷人的故事”。[②]批

---

① 乔尔·马丁森：《贾平凹的禁书十七年后解禁》，2009 年 8 月 4 日，Danwei：中国媒体，广告和都市生活，http://www.danwei.org/books/jia_pingwas_abandoned_capital.php.

② 王一燕：《叙述中国：贾平凹的文学世界》，第 252 页，纽约：罗特里奇出版社，2006。王一燕对 2005 年以前贾平凹的小说做了大量分析工作，尤其《废都》，专业语有“文化闲人”、“性变态”、“女性家庭生活”。她把小说名翻成 Defunct Capital ，但当我向贾平凹征询意见时，他更喜欢“city”而不是“capital”，因后者不合适，还有题目中的意思是摧毁，而不是遗弃，就像一些批评学者用的。

评家们并不高看，他们有的更偏爱当代文学中较为典雅成熟之作，有的则是觉得很难接受这类赤裸裸地描述中国黑暗面的文学。[①]

《废都》首次出版至今的二十年内情况大有改观。贾平凹如今被尊为国家最出名和最受爱戴的文化名人之一，深受读者和批评家喜欢；在西安甚至有座贾平凹艺术和档案材料的展览厅和博物馆。二〇〇九年《废都》解禁后，销售情况十分可观。四年后，著名的北京人民文学出版社制作了美观的贾平凹小说四册装：《浮躁》（一九八七；美孚飞马文学奖），《废都》，《秦腔》（二〇〇五；获著名的红楼梦奖）和《古炉》（二〇〇九）。尽管贾平凹已经暗示即将封笔，他依然在发表大部头的受欢迎的小说。

《废都》是一部厚小说，五百页纸上密排着中文（超过四十万字），偶有标点，没有分章，大多数情况下，也很少分节。页面上没有留白，读起来颇具挑战性。在这本译文中，没有划分章节，但增加了段落与段落间的分隔，尤其是对话。作者对更改表示同意。

贾平凹用半古典式但又口语化的、极易于接受的风格写作，故事平铺直叙，甚少深奥冷僻的措辞用语，不搞反讽，也不卖弄幽默，虽然偶尔也有令人会心而笑之处，可能是无心的。词语和描述的重复使用为作品平添了点旧时期文学的风格，即使是现今二十一世纪的中国读者，读起来也仍然十分顺畅自然。

有些批评家和学者论说，因贾平凹深谙古典文学，他着手写了部当代版的《金瓶梅》，明朝的色情小说。我无法完全接受这个说法，因他的性描写所起到的作用是一种堕落的象征，而不是像那部古典小说那样，是为了寻求个人隐密的愉悦。性爱的的确确是贾平凹叙事的重要部分，并且绘声绘色地描述出来。这在中国主流的小说中是非常罕见的，尤其在这个还残留着保守风气和过度强调含蓄拘谨的社会。他的描写，事实上相当过火，很多地方更是几近荒唐。据说他借助观看A片来描写性行为。一位批评家评论道，他要么看得太少要么没怎么看懂。[②]

这就引起《废都》中最为热议的一个方面：用空格（□□□□□□）代替汉字，并用括号插入作者的解释，即作者在性描写过程中或其后删掉了许多文

---

① 王一燕：《叙述中国：贾平凹的文学世界》，纽约：罗特里奇出版社，2006。

② 《贾平凹谢有顺对话录》中有“十年一日说《废都》”一章，苏州：苏州大学出版社，2003。

字。有的人称它是噱头，有的则是对那些删掉的描写会感到不满。贾平凹自己说起空格使用的技巧时讲，“当我写性爱时，我只是写一点点，就不再多写了，因我必须要考虑国家情况，你知道，所以我想写一点就该够了，后来当我把手稿交给出版社时，他们删了多余的部分，所以括号中的被删字数实际上是很不准确的”。[①]

他说的可能属实。然而，还有另一种可能的解释。或许他估计小说中的性欲和性爱的描写会使他的新作部分或全面的遭禁，贾平凹创造出了自己的删减，要么可以让预期的审查无法顺利进行，要么就是对审查过程的一种戏仿和嘲弄。我发现这种解读和作者自己的解释同样可行，主要是因为这些删减出现在绘声绘色的性爱场景之后，而不是取而代之，并且几乎无助于增加实质的内容和趣味。

如果说《废都》既不是当代版的《金瓶梅》，一部中国二十世纪末的窥阴癖和厌女症（如某些人所声称的）报告，又不是恶搞的话，那它会是什么呢？贾平凹的《废都》第一版编辑田珍颖曾简要地说《废都》“描画了一代知识分子的堕落和社会衰退背后的社会原因”。这种观点是许多国内批评家和学者的代表观点，他们把《废都》看作一幅二十世纪末知识分子不健康的意识形态和心理状况的写照，描绘一个混乱的社会，甚至视其为一部预言了整个中国的故事。

我认为分析小说中的众多角色会让我们有所启发，尽管如此阐释可能会过度强调非现实主义的解读方式。通常，读者很难在中国当代小说中找到深度的心理探索，而在这本小说中，这种缺失尤为夸张。《废都》中大部分的（如果不是全部）小说人物是一些令人生厌的平凡人物，但需要读者深思，不可以轻易就接受他们表面的形象。这些人物常常无缘无故地哭泣，突如其来地呼天抢地，生硬不自然的对话和非理性的行为都说明了他们代表了某些类型，而非独立的人物。除此之外，故事某些部分突然转向走入奇幻，包括违反某些科学原理的片段，强调出作者眼中当代社会的荒谬。如果我的想法无误，那么我们将小说解读为一部嘲讽当代都市社会形态的作品，至少在某种程度上，是可信的。我让这本译文的读者来作最终的判断吧。

最后还有一个有关人名的提示：庄之蝶的名字和古代中国有着明显的联系。庄是战国道家人物庄子的姓。这位哲学家最著名的轶闻是有一天他梦中见到自己化成蝴蝶（因此庄的名字，“之蝶”中有“蝶”），醒来后怀疑自己其实是

---

① 乔尔·马丁森：《贾平凹的禁书十七年后解禁》，2009 年 8 月 4 日。

一只蝴蝶梦见自己变化成了庄子。作品中对这位哲学家的格言的巧妙引用即证明了这个说法的可信度。除此之外，小说二号人物周敏的姓“周”是庄子的名——庄周。这可能影射小说整体的虚幻本质，但我们还是把人名的选择归因于作者对道家传统的钟爱吧。贾平凹给小说其他人物命名时也可能希望影射些什么，但要做出判断尚需专门著述；而且，恐怕其结果寥寥。

在翻译此作的过程中，我一方面刻意不在叙述使用较现代的笔触，同时也要避免让译文读起来古里古怪。属于二十一世纪的过于新潮的用语，或古老的字眼及表达方式，在一部二十世纪的小说里都会给人虚假的感觉，而且更可能会粉碎读者的幻觉，即他正在无人介入的情况下与一位中国作家交流。

在翻译过程中，作者及数位朋友详细解答我的一些疑问，有助于译文之完善（我不会打麻将，从未向道士求事问卜，对陕北的方言习语也不熟），在此一并谢过。

（感谢贾平凹先生提供的材料和葛浩文先生对此中文译文的重要修订！）

重望废城

——空间具体性与时间短暂性之反思

[美] 罗　鹏（Carlos Rojas）　著　王　浩　译

在本世纪行将过去，新世纪即将到来之际，披满岁月风尘、正逐渐从人们视觉中消逝的老城市，会不会因这套书的出版而在书架上立住呢？我们期待着。

——《老城市》系列丛书《后记》

很久以来，死亡的阴影一直在摄影中浮现。汉语中的“照相”与“照像”是同音词，后者出现更早，指的是肖像，由“小照”和“影像”这两个旧词和合而成。“小照”指生者的肖像，“影像”指死者的肖像。[①]这种词语上的关联

【作者简介】

Carlos Rojas（罗鹏），美国哥伦比亚大学博士，美国杜克大学教授。主要从事近现当代中国文学文化研究。出版专著有 *The Naked Gaze: Reflections on Chinese Modernity*（《肉眼：反思中国现代性》，哈佛，一九九八）、*The Great Wall: A Cultural History*（《长城：文化史》，哈佛，二〇一〇）、*Homesickness: Culture, Contagion, and National Transformation in Modern China*（《离乡病：现代中国的文化、疾病、以及国家改造》，哈佛，二〇一五）。

【译者简介】

王浩（一九七四—　），男，云南大学国际学院副研究员，主要从事文学理论研究。

① 钱章表等：《中国摄影史 1840—1937》，第 18 页，北京，中国社会科学出版社，1987。

并非偶然，因为照片上的肖像常常被想象为死者的再生，同时又离奇地预示着生者的死亡。罗兰·巴特在《论摄影》中有一段著名的关于摄影的死亡之谈："每张照片都包含着我未来死亡的确凿征兆。"德里达也有类似的说法："幽灵是摄影的本质。"①

遗像是很多文化中的悠久传统，它确立了摄影与死亡之间的关联。与其他任何形式的视觉再现形式相比较而言，人们认为照片与其所再现的物体或场景的联系最为直接，这进一步强化了摄影与死亡的关联。借用二十世纪早期符号学家查尔斯·桑德·皮尔斯（Charles Sander Peirce）所作的区分来说，摄影与其所指物之间并不仅是一种图像（iconic）关系（意即能指与其所指物之间具有视觉相似性），而是存在一种索引（indexical）关系（意即能指与所指物之间存在直接的邻接关系和因果关系）。②摄影术出现之初，这种直接的索引关联使人们认为相片上留下的不仅仅是视觉图像的感光痕迹，同时也攫取了被拍摄者的多重魂魄。例如巴尔扎克与早期摄影大师纳达尔（斯帕德-费利克斯·图尔纳雄，Gaspard-Felix Tournachon）做过讨论，他担心坐着让人画像时，被画者的灵魂会被一层层地揭下来贴到镀银铜板的光敏表面上。③同样，鲁迅在一九二五年的一篇著名散文中谈到中国人早期对待摄影的态度，批判了一度流行的关于摄影会把人灵魂照去的说法，尤其是那种荒诞不经的流言，认为摄影术源自于把死尸

---

① Roland Barthes, *Camera Lucida: Reflections on Photography*, trans. Richard Howard (New York: Farrar, Straus and Giroux, 1985); Jacques Derrida, Right of Inspection, photographs by Marie-Françoise Plissart (New York: Monacelli Press, [1985] 1998), 法语版第 iv 页，英文版无页码； 同时参见: Jacques Derrida, "The Deaths of Roland Barthes," in Philosophy and Non-Philosophy Since Merleau-Ponty, ed. Hugh Silverman (New York: Routledge, 1988).

② Charles Sander Peirce, "Logic as Semiotic: The Theory of Signs" (1940), in The Philosophy of Peirce: Selected Writings, Justus Buchler, ed. (New York: Harcourt, Brace, 1986); and Rosalind Krauss, *The Originality of the Avant-Garde and Other Modernist Myths* (Cambridge: MIT Press, 1986).

③ Rosalind Morris, In the Place of Origins: *Modernity and its Mediums in Northern Thailand* (Durham: Duke University Press, 2000), P.189; and Rosalind Krauss, "Tracing Nadar," *in Illuminations: Women Writing on Photography from 1850 to the Present*, ed. Liz Heron and Val Williams (Durham: Duke University Press, 1996), pp.39—40.

视网膜上残留的形象揭下来的做法。[①]在巴尔扎克和鲁迅二人的论说中，摄影术的索引关联令人担忧，因为相片或许不仅仅是被拍摄者的形象，而是与被拍摄者之间具有更明显的物理联系。

由于摄影术的全面普及使其在很多观看者的眼中成为寻常事物，继而很少有人认为照相会把被拍摄者的灵魂或“灵魂的皮肤”摄走。然而，有一种基本的假设认为相片必然与所指物具有一种直接的、模仿的关系，这一假设仍然影响着人们对相片的看法和认识。[②]但是，在实际层面上，摄影的图像与索引功能所具有的死亡内涵有助于说明中国人对老照片的怀旧意识。在新千年到来之际，随着很多中国城市的视觉外表在前所未有的建设和扩展过程中发生变化，在二十世纪末、二十一世纪初出现了对老照片的广泛兴趣。[③]城市怀旧与摄影崇拜的某种特殊的有趣交叉，可见于江苏美术出版社出版的一套系列丛书之中，也就是从一九九八年开始陆续出版的北京、南京、上海、天津的老照片，之后又出版了西安、广州、武汉、昆明、重庆、香港的老照片，甚至又再出版了两本北京的老照片。[④]其他世纪末的摄影集中很少包含评论性文字，而这套丛书的

---

① 鲁迅：《论照相之类》，《鲁迅全集》，第 91 页，北京，译文来自 Kirk Denton, ed., *Modern Chinese Literary Thought: Writings on Literature*, 1893-1945 (Stanford: Stanford University Press, 1996).

② 对摄影根本的模仿性的这类假设仍然存在，虽然理论家——如乔纳森·泰格（Jonathan Tagg）——认为“每一张相片都是来自具体的、关键的、全然的歪曲，这使相片与任何先前的事实之间的关系都变得很成问题”。(*The Burden of Representation: Essays on Photographies and Histories* [Minneapolis: University of Minnesota Press. 1993], 2. 参见：Nelson Goodman, Languages of Art (New York, Hackett, 1976) 对这个问题的详细探讨。但是即便罗兰·巴特等后结构主义理论家也可能转而认为摄影以独特、直接的例子来表达意义，是一种“没有编码的语言”。(Barthes, Camera Lucida).

③ 这其中包括胡志川、陈申编著的《中国旧影录：中国早期摄影作品选 1840—1919》（1999年），丘世文等编著的《香港老照片》（1999 年），Roberta Wue, et. al., *Picturing Hong Kong: Photography* 1855—1910 (1997)，胡丕运主编的《旧京史照》（1996 年），以及山东画报出版社 1997 年出版的《老照片》系列丛书和江苏美术出版社 1998 年出版的同名系列丛书。

④ 在这套丛书当中，本文将论及的卷册包括：《老南京：旧影秦淮》（叶兆言著文，南京：江苏美术出版社，1998），《老上海：已逝的时光》（吴亮著文，南京：江苏美术出版社，1998），《老天津：津门旧事》（林希著文，南京：江苏美术出版社，1998），《老广州：展声帆影》（黄爱东西著文，南京：江苏美术出版社，1999），《老西安：废都斜阳》（贾平凹著文，南京：江苏美术出版社，1999），《老北京：帝都遗韵》（徐城北著文，南京：江苏美术出版社，1998）。本文将按书名引用以上每一本书。

特殊之处在于每一本都包含了与老城有关的一位作家所写的充满思绪的长篇叙事文。文字时而对照片作直接评论，时而与图像比肩而行。

每册丛书的封面都用华丽的红色相框框住本书中的一张照片，用以吸引读者，而这张照片后面又有一幅照片将这红色相框框住。翻看平装本的封面，读者看到的是封面相框的黑白版本单独缩印在空白页上，而精装本这一页上的相框则是挖空的，透过这个空框可以看到下页图片的一个部分。这种具有主题意义的“相框”很雅致地展示了每卷丛书的设计风格，同时也说明了贯穿整部丛书的对待摄影的态度。每本书实际上是把老照片从原先的语境中剪切出来，重新框在精心编排的图册里，再配上说明性文字和与图片相伴的叙事文。编者说，这样可以赋予《老城市》系列丛书以“鲜明的个性，用句最简洁明了的话说，就是‘图文并茂’”。[①]从更抽象的意义上说，封面设计中相框与元相框（metaframes）构成的递推序列反映出中国目前所处的一条递归螺旋线，在这条线上，人们对发展和现代化的执着造成了总体的、短视的健忘症文化，这种文化反过来又促成了一种普遍的文化怀旧意识。正如安德里亚斯·胡伊森（Andreas Huyssen）在类似情况下指出的，怀旧病文化和健忘症文化并非直接矛盾，当代怀旧病文化构成了某种“由失忆症病毒引发的记忆热，这种病毒有时会吞噬记忆本身”。[②]

在接下来的论述中，我将探究《老城市》系列丛书中记忆与失忆的矛盾交叉，尤其是书中的照片如何发挥“重新发现或重新掩盖”（re/cover）过去的功能。我这里所说的“重新发现或重新掩盖”有两重含义，一是“再发现或再找回”（recover or retrieve），二是“再覆盖或再掩埋”（re-cover or re-bury）。[③]在此所讨论的是

---

① 引文来自每卷丛书末尾未标页码的《后记》。

② 转引自徐贲《戏剧与公共生活》，《文艺争鸣》2012 年第 3 期。

③ 德里达用他的“密室”（mise en crypte）一词来表示类似的意义结合，他的这个术语具有“埋葬”和“加密”的双重含义，而且在德里达而言，这个词还有进一层含义，即“地穴”（crypt）一词本身处于“与世隔绝的”和 “透明的”事物的交叉地带：“里面的每一件事物都是可见的，压在明胶玻璃板（plate of altuglass）下面，犹如放进了玻璃橱窗，从各个面都可以看到，但却是被封闭起来的，加了密，用钉子钉住，又用螺丝上紧，根本无法穿透。”（Jacques Derrida, “The Parergon” and Cartouches, in *The Truth in Painting*, Geoffrey Bennington and Ian McLeod, trans., (Chicago: University of Chicago Press, 1987) pp.46, 185.

相片沟通过去和现在的方式，同时凸显使二者的关系得以成立的那种根本的偶然性。

废　城

中国陕西省西安市旧称长安，是十三个朝代的故都，其中包括周朝（公元前十一世纪至公元前二五六年）、秦朝（公元前二〇六年至二二〇年）和唐朝（六一八—九〇七）。这座城市具有重要的历史意义，其最著名的景点为秦始皇陵及其直至一九七四年才出土的兵马俑。正是在这样的史诗性历史背景下，《老城市》系列之一的《老西安》为二十世纪末、二十一世纪初的城市生活增添了一种更本地化、更直接的怀旧感。

《老西安》的作者是陕西本地人贾平凹，他是一位颇受好评的作家，自一九九三年他的情色小说《废都》出版并引发争议以来，他的声望就与当代西安紧密联系在一起。[①] 虽然这本小说因过分渲染现代西安和中国的文化堕落与性变态而遭诟病，但书中坚持用西安的历史称谓“西京”来指称这座城市，并对当代中国普遍存在的怀旧情绪加以明确的反思。这本出版较早的小说中的怀旧情绪继而理所当然地成为《老西安》一书的怀旧对象。

例如贾平凹在《老西安》中某处不仅提到《废都》，而且提到了作为《老城市》系列丛书总体背景的城市改造进程：

《废都》一书中基本上写到的都是西安真有其事的老街老巷。书出版后好事人多去那些街巷考证，甚至北京来了几个搞民俗摄影的人，去那些街巷拍摄了一通，可惜资料他们全拿走了，而紧接着西安进行了大规模的城区改造，大部分的老街老巷已荡然无存，留下来的只是它们的名字和遥远的与并不遥远的记忆。（69）

正是这种毁坏迫近的阴影，或者如阿克巴·阿巴斯（Ackbar Abbas）所说

---

① 关于对贾平凹小说这个方面的细节探讨，参见：Carlos Rojas, "Flies' Eyes, Mural Remnants, and Jia Pingwa's Perverse Nostalgia," in *positions: east asian critique* 14:3 (2006), pp.749—773.

的对“错失感”（déjà-disparu）的预感，使人们意欲保存即将消失的城市景观。[①] 作为《老城市》丛书总体出发点的怀旧意识在时间上横跨一个多世纪，但在贾平凹讲述的轶闻中，这种意识的时间跨度缩减到一九九三年《废都》出版之后的几年。其结果是，城市改造的进程从根本上变得自我封闭起来，其速度之快，让人觉得似乎热衷《废都》的读者力图抓住和保存的恰恰是这个消失的过程。由此所产生出来的东西，从根本上说就是弗雷德里克·詹姆逊（Fredric Jameson）所说的“对现在的怀旧”，这是一种预见式的怀旧，所预见到的是当下时刻在未来的消失。[②]

贾平凹说起《废都》的热心读者前往西安收集各种纪念品，这与《废都》中提到的更令人难忘的怪癖之一相呼应。小说主人公庄之蝶最古怪的癖好之一是收集西京古城墙的城砖。书中讲到有一次他把一大块城砖放在摩托车后架子上颤颤巍巍地驮回家，并坚持说那是块汉砖，结果被他妻子奚落了一番。在《老西安》中，贾平凹又一次讲到收集城砖的故事，不过这次讲的是他自己：

> 它将一座城墙由汉修到唐，由唐修到明，由明修到今。上世纪八十年代，城墙再次翻修，我从工地上搬了数块完整的旧砖，一块做了砚台，一块刻了浮雕，一块什么也不做就欣赏它的浑厚朴拙……（69）

城墙的作用不仅在于其划定城市土地范围的功能，而且由于城墙具有恒久性，因此提供了一根阿里阿德涅之线（Ariadne's thread），把一座城市的现在与其遥远的过去联系起来。因此贾平凹在写这一段文字的时候先突出了城墙在联系过去和现在方面发挥的作用，但是接下来却强调指出连续性的出现必然根植于不断消解和散播的过程。[③]实际上关于他自己收集旧城砖并带回家中的记述道

---

① Akbar Abbas, *Hong Kong: Culture and the Politics of Disappearance* (Minneapolis: University of Minnesota Press, 1997).

② Fredric Jameson, *Postmodernism, or, The cultural logic of late capitalism* (Durham: Duke University Press, 1991), 279 ff.

③ 这些问题与中国长城有关，相关探讨参见：Carlos Rojas, "The Great Wall of China and the Bounds of Signification," *Connect: art, politics, theory, practice* 2.2 (Spring 2002), pp.49—58.

出了城墙存在的方式，它就像一个活着的身体，只在总体意义上存在，其构成元素则在不断更新、变化。

就像城墙一样，语言和方言也从空间上圈定一个地区或社群，同时又强化了该地区与自身历史的联系。因此在谈论城市历史地图的时候，贾平凹自然会想到语言在联系历史与现在中的作用：

> 我得到过一张清末民初时期西安城区图。那些小街巷道的名称与现在一模一样……可以推断，这些名称起源于汉唐，最晚也该是明朝。西安是善于保守的城市，它把上古的言辞顽强地保留在自己的日常用语里，许多土语方言书写出来就是极雅的文言词……（67）

即便西安的老地图从视觉上划定了城市的边界，这地图本身，尤其是其中的地名，道出了将这城市与其历史上的存在连接在一起的那种历史延续性。这段话后半部分关于地名延续性的讨论涉及哲学和语言学中一场由来已久的论辩，那就是称谓的实质究竟是什么？通常与弗雷格相关的描述主义（descriptivism）认为，专有名词的语义值存在于其描述性内容之中，而索尔·克里普克（Saul Kripke）等人在二十世纪七十年代早期对描述主义提出的富有影响力的批判认为，专有名词是作为严格指示词（rigid designators）发挥作用的，因而其意义存在于与具体的所指物的直接关联之中。[①]描述主义理论和反描述主义理论之间的对立与皮尔斯就图像能指和索引能指的划分相互重叠，图像的指涉性内容主要存在于其描述或模仿能力之中，索引性内容则基本是“反描述的”，因为其发挥作用的关键在于图像被定位在指向具体所指物的因果链之中。

如果借用这些相互重叠的符号学理论和指涉理论，就有可能重新指出这段话中贾平凹说的“老地图”和老照片——作为本书的核心内容——之间暗含的差异。相片通常被视为模仿性图像，在视觉上与其所指物相似，而地图则最好

① Gottlob Frege, “On Sense and Reference,” in Peter Geach and Max Black (eds.), *Translations of the Philosophical Writings of Gottlob Frege* (London: Blackwell, 1952); Saul Kripke, *Naming and Necessity* (Cambridge, MA: Harvard University Press, 1980); 关于近期出现的观点，参见：Scott Soames, *Beyond Rigidity: The Unfinished Semantic Agenda of Naming and Necessity* (Oxford: Oxford University Press, 2002).

将其理解为反描述的指示，地图与所指物的联系存在于这种指示当中，不是依据直接的相似性，而是依靠将其与所指物联系在一起的因果链，包括使这因果链富有意义的其他语境信息，例如图片说明、图例和图例说明。但是就《老城市》丛书所收录和翻拍的历史照片而言，与之伴随的文字说明和叙事文让人认识到这些图片与其所处历史时期的直接因果联系，这种认识伴随着这些图片的模仿性，有时还会遮蔽这种模仿性。

节 日

西安因作为中国历史故都而蜚声四海，北京则因作为中国现代首都而闻名遐迩。当代北京是一个特别混杂的地方，一方面非常现代化，非常卫生，另一方面又大力保持其独具特色、自拥一隅的“老北京”韵味。《老北京》的文字作者徐城北在述说从过去到现在的历史转变时提到了节日，尤其是新年：

北京从清末进入民国，按照历史分期来说，是一个了不起的进步，社会上各方面的变化很大而且很深刻。但是有一点没有变化，那就是对年节的重视。（221）

新年这类节日都具有某种矛盾的时间性，它们一方面明确地标示着从一个季节到下一个季节的向前运动，另一方面这些节日固有的重复性和仪式性强化了它们与过往节日的联系。

新年是一段无须做日常工作的极为欢乐的时光，但同时它又与自身的仪式相联系，具体说就是把过去和现在联系起来的仪式：

昔日这三大节有一个共同的特点，就是让节中的大多数人从自身平时的社会角色中解脱出来，沉醉在既定的历史传说和历史积淀之中，首先是小孩子和妇女会如此，是他们又反过来影响到每个家庭的男性，之后则是家长。（229）

为什么最后受到新年狂欢氛围感染的是一家之长，徐城北解释说这是因为他们要在年底把家里的账理清楚。家庭账本就跟相片一样，既提供了一种与过去的可感知的联系，同时又划清了过去和现在的界限（也就是年底关账）。

中国新年不是一天的事情，而是长达一个月的节日，从上一个阴历年的最后一个月十五号开始，一直持续到新年第十五天的元宵节。过元宵节一般要在屋外挂灯笼，或是打着灯笼游街。《老北京》里的一幅图片描绘了挂在杆子上的一串形状不一的灯笼，还有一幅图片描绘的是多面体灯笼，上面装饰有半透明的女性人物形象（228 页）。灯笼从内部照明，看起来就像是某种逆转的电影放映方式，影像不是投射到屏幕上，而是由内向外，透过蒙在龙灯上的彩饰织物投射出来：

灯市上，各式各样的都有。不但有鲤鱼跳龙门，八仙过海，还有兔儿灯、走马等，看得人流连忘返，眼花缭乱。（228）[①]

并且，节日期间社会、文化阶层的狂欢式倒错从比喻意义上强化了这种反转照明的本质，叶圣陶一九二九年出版的自传体小说《倪焕之》就描写过这种倒错。小说讲到在某个节日期间，男孩子穿上女性服装以吸引其他村民的视淫目光（scopophiliac gaze），尤其是吸引女人的注视，她们用审视其他女人的犀利眼神来打量这些易装男孩：“在男子，不过看可喜爱的形象而已；而女子首先要看是不是胜过自己，因而眼光常能揭去表面的脂粉，直透入底里。”[②]

正如彩灯基于形式和内容的分离，叶圣陶小说中看热闹的女人也同样受到表演性的女性形象的引诱，而这种形象明显脱离于任何女性所指物。文中提到，这些易装男孩“与其说是采茶姑娘，不如说是时髦太太小姐的衣装的模特儿”；[③]他们与其说是在模仿女人，不如说是在模仿空洞的女人形象。因此，当这些女人犀利的目光成功地看穿男孩们的异性服装的欺骗性，其结果并不是获得更真实的观察，而是整座感知大厦的消解。

① “走马”灯轮轴上蒙有装饰性图案，在灯笼内部热气的推动下旋转。这种技术及其名称（“走马”）令人想到埃德沃德·迈布里奇（Eadweard Muybridge）所做的开创性工作。他于 19 世纪 70 年代晚期成功地拍摄了一组连续的奔马照片，这种视觉经验的系统性连续为随后发展起来的电影摄影技术奠定了基础，而“走马”灯也可以视为电影摄影技术的原始雏形。

② 叶圣陶：《倪焕之》，北京：人民文学出版社，1953；着重号为笔者所加。

③ 叶圣陶：《倪焕之》；着重号为笔者所加。

时 尚

天津距离北京以南仅一百三十五公里，是中国仅次于北京、上海的第三大城市，但在历史、文化名望上不及一些其他城市。这种普遍的文化自卑感可见于林希在《老天津》中对二十世纪三十年代上海“美丽”牌香烟的述说，其品牌名称直译为“美丽”牌，但在英文中部分音译为“我亲爱的”（My Dear），烟壳子上印着时髦上海女郎的照片。《老天津》收录了两幅“美丽”牌香烟的广告照片，其中一张照片的说明文字称“香烟广告上摩登女郎的装束，是天津少女少妇们仿效的榜样”。（183）另一幅广告照片的说明文字解释了这个牌子的香烟比天津本地品牌更受欢迎的原因：

但是在天津，天津出品的“前门”烟，却卖不过上海出的“美丽”牌香烟，其原因，就是上海出的“美丽”牌香烟，烟盒上的图样是一位人见人爱的大美人。（187，着重号为笔者所加）

林希说“美丽”牌香烟壳子上的美人“人见人爱”未免言过其实，但当时男士和女士很可能以不同的方式表达了这种喜爱。对男士而言，这女性形象激起一种欲望，这种欲望可以被从女性形象上转移到商品之上，而女士则更有可能试图去追赶模特的时装风格。①

“美丽牌”香烟的营销效果不仅在性别方面有所不同，而且也在时间、地域上具有同样重要的差异。林希的发现让他得以把时尚内在的时间分裂表述出来：

任何一个时代，任何一个国家，兴时髦和赶时髦，全都是从时代女郎开始的，时代女郎们永远是时髦的标志。(187)

林希在此对“兴时髦”和更具渴求性的“赶时髦”加以区分，前者明显优于后者。如果把上海和天津加以比较，这两种对待时髦的态度更加轩轾分明：

① 欲望与身份认同的这种不对称，或许在一定程度上使中国卷烟制造商在历史上基本未能使其产品成为女士追求的时尚。

上世纪三十年代，天津人的时髦，其实就是赶上海，从吃喝穿戴，到待人接物，有身份的人是以和“上海人一样”为荣的。赶不上上海，就是“老侉”，就进不得大地方，就见不得大世面，自然也就成不了大气候。

一个地方的人民不能形成自己的审美情趣，在生活中不能形成独具个性的自我表现方式，这实在也是可悲得很。但天津人就是这样的一种活法儿，时髦赶了多少年，在赶时髦中体验人生，在赶时髦中享受人生。（188—190，着重号为笔者所加）

林希继而提到很多外地人常把天津作为时髦的“榜样”，其结果是使天津原先的某种派生性时髦转变为一种时髦标准。他以一句反问作结：“其实，赶时髦又何尝不是一种时髦呢？”（190）

在《老天津》中，林希担心上海时尚这个移动目标无法跟上，而吴亮在《老上海》中关注的则是不合时宜之感何以成为一种时髦。例如，他在《背时》一章中指出：

背时一向是时髦的敌人，那是指“刚刚背时”。如果翻出几十年甚至一百年前的老货，背足了时，则又是新一轮的时髦了。要是手表慢了一分钟，这手表就出了毛病；要是墙上的挂钟慢了十二小时呢，指针依旧停在相同的数字上。(25)

因此，关于老天津和老上海的评说都指出了“时髦”的矛盾性，它一方面是别人追求的标准，另一方面它本身又处于不断的变化之中。

妇女往往与一个时期的时尚相关。就如时尚本身一样，妇女的形象可能会成为某个历史时刻的象征，同时又指出这些形象本身的不可靠性。正如吴亮指出的：

一个特定年代的妇女形象就这么凝固了，闭上眼，“丰满圆润”的音容笑貌随即浮现——这是由图像引致的“集体幻觉”，它使我们怀念一种可能有过的真实（美？贤淑？温顺？健康？），也许把我们带到一个相反的“真相”：一部分妇女在照相镜头前的姿势表情，是十分不可靠的。（103）

吴亮在此谈到的问题与林希思考的问题相同。林希认为“时髦”在于对时间间隙的象征性挪用，这种时间间隙的产生，是因为天津总是比上海的“标准”时髦落后一两步。林希认为天津把模仿的失败变成了具有自身价值的模范标准，吴亮则在《老上海》中则认为女性美貌的“真相”在于其自身示意功能的失效。

以上论说中的“时髦”是个双音节词，由“时”和“髦”两个字组成，“时”指“时间”，“髦”在古汉语中指少女的刘海。这个指涉头发或发型的字嵌入“时髦”这个词语中相当合适，因为现代时尚在年轻女子的发型上体现得最为直接。更广泛地看，“时髦”与妇女头发的词源学关联有助于提醒我们，时尚就像头发一样，总是有可能脱离于与之相关联的所指物——即具体的历史时刻。

头发和鞋子

广州虽然是中国最大、最富有的城市之一，但却牢固地处于中国的地理和文化边缘。广州位于中国最南端，毗邻前英国殖民地香港（现为中国行政特区），它本身就像一个可以拆卸的附属物。因此，《老广州》明确关注诸如妇女的头发和与之类似的脚这类处于边缘的附属物，这是合情合理的。

《老广州》的作者黄爱东西详细描述了二十世纪早期的“自梳女”现象。她说按当时的传统，未婚女子留辫子，婚后才把头发盘成发髻。因此提前把自己的头发盘成发髻是对婚姻制度的象征性抗拒。但是，这种做法常常因死亡、祭祀等问题而变得复杂，因为“广东人认为不嫁的女子是没有名分和归属的，不入族谱，不葬入祖宗坟地”，因此一些自梳女“只在名义上”结婚。（187）但是书中并没有提到使这种社会行为成为可能的首要因素，即具体的物质条件。也就是说，当地丝绸业高度发达，很多单身妇女可以通过从事养蚕业轻松地养活自己。① 《老广州》不但没有提到自梳女现象的具体经济维度，反而突出了这些自梳女作为女佣对雇主的忠心耿耿：

> 写广州而提起“自梳女”，原因是当时旧广州的不少大户人家里的贴身女佣，

① Marjorie Topley, “Marriage Resistance in Rural Kwangtung,” in Margery Wolf and Roxane Witke, eds., *Women in Chinese Society* (Stanford: Stanford University Press, 1975), pp.67—88.

用的就是她们。西关大屋里的“顺德妈祖”是非常有名的，顺德妈祖们的忠心和周到，是老广州们至今还感慨不已的温情回忆。（191）

对自梳女非凡的“贤淑”和谦卑的“忠心”所作的怀旧式追忆再度挪用了自梳女可能对父权制的霸权秩序提出的挑战。这些妇女本身就体现了这种挑战，她们刻意操纵自己的外表，从而公开表示拒绝被纳入那种秩序当中。

就像妇女的头发一样，鞋子也是可以从身体的一端卸下的附属物。在《老城市》系列丛书所再现的历史时期中，这些鞋子可以代表现代化的高度，或者像三寸金莲（《老上海》，第 33 页）和妓女的拖鞋（《老广州》，第 74 页）一样代表传统的约束力。后一种现象的一个特别有趣的例子可见于黄爱东西在《老广州》中所做的比较，即打扮得光鲜靓丽的上海女士和“凹眼”、“厚唇”脚趿拖鞋的广州妇女之间的对照：

正如上海人喜欢爵士乐和泡咖啡馆，广州人的情调也是有道具的……如果有人想用最简单的办法在报刊上再现老广州的风情，那么他可以去找一双木屐，让一个凹目厚唇蜜糖肤色的女子裸足穿了，在西关的麻石小巷或走或站。（19）

德里达认为衣着与人体的关系是附属关系，他说“鞋子（在这里具体指的是梵高以一双农鞋为主题的著名油画）是不是可以视为‘无物之附属物’(parergon without ergon）？视为一种‘纯粹的’补充？一件衣服是不是可以视作对‘裸体’的‘赤裸’补充？”[①] 正是由于妇女的鞋子是一种二级补充，一种“纯粹”的补充，因此可以成为象征意义的独特容器。具体说来，由于女鞋和小脚所具有的转喻关联，鞋子作为妇女的一种重要附属物在中华帝国晚期获得了特殊的意义。被缠的双足不仅有效地“缠住”了妇女的行动自由，而且也站在被归化的身体的象征性边界上。小脚是恋物癖的对象，但却是不可见的，决不能让人看到赤裸的小脚。二十世纪初，缠足之风日渐遭到摒弃，与此同时，中国妇女史无前例地加入劳动力大军，进入公共领域。

妇女处于私下的不可见性与公开的可见性这两者互为表里的关系之中，这

① Jacques Derrida, “Restitutions,” *in The Truth in Painting*, Geoffrey Bennington, Ian McLeod, trans. (Chicago: University of Chicago Press, 1987), P.302.

在《老广州》的一幅黑暗、模糊的黑白照片中得到最好的说明。翻拍后收录于《老广州》的这张相片上，唯一可分辨的细节就是“女厕”的字样，这在相片右侧出现了两次。在厕所门上这两个文字标识的左边，有几个在透视关系下变得模糊不清的侧斜文字。这几个字几乎难以辨认，细看之下，是“女公厕”三个字，写在与相片画面成直角的一面墙上。这形象的总体效果让人想起汉斯·荷尔拜因（Hans Holbein）一五三三年的画作《大使们》，画面上是两个穿着华丽的男子，周围是各种科技设备和文艺器材，但是整个画面笼罩在拉康所说的“前景中怪诞、模糊的悬浮物体”的阴影之下。只有从十分倾斜的角度去观看这幅画，才会发现这个神秘的物体原来是个骷髅头。拉康在对这幅作品的讨论中指出，观看者先得把作品呈现的主画面抛到一边，这样才能看到“变形的鬼魂”，这个是一个被消灭了的主体形象，它徘徊于作品之中，而这幅作品恰恰诞生于几何光学和主体概念得到发展的时期。[①]

拉康把荷尔拜因的油画追溯到焦点透视的发明与启蒙运动的主体观念并行的历史时期，与此相似，《老广州》对这幅有厕所的照片所做的说明将其放在一个重要的历史转折点上：

> 独特的地理位置，使广州在西风东渐的浪潮中，常领文明进化之先。这是当时全国独特的现象——专用女公厕。（104）

与荷尔拜因油画中的骷髅相对应的，是“女公厕”标志，具体说就是其中的“公”字，因为“女”、“厕”这两个字已经在图片中的其他地方出现过。表意文字“公”的字面意思是“公共的”，它表明个人包括在集体之中，同时又指向一个关键的认识论前提，即个别主体的出现是第一位的。抽象地看，“公”代表社会性的集体，是（个人）主体性的前提，但同时又让人意识到其最终的不可能性（因为在某种层次上，对“集体”身份的假设与对一个纯粹的“个人”身份的表达是对立的）。[②]更具体地说，妇女正是在民国年间开始大量进入公共

① Lacan, *The Four Fundamental Concepts of Psycho-Analysis*, PP.88, 89.

② 见 Lydia Liu, *Translingual Practice: Literature,National Culture,and Translated Modernity –China,* 1900–1937, (Stanford: Stanford University Press, 1995), chapt. 2, “The Discourse of Individualism.”

领域，但也就是在这个时期，改革者（多为男性）开始用“妇女”和“妇女解放”的主题服务于他们的民族主义目的。因此，套用拉康对荷尔拜因油画中的骷髅的评述，让女性主体得以在这个时代中出现的“公”代表了“被消灭了的主体”，并位于“‘女性’主体出现的那个时代的中心”。[①]

肖 像

正如晚清时期妇女（尤其是上层妇女）的社会流动性受到极大限制，妇女的肖像也大多限制在非常具体的语境中（其中的重要目的之一是把肖像用作遗像）。实际上由于在世妇女的肖像极不寻常，因此中国文学和戏剧中总是习惯性地将其视为“自我塑遗像”（auto-effigies），它无意间预示着画面人物的死亡。[②]但是二十世纪早期还是出现了各种类型的肖像画，其中就包括妇女的肖像。

其中一种肖像画称为“月份牌”画，画面上一般是女性的写实形象或是历史场景，以日历或是产品广告作为外框。李欧梵在《上海摩登》（*Shanghai Modern*）一书中对这种典型的广告画加以描述：

> ……一个长方形框子，就如同传统中国画一样，其中女性的肖像占去约三分之二，下面印着日历。画框或是日历上方印有公司名称，兜售的产品大多是香烟和药品。[③]

受跨国传播的西方资本主义影响，同时因十九世纪末平版印刷术的引进，“月份牌”画最初于十九世纪末出现，之后在二十世纪头十年中由美国烟草公司等商家推广起来。[④]虽然这些海报画上最终不再印日历，但“月份牌”画的名称却保留了下来。

---

① Lacan, The Four Fundamental Concepts of Psycho-Analysis, P.88.

② 参见 Judith Zeitlin, “Making the Invisible Visible: Portraits of Desire and Constructions of Death in Sixteenth and Seventeenth-Century China,” in Jane Donawerth and Adele Seeff, eds. *Crossing Boundaries, Attending to Early Modern Women* (Newark: University of Delaware Press, 2000)

③ Leo Ou-fan Lee, *The Shanghai Modern* (Cambridge: Harvard University Press, 1999), P.77.

④ 陈士为宋家麟《老月份牌》所作的序言《我看老月份牌》，上海：上海画报出版社，1997；Leo Ou-fan Lee, The Shanghai Modern, P.76.

“月份牌”画在《老广州》中尤为突出，其中至少有十三幅画在标题委婉的“从前尼庵”一节中用作装饰。可以说“月份牌”画把前文谈到的两个话题结合到了一起，其中一个话题是前一部分提到的岁月变迁在女性身体上的烙印，另一个话题是传统阴历节日场景对历史变迁的否认。首先，“月份牌”画上的形象表现了现代与传统场景的结合，也就是说，画上的很多女性的穿着非常时尚，同时也有一些更为传统的场景中的其他女性形象。进一步看，形象自身层面上“现代”与“传统”的交融也从这些形象的表现形式上反映出来。一方面，“月份牌”画的样式很值得注意，除摄影之外，它具有民国年间最明显的模仿性再现风格，体现出色彩层次和光线对比的细微差异，这在中国传统绘画中基本不存在，显然得益于欧洲再现艺术的实践。另一方面，画面本身汲取了两种更古老的再现传统，即“年画”和“美人图”，两者都是当代性和历史变迁的表征（例如新年和最流行的女性时尚），同时又暗含了一种永恒性和反历史性（例如两种绘画类型都明显模仿了具有悠久传统的类似形象）。[①]

如同妇女的肖像一样，中国古代帝王的肖像画通常也是与普罗大众相隔绝的，但是到了民国时期，政治肖像开始大量涌现。这个方面的古今差异体现在《老南京》提到的一张照片中，图片内容是中华民国第一任总统孙中山站在明朝开国皇帝朱元璋的肖像下面做演讲。（67）《老南京》的文字作者叶兆言认为这张照片体现了“孙中山对明太祖朱元璋的敬仰”，但是这里这幅遗像实际上是对这位臭名昭著的明朝统治者的漫画式嘲讽之作，因为画上的朱元璋下颌宽大，一脸麻子。

孙中山与明朝帝王肖像的并置也具有重要意义，因为他的总统职务标志着政治肖像的使用在中国发生巨大变化的时刻。更准确地说，他一九二五年逝世，直到一九二九年才在南京下葬，在这四年期间，他的肖像在公众当中的传播达到顶峰。正如历史学家约翰·菲茨杰拉德（John Fitzgerald）谈到的：

> 在这四年期间，孙中山的头像印在全国流通的一元纸币上、烟盒上和表壳上。他的相片悬挂在厅堂和教室中，学生和公务员每周一上午都要到此集中，向他敬礼。他的肖像由框裱匠配上最精美的相框后挂在商店橱窗里。[②]

---

① Leo Ou-fan Lee, The Shanghai Modern, P.77.

② John Fitzgerald, *Awakening China: Politics, Culture, and Class in the Nationalist Revolution* (Stanford, Stanford University Press, 1996), P.27.

同时代的评论者也明确谈到孙中山肖像的流通所具有的重要意义，正如《北京导报》（Peking Leader）中的这段评论（写于一九二九年孙中山下葬后不久）：

孙中山已转变为万众瞩目的象征[着重号为原文所有]，这对中国而言是不小的收获。千百年来，皇位作为一种可见的象征是政治活动的核心，也是国家统一这个实存观念的核心。随着民国的建立，这一象征已然消失，而且没有什么可以取而代之……孙博士逝世四年以来，已经在很大程度上弥补了这一不足。[1]

以上引文中的视觉比喻（用着重号加以突出）突出了孙中山去世后作为一种具体的视觉能指所具有的重要意义，说明领导人的形象以前所未有的方式传播开来，标志着政治领袖在民众心目中的地位发生了巨大转变（这也给后来者开创了先例，例如毛泽东后来也对他的公众形象加以精心塑造）。[2]

摄影既包含纪念性影像又包含期待性影像，这两者在吴亮对一九一四年的一张照片所作的评说中完美地结合在一起。照片中一位不知名的妇女正在登上电车，吴亮毫无来由地以“事实如此”的口吻说道：“有这张照片的时候，还没有张爱玲。”（71）就这张照片讲了三页之后，吴亮又回到与张爱玲相关的话题上：

这位搭乘电车的女人不会想到过了整整三十年，一个叫张爱玲的女人也会常常搭乘类似的电车，并在她的小说中写到电车。（75）

在这里提及张爱玲是理所当然的，因为《老城市》丛书的目的就是要在城市历史景象消失之前将其保存下来，而张爱玲在她去世前的最后一部作品《对照记》中把她和家人的照片集中到一起。[3]《对照记》确实以这种方式发挥了“自

---

① 《北京导报》，1929 年，转引自 J. O. P. Bland, *China: The Pity of It* (London: William Heinemann Ltd., 1932), P.57（着重号为笔者所加）。

② 例如参见：Ernst Kantorowicz, *The King's Two Bodies* (Princeton University Press, 1957); and Tanaka Fujitani, *Splendid Monarchy: Power and Pageantry in Modern Japan* (Berkeley: University of California Press, 1996).

③ 张爱玲：《对照记：看老照相簿》，《张爱玲全集》第 15 卷，台北：皇冠出版社，1994。

我塑遗像”的功能，把总是已经异化了的照片形象用作一个棱镜。透过这个棱镜，张爱玲一方面回望自己的一生，同时也隐约地预见自己死后将如何为他人所怀念。

重复与差异

“月份牌”画之所以流行，孙中山肖像之所以在他身后广为传播，都因为它们是不在场的存在者的幽灵遗迹。吴亮在《老上海》开篇不久即提到这种幽灵性质，他说：

一幅照片能够击中我，是因为它提醒我有些事物已经不存在，而它的“标志”还有迹可寻。它还告诉我空间位置没有变移，但时间却从中永远流逝。这些都是令人惊愕的。（44）

但是吴亮后来在书中提到，相片之所以能够唤起“已经不存在”的事物，是因为相片本身具有可复制性：

反复引用的照片，并非意味着它一定经典，也许只是为了方便：不须翻箱倒柜，不须附言，亦不须再注明原始出处。就像明星肖像，泛滥在街头巷尾、橱窗、广告和杂志封面，随时迎面撞上，谁去追究“原作”？复制品已构成一个现实里的“实物”，大家都可以据为己有。（233）

吴亮所说的把图片上的历史痕迹串在一起，这不仅能够很好地概括《老上海》这本书，而且也可以从更广泛的层面上说明这套丛书的每一册如何去保存城市的身份意识，即便这些城市本身正在经历不断的拆除和重建。

吴亮先前谈到，相片上的女性形象的“真实”存在于其固有的、必然的“不可靠性”（unreliability）之中（103），在这里，他认为相片的“真实”或“现实”与“原作”的权威性关系不大，而是存在于相片本身固有的可复制性。吴亮用来证明“复制品已经构成一个现实里的‘实物’”这一论点的形象其实都是女性的形象。具体说来，吴亮之前谈到影星的肖像，与这段文字相配的图片是二十世纪早期影星胡蝶的一系列照片，有的来自剧照，有的来自其他影片的宣传页，还有的甚至来自肥皂广告。没有来源的形象不断复制，由此造成的重复感也由这位女星的艺名“胡蝶”传达出来。这个词与“蝴蝶”同音，令人不由想到庄周梦蝶的典故，讲的是庄子梦见自己变成蝴蝶（抑或是蝴蝶梦见自己变成了庄子）。

吴亮再次谈到照片形象固有的可复制性（以及由此导致的不可靠性），以此结束他对摄影的论说，但此时他采用的背景不是“女人”的形象而是现代城市风景：

> 反复引用的照片，在我们的视觉生活中扮演着重要角色，和别的遗物一起，聚焦成追跨时空的蒙太奇元素，使之融入我们不太可信，却又完全真实的日常生活，好像仍然置身在那照片所呈现的城市之中，与那个时代同沐阳光与霓虹。错觉是必要的，它能让人产生长生不老的观念。（235，着重号为笔者所加）

与这段文字相伴的图片是用一九一七年拍摄的上海总会大楼的六七张照片合成的，原始图片经剪裁后，相互叠压在一起形成一张图片，就像是透过一个小型万花筒看到的那样。合成图片显示出照片剪切和不完善的拼接过程，在合成的拼图中，照片剪切后留下的毛边依旧清晰可见。

这种同时回望过去和展望将来的做法有效地框定了“现在”不稳定的边界。《老城市》丛书把老照片拿出来，装入书中的新相框之中。这种比喻性的相框发挥着某种预防性“围栏”的作用，围绕在我们有限的生命周围，同时也保护我们不受栏杆以外的事物的侵袭。相片在象征意义上代表着死亡对在世者领地的入侵，但同时又将这种威胁隔离起来，和我们保持一定距离。正如吴亮在《老上海》结尾处所说的：

> 老照片诱人去怀想前任的风华正茂，使之免于生死的恐惧。因而，反复引用一些老照片，等于是为我们围起了护栏。（235）

小于“一”，或大于“十二”

——有关北岛评价的一个个案分析

沈奇

引言

仅就文学艺术史而言，凡真正重要而优秀的人物，在被历史书写所书写的同时，也必然或多或少地影响到历史书写的书写理路。

换言之。一方面，凡真正重要而优秀的文学艺术家，在宿命般的创造之路，改变了他自身命运的同时，他也经由他的创造历程，改变了文学艺术的命运，从而为之开启或拓展了新的历史。另一方面，面对这样的历史人物之文本与人本，那些试图对之进行历史性书写或历史性阐释的书写者与阐释者，也不免会遭遇书写理路的纠结与阐释位格的挑战。

【作者简介】

沈奇，诗人、学者。著有诗集《沈奇诗选》、诗话集《无核之云》、诗学文集《沈奇诗学论集》（三卷）及文艺评论集《文本与肉身》《秋日之书》等十五种，编选《西方诗论精华》《现代小诗三百首》《当代新诗话》（丛书）等九种。在海内外发表诗歌评论及文艺评论文章一百余篇。部分作品和论文被翻译为英、日、德、瑞典、捷克、拉脱维亚等多国文字。曾获第二届“柳青文学奖”等。西安财经学院文学院教授，中国作家协会会员，陕西美术博物馆学术委员。

一个颇有意味的“张力”关系于此形成：历史书写者和阐释者，与被书写和阐释的历史文本（包括作品和作者）之间，或互为激活而增华加富（双方“文本化”的增华加富），或互为衰减而弱化位格（双方“文本化”的位格衰减）。更有意味的是，在这一“张力”关系中，被书写与阐释的历史文本（包括人本和文本），一般来说，大体上是被动的，乃至是全然“文本化”了的，所谓“作者已死”（罗兰·巴特）；反之，历史书写者和阐释者则大体是主动的，乃至是全然“人本化”了的，是以常常有“过度阐释”（桑塔格）之嫌。

悖论由此产生——仅就文学艺术史而言，所谓历史文本（包括人本和文本）的定位之论，或许难免，既是一个诱惑，又是一个很难达至的逻辑神话。

一

上述“引言”之论，源自有关北岛评价的一个典型个案之感想与思考。

二〇一〇年春天，以发表先锋小说和文史研究随笔为主、在当代文学期刊界享有盛誉的《钟山》文学杂志，继评选新时期文学三十年（一九七九—二〇〇九）十佳长篇小说后，又特别举办了一个评选三十年十大诗人的活动，在全国甄选十二位活跃在诗歌界的学者、评论家、编辑做推荐评委，各自推荐自己认定的十大诗人榜单，并撰写推荐语。随后，于二〇一〇年第五期（九月号）卷首位置，隆重推出此一推选结果的榜单细目和详尽推荐语。

这次活动，笔者有幸被“相中”，忝列十二位评委之一。至少在我而言，事先既不知道十二位推荐评委都是谁，也没有任何相关推荐活动的先期信息，只是纯粹凭个人三十余年的阅读与研究所得，在反复斟酌后，按照主办方评选规则，提交了自己认定的排行榜“榜单”和“推荐语”，完全是“背对背”式的个人负责，想来其他推荐评委也是如此。记得当年六月，我应邀出席“新世纪江苏诗歌研讨会”，在南京首次见到贾梦玮主编（此时推荐评选已结束），聚叙中还冒昧问到推荐评委中何以没有陈仲义，回答说因仲义是舒婷的先生，为了避嫌。可见，这次评选活动的全过程，是十分纯粹和公正的。

评选结果，北岛以唯一全票获得者，位列“十大诗人（一九七九—二〇〇九）十二个人的排行榜”榜首。[①]仅以笔者所见，这应该是北岛三十多年来，最具公共性的一次学术“礼遇”，也是最具学术性的一次公共“定位”。

众所周知，多年来，在当代中国大陆文化语境下的文学评奖及排行榜之举，无论官方还是民间，公布结果时，大都很少同时明示其详细评选过程及诸般细节，也很少涉及授奖词、推荐语之作者姓名与身份。由贾梦玮主持的这次《钟山》“十大诗人（一九七九—二〇〇九）十二个人的排行榜”，则完全透明公开，并真名实姓地一一公布了所有十二位评委的推荐榜单和推荐语，可谓难得一见的典型个案。由此，这一限定于一九七九—二〇〇九三十年当代中国诗歌历程的“十大诗人”排行榜，既是对诗人的考量，也成了对评委的考量——至少，在“北岛”这一排名榜首的名目下，于最具公共性的“定位之论”外，是否也最具学术性以及怎样位格的学术性，或许值得再做一点“后设”性质的分析讨论。

“张力”关系由此经典再现——众口一致的“礼遇”与众说纷纭的“延异”，在北岛这里，再次聚焦为一个考量“节点”：他轻松地获得了众口一致的“一”，又很不轻松地考量了众说纷纭的“十二”。那么，在难免“小于一”的“十二”之后，能否收摄出大于“十二”并接近“一”的“定位之论”，或可作为一个特殊文本供诗学界参考呢？

这正是引发笔者时隔五年后，动念撰写本文的诱惑所在。

当然，也不免犯难纠结：身为十二位推荐评委之一，何以有资格和权利对“众说纷纭”说三道四，以及修订另说？

好在文本生成发表后，此一典型个案，可以作为学术话题再做研讨的。何况本文的出发点和最终目的，主要不在对“十二”家之言的讨论，而在那个可能大于“十二”的“一”的求证，有如一个虚拟的学术研讨会，不妨试着分析说说看。另外，除笔者之外的十一位评委，我全都认识，且多为或师或友的关系，即或说得不对或有偏差，也无妨进一步商榷订正。

---

① 其他九位进入排行榜的诗人，以得票多少，依次排列为：西川（10票）、于坚（10票）、翟永明（10票）、昌耀（9票）、海子（9票）、欧阳江河（6票）、杨炼（5票）、王小妮（5票）、多多（4票）。另外，同时获十二位评委推荐，但没有能进入前十的诗人，依序票数多少，分别为牛汉（4票）、王家新（4票）、柏桦（4票）、顾城（3票）、食指（2票）、舒婷（2票）、蓝蓝（2票）、周伦佑（2票）、艾青（1票）、洛夫（1票）、李亚伟（1票）、郑敏（1票）、张枣（1票）、彭燕郊（1票）、麦城（1票）、孙文波（1票）、小海（1票）、韩东（1票）、东荡子（1票）、臧棣（1票）、肖开愚（1票）、尹丽川（1票）、吉狄马加（1票）、孙磊（1票）、伊沙（1票）。其中同为4票的诗人有四位，最终何以多多入选，不得而知。

二

《钟山》二〇一〇年第五期刊出的“十大诗人（一九七九—二〇〇九）十二个人的排行榜”推荐语，是按评委投票时间先后为序排列的。下面逐一引来，并冒昧点评，小做分析，看能否最终归纳出那个更具“定位之论”意义的“一”来——

敬文东：北岛是中国当代诗歌的一个象征符号。在最需要诗歌英雄的年代，北岛横空出世，他的诗作启迪了整整一代中国人。北岛的诗坚定、忧郁、紧皱眉头，直扑人生中最晦暗的部分，因而不具备任何形式的幽默感。他用自己的写作深入反思了一段荒唐的、人妖颠倒的历史，因而他也成为了历史的一部分，注定将被后人反复打量。

按照现行代际说法，“六〇后”的敬文东，还属于青年学者之列。在大学作教授、主攻当代诗学研究的同时，间或写诗写小说。平日为文作论，兼有学院理性和个在感性，每有论出，不但眼光思路独到，其文字语感，也多别具风致，每每令业界刮目。

但此次敬文东提交的北岛推荐语，仅仅百字余，就这，还大都为感怀式的指认，很少论定下判语，其用心与行文，似乎稍稍匆促了些，属于较为简短空泛的十二分之一。“在最需要诗歌英雄的年代，北岛横空出世，他的诗启迪了整整一代中国人。”唯此一结语，骨重神凝，是近于“一”的“定位之论”。不过此句中“诗歌英雄”一词有点别扭。另有一句指认北岛诗歌“不具备任何形式的幽默感”，是十二份推荐语中唯一涉及此论点的个见，是否得当，也只有存而不论。

耿占春：北岛无疑是新诗三十年最具象征性的人物。无论排几大诗人，想到北岛不须要犹豫，也几乎不须要评价。他启蒙了一代人的诗歌观念。在一九七零年代末，在官方诗歌的意识形态话语夺去表述内心语言的时候，他为没有个人抒情话语的几代人提供了愤怒的歌哭。我至今犹记得在校园路灯下在寒风中阅读北岛诗歌的那份激动。虽然那时已读过浪漫主义和某些西方现代诗，也读过了艾青、闻一多等，但北岛把诗歌的可能性置于我们自己的身边。

他再次提供了一个开端。正是缘于对北岛和他所编辑的《今天》的解读，我从幻想做一个诗人开始走向诗歌批评。

素有“思想者诗学家”美誉的耿占春，在当代中国诗学界可谓格高言深，别具分量，但此次做评委撰写推荐语时，却有些失重之憾。十二位评委中，占春是将北岛列为排名第一的七位评委之一，可见北岛在他心中的实际分量之重。也或许正是因为这份“重”之所在，一时之间，便将担负“定位之论”的推荐语，转而写成了个人感怀之小随笔，虽语重心长，到底还是多少有些偏离文体之要。

好在该下的关键性判语还是下了：“北岛无疑是新诗三十年最具象征性的人物”；“他为没有个人抒情话语的几代人提供了愤怒的歌哭”；以及“启蒙了一代人的诗歌观念”。有此骨架支撑，终不失大体。

张学昕：北岛主宰了一代人的诗歌记忆。他领衔的《今天》派诗人，开启了现代汉语诗歌新的历史。他早期的诗作，冷峻、庄严，带着强烈的怀疑和否定精神，成为当时主流意识形态话语的异质性回声，他也因此被诗歌史写作经典化，成为后来者膜拜或者“打倒”的对象。但实际上，北岛早已溢出了“朦胧诗”的边界。他到海外以后的写作，从音势到风格都发生了很大的变化。天涯孤旅、去国怀乡的经验，以及历史和人生的荒诞感，贯透在他的写作中，使他的诗歌呈现出一种平静内敛的忧郁。北岛曾说，在海外生活，母语成了他“唯一的现实”。而他的写作又何尝不是为母语增加了一种“现实”？总之，北岛为现代汉语诗歌提供的独异经验足以构成“影响的焦虑”，成为诗歌写作者不断重临的起点。也许，在未来的一代人的文学憧憬中，他诗歌的时间的玫瑰，会继续绽放在一种深邃记忆的沟壑中。

张学昕的推荐语，如一篇小论文，且文质并胜，连起承转合及字词斟酌都顾及到，可见用心之深、治学之严谨。张学昕做当代文学研究，主业在小说散文，艺术直觉和文章功底非同一般，是以偶尔旁涉诗歌，也毫不逊色。尽管在张学昕的推荐榜单上北岛位居第四（前三位依次是昌耀、杨炼、海子），但在他的推荐语中，对北岛的评价却颇具分量且甚是到位。

尤其，对北岛早期诗作，以“冷峻”、“庄严”、“强烈的怀疑和否定精神”

及“主流意识形态话语的异质性回声”做指认，对海外以后的写作，以“平静内敛的忧郁”做判语，还特别指出其中“音势”的变化，见解独到之外，用语更别具精辟。若略加改写，弱化其“文”而强化其“质”，算得最接近那个“一”的“十二分之一”的推荐语。

何平：准确地说，北岛的成名和他最具有公众认知度的诗歌《回答》《宣告》等都是在一九七九年之前。北岛和他的诗歌是沉沦时代普通公民自救的象征。历史成就了北岛以抵抗专制为核心的政治诗学，但这不是北岛的全部。进入一九八〇年代，北岛对于他抗议和控诉的时代有了更深刻的反思，《履历》和《白日梦》就是这样的代表作。从一定意义上说，北岛在当代诗歌阅读史上，是一个被充分注意到，同时他的某些部分又是被不恰当漠视的诗人。不只是普通读者，就是专业读者对于北岛去国以后的诗歌写作状况并不很了解。“中文是唯一的行李。”一九九〇年代之后，北岛很重要的母题是“漂泊”和“回归”。北岛二〇〇二年在接受《书城》杂志采访时说，“一切从头开始——作为一个普通人，学会自己生活，学会在异国他乡用自己的母语写作。那是重新修行的过程，通过写作来修行并重新认识生活，认识自己”。不只是在政治抗议的尺度上，北岛的诗歌如何获得诗学辨识是我们必须正视的一个问题。

常为学生点赞有学术“风范”的青年学者何平教授，同张学昕一样，诗歌评论也非其主业，是以一时顺遂，也将“推荐语”写成了小论文，行文中还有两处来自北岛自己的引文为证，且着力并归旨于北岛诗歌如何获得纯粹意义上的“诗学辨析”，来纠正惯以“政治诗学”尺度以偏概全的问题，如此行文，不免有些偏离“推荐语”这类文体的规范尺度。

其实用心甚切。这不仅表现在何平将北岛排在他的推荐榜单的榜首，而且不惜越出“论域”，为北岛的历史定位“借此”一辩，其学术立场和人文情怀可见一斑。到了，其“北岛和他的诗歌是沉沦时代普遍公民自救的象征”一句判语，或可作为“一”的参考词条之一。

燎原：作为“朦胧诗”的代表性诗人，北岛的诗歌艺术行程，直接呼应了“五四”新文化运动的启蒙精神。他以非凡的艺术诚勇，犀利的思想精神启蒙，开创了中国新时期现代主义诗歌的先河。亘贯在他诗歌中尖锐的现代质疑精神，点化精微的冷峻诗艺，形成了与既有主流诗歌传统的峻厉质对，由此而影响了一个时代的诗歌方向。从北岛秉持的艺术立场上溯，是先行者鲁迅的清晰的背影。

推荐语，以及诸如此类的授奖词、评语等，是所有现代文论中，最为微妙而难就的一种特殊文体。这种文体，既不同于一般文章或论文，又不同于相近的批注、提要、引言、按语、断想等；既要字斟句酌而简要精妙下“判语”，以极为有限的文字“中的”而“立论”，又要不失内在统一结构，有大体脉络作隐形关联，最终达至对所“荐”、所“奖”、所“评”者的高度概括和精确表述，成为经得起历史认证的独家“定论”。

设若笔者的这一认知，就学理考量还算成立的话，作为十二位评委之一的燎原所撰写的推荐语，应该是较为到位者之一，无愧资深诗歌评论家的身份与修为所在。尤其所下“点化精微的冷峻诗艺”一句判语，可谓精准细切。而仅以百余字文字概括言之，确然已大体接近可以想象中的“一”的“期待值”位格。

陈　超：北岛的诗一直以其冷峻的怀疑主义和不妥协的批判精神，深刻的悲剧风格与荒诞感的扭结，揭示出生存和生命经验，更新了一代人的情感。三十年来，他一直是一个“有方向写作”的诗人。始终围绕着人的存在，人的自由，人的现实、历史和文化境遇，人的宿命，人对有限生命的超越，以及诗人与语言艺术的复杂关系等方面展开。他的诗中持续表现出的孤独感、焦虑感、荒诞感、悲剧感，他的怀疑和批判精神，都可以聚焦式地在对“人”和“语言”的关注这两个层面上得到纵深的解释。令人赞许的是，这些沉痛而丰富的情感经验，都是经由对严谨而奇妙结构中的细小而神奇的“语象”纹理的雕刻，从而显豁地呈现出来的，而非被动地依赖于“本事”细节。这样做的好处是，使北岛的诗既有写作发生学或动力源意义上的真实，又有“元诗”意义上的精密感和高度的专业精神；既能有效地表达个人心灵，又为读者提供了某种超验性引申的机会。

圣徒般纯粹、深切、专一、丰赡的陈超，在当代中国诗歌界有口皆碑。学养、学理、情怀、问题意识、艺术直觉、同呼吸共命运以及细读深研之功力修为，在在令人感佩而信任。此次陈超推荐的“排行榜”上，北岛位列第一，其推荐语之用心用力，近乎“超饱和”，难免显得稍稍滞重了些。

“有方向写作”，是陈超惯常拿来评判优秀诗人的第一标准，北岛当然是此一标准的典型代表。体现“北岛式”诗歌写作方向的聚焦点，陈超归纳为“在对‘人’和‘语言’的关注这两个层面上得到纵深的解释”，并称许其“有‘元诗’意义上的精密度和高度的专业精神”，实为精辟之见、“定位之论”。

沈奇：简约而精美的形式，丰富而深刻的内涵，缜密而统一的风格；对精神现象之独到的省视，对词语历险之特殊的专注，对独立的非面具化非类型化之写者立场持久而孤傲的坚守——由代言到内省到深入语言的奇境，汉语诗歌的抒情传统之现代性转换，在北岛艰卓而富于艺术自律的创作中，得以历史性的过渡，从而成为有号召性与影响力的、勾勒出现代汉诗的现代性品质之轮廓与基质的第一人。前期作品，以其正义与自由的呼吸，推开被黑暗锁闭的门窗，传播人的尊严和美的信念，在纠正生活方向的同时也纠正了诗的方向，影响及整个时代的良知与美感；后期作品，于独白的抒写中，建构与世界相通的诗意与诗境，并将修辞行为提升到一个同人生经验和人类意识和谐共生而更趋完美的境界，为跨越世纪的当代汉语诗歌，贡献了更为精湛的技艺资源和超凡脱俗的精神源泉。

对成名诗人的定位，限于现当代语境，我向来持三种尺度看待之：重要的；优秀的；既重要又优秀的。从中国特色的文学史及诗歌史的角度去看，许多优秀的诗人似乎并不重要；从纯诗学的角度来说，其实许多重要的诗人又不尽优秀。真正既重要又优秀的诗人，是那些既以自己的诗学观念，对诗歌艺术的发展起过重要的开启与推动作用，又以自己的诗歌写作之质与量，足以自成一家而影响于后来的诗人——以此来看北岛，至少就二十世纪下半叶以来中国大陆诗人族群而言，当属第一人。问题是，这一带有“中国特色”的“双重标准”之“重要”一说，其实至今为止，依然脱不了五四新文学，尤其是当代文学之历史书写的旧套路，偏重于诸如时代价值、社会价值、历史价值等方面的考量，而非纯粹诗学意义上的辨析与认定。

正是基于此种反思，我在提交的“排行榜”中，将北岛排在洛夫之后，位居第二。我是想就此表示，仅就诗歌艺术的原创性、丰富性以及汉语气质，还有诗学方面的建构等总体成就而言，北岛还是稍稍逊色一点，尽管其实际的影响力，要远远超过洛夫。[①]我与北岛是同龄人，尽管从未见过面，但细读过他几乎所有的作品，一直敬仰在心，只是因多年着重力于“朦胧诗”之后的诗歌研究，一时没有付诸文字论说而已。是以此次撰写推荐语，谨重有加而字斟句酌、反复修订，以至有些用力过了之嫌。尤其后半部分文字，将北岛诗歌写作简单分为前期与后期，并予以不同的价值指认，有失学理之谨严。其实北岛的写作方向和作品风格，尤其是内在气质与韵致，基本上是一致贯穿始终的，不宜轻易做前后期比较。倒是“推荐语”的前半部分所下判语，自认还算在理在言，不负心仪，也不失论定位格。

黄礼孩：北岛的诗歌是一个特殊时代的符号，他的诗歌在这个时期的影响是普遍和深刻的。跟新诗开始的五四文化运动时期有着十分的相似，“文革”后的新诗几乎是从空白中爆发出来的，北岛在这个时候英雄地站出来了，以他为代表的被冠以“朦胧”之名的诗歌，震醒了新时期尚处于昏睡状态的人民。

黄礼孩是十二位评委中唯一一位“七〇后”民间诗人、诗歌编辑家、诗歌活动家。以一人之力创办并主编民间诗刊《诗歌与人》近二十年，独自创办“诗歌与人·国际诗歌奖”十届，实在可算是当代中国诗歌历程中，别开一界的奇迹，我曾撰文称其为阳光“礼孩”、诗歌“圣婴”。《钟山》贾梦玮选择黄礼孩作本次评委，不失为切实周详，“视野”、“在场感”、“代际”因素，仅此三点，足以增补全面。

作为新世纪前后“崛起”的青年诗人，或许在礼孩心里，早已将北岛划归

① 我从事当代诗歌研究，打一开始，便将所谓“两岸三地”及“海外”汉语新诗写作，纳入一个版图、一个历史谱系去看待，所谓“大中华诗歌”（洛夫）。故而，在应邀出任《钟山》“十大诗人（1979—2009）十二个人的排行榜”推荐评委时，也作如此观。待评选结果出来后，才发现其他推荐评委，实际上还是依循大陆当代文学史和当代诗歌史多年形成的研究思路与书写理路，将台港澳及海外诗人作“另册”看待了。或许还有时间维度问题，即认为洛夫成名与影响在早，与“三十年”无干。其实洛夫正是在这三十年里，以长诗巨作《漂木》（2001）、《诗魔之歌》（1990，花城出版社）、探索诗集《隐题诗》（1993）、现代禅诗集《洛夫禅诗》（2003）等作品深度影响及两岸诗界，仅在大陆出版的单本诗集及多卷本选集，就有十多种，并获大陆多项重要诗歌奖项，理应在入选范围的。由此推算，设若《钟山》主办者原本也是以这样的版图和谱系为限的话，去掉洛夫“候选资格”，或仅就大陆诗人为限，那么北岛自然当属我的“榜首”之选。

疏离于当代诗歌现场的历史定论人物看待，是以他的“诗歌与人 · 国际诗歌奖”一直缺席北岛。此次评选，礼孩将北岛排名第一，并称之为“英雄”，但仅仅百余字的推荐语，只是重新认定了一下历史地位，且限定在“过去时”时态，缺乏实质性的价值指认。开头一句指称“北岛的诗歌是一个特殊时代的符号”，也不免有些含混不清。实际上，礼孩此种状况，或许代表着新一代诗人之价值理念的暗自转换，并提出了一个有关北岛诗歌是否在当下已然“失效”，还是属于任何时代之经典这样的命题——这命题由来已久，却总是难以“定论”，而一再成为新的话题。

唐晓渡：从最初的引领者到后来的精神象征，北岛一直是当代汉语诗歌伟大复兴最杰出的代表和最重要的灵魂人物之一。正是经由他和他的伙伴们所开启的变革潮流，当代诗歌得以于绝地重归自主自律的传统大道，重建汉语不可摧折的自由和尊严，并成为当代世界诗歌最富活力和潜能的部分。他的写作沉郁而机警，敏锐而精审，强硬而不失温润；他使冷峻的怀疑立场、不妥协的批判精神、深邃的人道主义关怀和诗意发现的洞幽察微，在历史、现实、自我的诸多层面，尤其是其无意识层面上相互烛照，彼此生发，进而在语言中开放或结晶。他的诗充满理性的力量而又超越了理性，用于正义的担当而又始终恪守诗自身的正义。他坚持叩问、探询被抛的个体生命和一个“正在趋于完美的夜”之间的种种幽昧关系及其话语的可能性，坚持以孤独、荒谬、焦虑、错位和悲剧为主题向度，使独特形式和风格的持续锻造同时成为对现代人生存和心灵境遇的持续揭示。据此他把变幻莫测的人生命运不断转化成“不可言说的言说”之诗的宿命，把这一宿命转化成一个“不断调音和定音的过程”，并在这一过程中不断重申诗歌艺术的真义：某种注定要归于失败，但也因此注定要被反复尝试的、语言和沉默之间的“危险的平衡”。

因了风云际会之历史成因，作为北岛及其所代表的《今天》派诗人或者“朦胧诗派”的同路人、代言人、“护法使者”，一直以来，唐晓渡在当代中国诗歌界的独有地位和独特声音及持续影响力无可替代。历史选择了晓渡，晓渡也始终对历史恪尽“职守”，任何时候，任何言说，为文本或为人本，皆一以贯之，葆有严谨、缜密、高迈的专业风度，令人感佩！

此次晓渡出任评委，荐北岛为榜首，其推荐语之得体而凝重，无出其右者，具有相当的权威性，也是最接近定论之“一”的十二分之一。起首句：“从最初的引领者到后来的精神象征，北岛一直是当代汉语诗歌伟大复兴最杰出的代表和最重要的灵魂人物之一”，已是点睛之语。中间一句“他的诗充满了理性的力量而又超越了理性，用于正义的担当而又始终恪守诗自身的正义”之判语，及随后“坚持以孤独、荒谬、焦虑、错位和悲剧为主题向度，使独特形式和风格的持续锻造同时成为现代人生存和心灵境遇的持续揭示”之指认，既是知己之见，又有着教科书般的精辟而深湛。只是，设若真要以教科书之“普世性”价值认同，以及语义与语感的认同为考虑，晓渡推荐语中的不少用词用语，还是略微显得高蹈了些。当然话说回来，既是个人推荐，所作言说是否一定要考虑理解的难度，或许也是个伪命题。另外，行文中将北岛的同路人称为“伙伴”，不仅语感上不统一，而且语气之分量也有失整体之凝重。

何言宏：对于北岛，我很同意一位海外学者所曾指出的，即他代表了中国的声音。他在中国当代诗歌史上的重要地位，目前还罕有其匹。他的诗歌，无论是其早期的高亢，还是在他去国之后的低回，都是中国的良知或者心灵的真实表达。北岛早期诗作中的人道精神、英雄情怀和他对世界勇于怀疑与挑战的精神姿态，与那个时代保持了应有的张力；而他去国以后的大量作品，即使有着难以掩抑的孤独、哀伤甚至落寞，但仍有着巨大的悲情，和他的祖国息息相关。在诗歌史的意义上，北岛开创了两个非常重要的传统，即以《今天》所开创的民刊传统和以其自身的诗歌实践所开创的反抗与介入的诗学传统。

身兼多职、言路多维的“六〇后”教授何言宏，近年对当代诗歌理论与批评的亲近与投入，显然更多更活跃一些。此次他给出的排行榜，特别关注到“非非主义”的代表人物周伦佑（另一票为笔者推荐），可见别有深入。有意味的是，何言宏所提交的推荐语，同何平教授有大致相近的语式和风致，委婉，中肯，商量培养中，见出确切与明达。

何言宏对北岛的评价，关键之处，在其指认北岛“开创了两个非常重要的传统，即以《今天》所开创的民刊传统，和以其自身的诗歌实践所开创的反抗与介入的诗学传统”。这一判语，将北岛的历史价值与现实意义，于诗学层面之考量外，更延伸及文化学层面的确认，别具分量。

吴思敬：北岛作为一个新时代的歌者，他直面现实的勇气、独立的人格力量和觉醒者的先驱意识，他的强烈的使命感和社会责任感，他诗中凝结的一，使他理所当然地成为朦胧诗派的代表人物，他的作品也构成了当代中国的一种重要的文化现象。进入新时期的年轻人，需要听到一种新的声音，一种发自真正意义上的人的声音。这种声音，他们在北岛的诗中听到了。北岛是个有强烈使命感的战士，同时也是一位有独立的审美品格的诗人。北岛的诗歌有丰富的象征意象，后又借鉴西方超现实主义等现代主义手法，构建了一个独特的诗歌艺术世界，为中国新诗的现代转型起了重要的推动作用。

作为本次评委中唯一一位前辈学者，吴思敬的分量，多少要大于“十二分之一”一些的。我曾在题为《摆渡者的侧影——吴思敬诗学精神散论》一文中，称他为跨越三代诗歌历程的“摆渡者”，并认为先生的仁厚、热忱、纯正、睿智，既从善如流又不失历史维度的学术精神，以及集立言、立行、立德于一身的学人风范，为其胜任并出色发挥“摆渡者”职能奠定了坚实的基质。

吴思敬的当代诗歌评论，正是从对“朦胧诗”的激赏与鼓呼为开端，至今四十余年，依然走心、接地气、“摆渡”在现场。以此资历，出任本次评委，自是得心应手。北岛在吴思敬给出的榜单上也是位列第一，所下推荐语，依体谋句，循范成篇，中正严整，纯是史家语。其中指认北岛的作品“构成了当代中国的一种重要的文化现象”，更是独家判语，重要见解。

张清华：他是使当代中国的诗歌在黑暗的精神幕布上撕开缺口的诗人，是使当代诗歌的潜流浮出地表、使孕育中的先锋写作露出冰山一角的诗人，在这个意义上，他也是一位先驱。“卑鄙是卑鄙者的通行证，高尚是高尚者的墓志铭”，他使诗歌的箴言在社会变革的前夜生发为一种巨大的文明召唤、启蒙讯息与启示力量，并且因为对于压力的勇敢承担，而产生出强大的道义与人格力量，从这个意义上，他的地位也无可替代。同时，他在国际诗坛广泛的精神影响，也使得中国的当代诗歌真正得以走出国门。从文本上说，他的精准和简洁、犀利和持续的批判性，在早期的启蒙主义思想和之后的个体精神价值的转换衔接方面，在文本的单纯性与复合性的统一方面，都具有强烈的引领意义，而他对于写作的专业性的一以贯之的追求，对于中国当代诗人也具有重要的示范意义。

当代中国诗歌进入新世纪历程后，作为名校教授和名家学者的张清华，以其专业的视角、敏锐的言说、广泛的在场，成为诗坛“一线人物”，其活跃度和影响度，都相当显要。此次清华给出的十大诗人“排行榜”，前有食指为首，后有伊沙殿军，北岛排名第二，仅有两票的舒婷排名第三（另一票为笔者推荐），其十票构成，大体依循重要与优秀“双轨制”之现当代文学史治史理念考量所然，自是中规中矩。

不过，学院位格之外，作为写诗出身的清华，还保留不少诗人气质。其给出的北岛推荐语，从语感到语式，都带着些诗性的激昂，赋予理性言说的学院话语以别样的动态，如起首一段判语，即是典型。最后一段对北岛文本以两个方面之“引领意义”和“示范意义”做结，更是论家之见、史家之笔。

三

经由上述点评分析，现在似乎可以从十二家推荐语中，试着归纳出那个更具“定位之论”意义的“一”来了——

从最初的引领者到后来的精神象征，北岛一直是当代汉语诗歌伟大复兴最杰出的代表和最重要的灵魂人物之一。北岛开创了两个非常重要的传统，即以《今天》所开创的民刊传统和以其自身的诗歌实践所开创的反抗与介入的诗学传统。他直面现实的勇气、独立的人格力量和觉醒者的先驱意识，成为沉沦时代主流意识形态话语的异质性回声，及普遍公民自救的象征。在官方诗歌的意识形态话语夺去表述内心语言的时候，他为没有个人抒情话语的几代人提供了愤怒的歌哭，从而构成了当代中国一种重要的文化现象。

对精神现象之独到的省视，对词语历险之特殊的专注，对独立的非面具化非类型化之写者立场持久而孤傲的坚守——由代言到内省到深入语言的奇境，汉语诗歌的抒情传统之现代性转化，在北岛艰卓而富于艺术自律的创作中，得以历史性的过渡，从而成为有号召性与影响力的、勾勒出现代汉诗的现代性品质之轮廓与基质的第一人。他的怀疑和批判精神，都可以聚焦式的在对“人”和“语言”的关注这两个层面上得到纵深的解释。他的诗充满了理性的力量而又超越了理性，用于正义的担当而又始终恪守诗自身的正义。坚持以孤独、荒谬、焦虑、错位和悲剧为主题向度，使独特形式和风格的持续锻造，同时成为现代人生存和心灵境遇的持续揭示。他的精准、简洁、犀利，以及平静内敛的忧郁气质，在早期的启蒙主义思想和之后的个体精神价值的转换衔接方面，在文本的单纯性与复合性的统一方面，都具有强烈的引领意义。

北岛的诗既有写作发生学或动力源意义上的真实，又有“元诗”意义上的精密感和高度的专业精神；既能有效地表达个人心灵，又为读者提供了某种超越性引申的机会。亘贯在他诗歌中尖锐的现代质疑精神，点化精微的冷峻诗艺，形成了与既有诗歌传统的峻厉质对，由此而影响了一个时代的诗歌方向。

在对众家之长做了最大限度的精简之后，依然有近八百字的上述“归纳”，显然已远远超出“推荐语”的范例，成了一时难以归类的特殊“文献”。可以想见的是，设若有重写当代中国诗歌史的新一代学人关注到此一“文献”，倒不失为一个重要参考。当然，仅就“学术位格”而言，这段“归纳”文字的分量之重之全面，大于原初文本的“十二”是可以肯定的，但是否就是近于“一”之定论，肯定不能肯定。诗无达诂，何来定论？人皆行者，何以定位？何况北岛尚在盛年，始得安稳，后续创作与成就，尚未可知，又何以作“定位之论”呢？

如此绕了一大圈，又回到本文开头“引论”部分提出的那个悖论：所谓历史文本（包括人本和文本）的定位之论，终归既是一个诱惑，又是一个很难达至的逻辑神话。无论为谁做定论，无论谁来做定论，无论是一家之言还是众家之长，最后的结果，只会“小于一”——小于那个被定论的“一”，或那个可能存在的“唯一”的定论。故而，也便有了那个无限丰富的“阐释空间”和无限可能的历史书写之“书写理路”。而这，才是最重要的。

同时需要提醒的是，在当下时代语境，面对北岛这样重要而优秀的历史人物，面对以北岛这样的历史人物做历史书写的热点所在，是否还应该多少保持一点必要的清醒与冷静，以免于无意之间，陷入应转型后的主流意识形态所需，及商业社会与消费文化共谋，而虚构的“荣誉空间”与“交流平台”之陷阱，从而留下新的遗憾与尴尬。

二〇一六年三月十五日于西安大雁塔印若居

二〇一六年四月二日校订

叹词魂归何处？（下）

敬文东

以近人程树德之见，孔子影响深远的“思无邪”之说，并非人们通常理解的所“思”醇正。程氏依据古籍陈例，训“邪”为“虚”。因此，“思无邪”的确切含义更有可能是：“诗三百篇，无论孝子、忠臣、怨男、愁女皆出于至情流溢，直写衷曲，毫无伪托虚徐之意。”[①]“诗无邪”的重心，应当落实在情感自然而不假修饰上。[②]原始儒家颇为乐观地认为，“喜怒哀乐之未发谓之中，发而皆中节谓之和。中也者，天下之大本也，和也者，天下之达道也，致中和，天地位焉，万物有焉”。[③]既然“诗三百”的本质特性，不过是“至情流溢，直写衷曲”，“流溢”和“衷曲”还跟“怨男”、“愁女”有染，诗就大有可能既是“中”的反对者，又是“和”的反面。感叹是诗的实质，感叹因此逻辑性地有违“中”、“和”；有违“中”、“和”，则意味着偏离不动常寂的本性。

【作者简介】

敬文东，中央民族大学文学院教授。

① 程树德：《论语集释》“子曰：诗三百，一言以蔽之曰，思无邪”条。

② 见闻一多《诗经的性欲观》，《闻一多全集》第3卷，第169—190页，武汉：湖北人民出版社，1993；见谭正璧《诗歌中的性欲描写》，第246—247页，上海：上海古籍出版社，2012。

③ 《礼记·中庸》。

秉承汉娜·阿伦特（Hannah Arendt）所谓“权力是使公共领域存在的东西”[①]的反讽性教诲，或者，对亨利·列斐伏尔所谓“官僚主义总是让恐怖主义处于统治地位”的正面呼应，[②]一向以孔子和儒家为宫廷官衙装饰物的中华帝国[③]对感叹进行严密的监控，就是顺理成章之事。[④]一整部漫长的中国古代史无处不在昭示：对拒绝“死在诞生之时”这个奇异特性持不信任的态度，在暗中监控隐藏于诗篇中的叹词，尤其是监控叹词无处不在的精神，是中华帝国一向看重的国家事务。[⑤]即使是《石头记》的作者，在小说开篇不多时发出“此系身前身后事，倩谁寄去作神传”的慨叹后，为免除随时可能到来的猜忌，不得不为叹词的隐蔽精神事先辩诬[⑥]：

将这《石头记》再检阅一遍。因见上面虽有些指奸责佞、贬恶诛邪之语，亦非伤时骂世之旨；及至君仁臣良、父慈子孝，凡伦常所在之处，皆是称功颂德，眷眷无穷，实非别书可比……因毫不干涉时事，方从头至尾抄录回来问世传奇。[⑦]

如果叹词的滋生物尽皆“君仁臣良”、“父慈子孝”、“称功颂德”，如果叹词像肛门发出的声音那般，从不具备滋生和创化的能力，只在恶心人的那一刻寿终正寝，该会省却帝国多少心事与力量！屁声是野蛮人的本能，是文明人的禁忌；感叹的多样性无限繁杂，而多样性在暗处正好意味着危险性，意味着“伤时骂世之旨”和“干涉时事”，感叹因此更有资格成为帝国的禁忌——至少某些特殊的感叹，或被认作特殊的感叹就是这样的。有被列为禁忌的小小

① 汉娜·阿伦特：《人的条件》，第 200 页，竺乾威等译，上海：上海人民出版社，1999。

② 亨利·列斐伏尔：《空间与政治》，第 53 页，李春译，上海：上海人民出版社，2008。

③ 见敬文东《牲人盈天下》，前揭，第 55—62 页。

④ 比如发生在康、雍、乾三朝众多的文字狱，以及这些残酷的文字狱对世人和士人的心理造成的巨大影响（参阅王汎森《权力的毛细管作用》，第 345—442 页，北京：北京大学出版社，2015）。

⑤ 见黄裳《笔祸史谈丛》，第 13—19 页，北京：北京出版社，2003；见陈正宏等《中国禁书史》，第 18—63 页，上海：学林出版社，2004；见黄梦辰：《清代各省禁书汇考》，第 12、19、28、30 页，书目文献出版社，1989。

⑥ 陈世骧认为中国古典小说和戏剧都有强烈的抒情精神，因此也可将之归结到叹词的隐蔽精神上（见陈世骧《中国文学的抒情传统》，前揭，第 6—9 页）。

⑦ 《红楼梦》第一回。

屁声作参照，复杂多样的感叹被监控，就显得更加符合逻辑，何况它还打击了“中”与“和”，给“天地位焉，万物有焉”脸上抹了黑。最终，感叹或叹词要么被帝国化，要么被帝国屁声化。所谓帝国化，就是将叹词纳入帝国的轨道，成为帝国意识形态的一部分；所谓屁声化，就是让拥有危险性的感叹像被禁忌之物（即屁声）那般旋生旋灭，死于诞生之时。帝国化是监控的终极目的，屁声化则是为终极目的设置的惩戒手段。

宛若“内心抒情诗在斯大林时代几乎是禁果”，[①]在中国，自殷迄清，监控活动乐此不疲，当得起“矰缴每从文字起”[②]的深沉慨叹（而非初民的惊讶）。从此，变得益发胆小、自觉的帝国读书人，只得从心理上摆出一副“著书都为稻粱谋”的架势，以达至“避席畏闻文字狱”[③]的目的或境界，严格遵从“北客若来休问事，西湖虽好莫题诗”[④]的保命戒律。就像赫西俄德（Hesiod）告诫过的：“人类最宝贵的财富是一条慎言的舌头，最大的快乐是它的有分寸的活动。”[⑤]在镐京，周宣王闻听“月将升，日将没；檿弧箕服，几亡周国”的小谣曲，愤而掠杀数人，很是“任性”！[⑥]在汴梁，李后主思念故国，蘸泪咏诵诸如“小楼昨夜又东风”、“一江春水向东流”一类毫无战斗力可言的软句艳词，却被警惕性蛮高的宋太宗候个正着，终以牵机药毒杀；[⑦]同样在“清明上河图”所描画的地方，倡导“明法以课试郡吏”的宋神宗，在闻听东坡居士“读书万卷不读律，致君尧舜知无术”[⑧]的慨叹后，架不住御史台诸臣工的怂恿，禁不住动了杀心；在北京，乾隆帝闻得“清风不识字，何必乱翻书”之句，盛怒之下，作诗者徐述夔旋即被戮尸，[⑨]显得更为“任性”……王通很是善解人意，对于叹词的帝国化，他有过提纲挈领般的陈述，甚至还提出过诗的“四名五志说”，以为助拳之用：“一曰化，天子所以风天下也；二曰政，蕃臣所以移其俗也；三曰颂，以成功告于神明者

① 叶夫图申科：《提前撰写的自传》，第40页，苏杭译，广州：花城出版社，1998。

② 王撰：《闻雁有感》。

③ 龚自珍：《咏史·金粉东南十五州》。

④ 文同：《送行诗》。

⑤ 赫西俄德：《工作与时日·神谱》，第22页，张竹明等译，北京：商务印书馆，1997。

⑥ 见冯梦龙等《东周列国志》第一回。

⑦ 见王铚《默记》卷一。

⑧ 《宋史·苏轼传》。

⑨ 见杨乾坤《中国古代文字狱》，第261页，西安：陕西人民出版社，1999。

也；四曰叹，以陈悔立戒于家也。凡此四者，或美焉，或勉焉，或伤焉，或恶焉，或诫焉，是谓五志。”[①]考诸“四名五志说”的本义，王通大有可能赞同郑覃向唐太宗所进的谗言：即使贵如“《诗》之雅、颂”，也尽“皆下刺上所为，非上化下而作”[②]——《诗经》整个儿就是对王室的讥刺，陛下最好不予理睬，不予提倡。因此，惟有将此等不怀好意的感叹者，还有叹词无处不在的精神给屁声化，让它终了于诞生之时，才既可以省心省事省力，也能对应于帝国及其掌舵者的“任性”癖好。

……俱往矣，世易时移，数风流情事，还看今朝。很容易观察到，在体制性的国家力量尚未介入新诗时，新诗中不过出现了两组相互对立的关系：现代性带来的孤独被叹词的否定功能本能性地覆盖（比如戴望舒等），现代性被认为能够强种富国，被叹词的肯定功能本能性地覆盖（比如郭沫若等）；现代性除孤独之外的其他缺陷被眼力更准的诗人施以叹词的否定功能（比如穆旦），现代性能强大中国因此被诗人们纷纷施以叹词的肯定性（比如郭小川等）。逻辑之车运行于此，满可以“升高从远眸”，望断天涯路：除了较为顽固的旧诗心理或旧诗情结外，对新晋叹词的监控活动，主要不来自新诗外部的体制性力量，而是来自新诗自身，来自新晋叹词内部拥有的正反两种功能（即肯定与否定），正所谓“季孙之忧，不在颛臾，而在萧墙之内也”。[③]加斯东·巴什拉（Gaston Bachelard）乐于断言：火既有肯定的能力又有否定的能力，因此，它能成为一种普遍解释的原则。与此情形在性质和句法上几乎完全相同，叹词也是一种普遍解释的原则，因为它同时具有肯定和否定的能力。这两种能力在体制性的外力介入之前，始终在怂恿叹词与叹词互相监控；或者，唆使叹词一分为二，互为矛与盾、互相攻击，就像李亚伟说的：“我一分为二 / 把自己掰开交到你的手头 / 让你握住了舵。”（李亚伟：《野马与尘埃》第四首）很显然，穆旦之“啊”（对现代性的否定）正是对郭沫若之“啊啊”（对现代性的肯定）的反对，王独清的“啊”（对孤独的否定）则是对郭小川的“啊啊”（对社会主义建设的肯定）提前给出的嘲笑，反之亦然。有点辛辣，有点来自于新诗逻辑上的预见性，虽

① 《旧唐书·郑覃传》。

② 《论语·季氏》。

③ 见巴什拉《火的精神分析》，第 9 页，车槿山译，北京：生活·读书·新知三联书店，1992。

然看起来很模糊，以至于近乎不存在。

* * *

除了梅光迪、胡先骕等人抱持不放的旧诗心理（或曰旧诗情结），除了叹词作为普遍解释原则导致的自我监控，还想对叹词及其隐蔽精神实施监控的，尚有来自道德方面的力量。相对于旧诗心理，相对于叹词一分为二后实行的自我监控，道德方面的力量虽然远在萧墙之外，却仍然称不上体制性力量，与国家（或帝国）没有关系。在中国，当各种力量此消彼长之后，无神论的道德总是自以为最有分量，也被许多人、许多机构和团体认作最有分量。左拉（Émile Zola）的好友泰恩（Hippojyte-Adolphe Taine）不无刻薄地说：在更多时刻，“罪恶和道德就如硫酸与糖一样都是产品”。[①]同为人造的产品，自以为与理想长相厮守的道德实在不能妄称高尚，也不能被某些人认作洁净与清澈。王朔的反问很见功力：“社会很容易被质疑，人群总是显得麻木且腐败，理想就那么清白吗？”[②]罪恶和硫酸的不清白，不能成为道德和糖注定清白的证据。这只是问题的一方面，出源于道德自身有可能存在的劣根性；但在短暂的新诗史上，监控新晋叹词的道德，毕竟至少和追求阶级平等的普罗文学有关，和追求民族生存的抗战军兴有染。它们都曾一度理所当然地被认为占据着伦理的制高点，神圣不可侵犯。蒲风说：“‘九一八’以后，一切都趋于尖锐化，再不容你伤春悲秋或作童年的回忆了。”[③]因此，道德主义有那么一点“挟天子以令诸侯”的味道或神情，就是可以想见之事；它自认为有能力让叹词最终就范——如果不是轻易就范的话，也是自然而然之事。

普罗文学和抗战军兴一并认为，在如此严酷的时代，诸如新月派那般花前月下，诸如废名、戴望舒那般忧郁和愁闷，诸如卞之琳、何其芳那般精雕细琢，眼界不免狭窄，视野有失于迷惘，以至于“历史的车轮”就要“推他们上了没落的墓道”；[④]而徐志摩等人“突出个性、突出反抗精神的个性化的浪漫主义”，[⑤]则

---

① 转引自张大春《小说稗类》，第133页，桂林：广西师范大学出版社，2004。

② 王朔：《鸟儿问答》，第2页，天津：天津人民出版社，2007。

③ 蒲风：《五四到现在的中国诗坛鸟瞰》，《诗歌季刊》第一卷第1—2期（1934—1935年）。

④ 彭康：《什么是“健康”与“尊严”》，《创造月刊》第1卷第12期，1928年7月。

⑤ 帕特莉卡·劳伦斯：《丽莉·布瑞斯珂的中国眼镜》，第165页，万江波等译，上海：上海书店出版社，2008。

因远离人民大众、远离灾难与炮火，顶好被置之于不被理睬的境地，最好是被遗忘。普罗文学与抗战军兴还认为，以“啊”为中心的叹词受现代性指使，总是下意识地将眼光投放给现代人性，过于宠幸现代人性；但相对于宏大的时代、血与火的场面，现代人性（即孤独）终究算得了什么？诗人能否本着对民族和时代的责任心，将滋生情怀与诗意的叹词，投放到更广大的实在，更繁复的历史境遇？艾青代表道德主义，发出了有点咄咄逼人的责问声：某些自恋的叹词是否能够和“象征主义的、神秘主义的、近似精神病患者精神的呼喊，苍白的呓语，空虚的内省，与带着颤栗的声音的独白绝缘”呢？[①]不用说，这是道德力量依据普罗文学的内部法则，依据抗战军兴对新型情感范式的需求，对叹词发出的威胁，对新诗提出的希望。集威胁和希望于一体，正是道德力量在监控叹词那方面的独特性之所在。但最终，还是新诗自身的逻辑、潜意识和宿命性占了上风；道德主义并未因其制高点上的优势，并未因其手握制空权，就主宰了叹词的走向与命运。因为现代性和新诗间近乎于自然性的铁哥们关系，叹词并未轻易就范，尽管它也做了某些颇识时务的妥协与让步；[②]而在道德的感召下，一度唯道德主义马首是瞻的叹词及其被掌控者（比如中国诗歌会诸君以及七月派诸君），真诚地费尽心思，真诚地拥抱时代，也未能造就更多、更好、更让人羡慕与佩服的作品。[③]和前两种来自萧墙之内的监控非常相似，道德主义之于

① 艾青：《论抗战以来的中国新诗》，《艾青全集》第 3 卷，第 171 页，济南：山东文艺出版社，1991。

② 比如徐志摩就反驳过：“你们也不用提醒我这是什么日子；不用告诉我这遍地的荒灾，与现有的以及在隐伏中的更大的变乱……我只要你们记得有一种天教歌唱的鸟不到呕血不住口，它的歌里有他独自知道的另一个世界的愉快，也有它独自知道的悲哀与伤痛的鲜明；诗人也是一种痴鸟……他的痛苦与快乐是浑成的一片。”（徐志摩：《猛虎集·序文》，上海：新月书店，1931）梁宗岱也反驳说：“第一，一个真诚的诗人不能违背他的良心，违背他的生活经验写作；第二，服务国家并不限于一途，应用到本问题上，就是，诗人不一定要在抗战的时候作战歌才可告无愧于国家。”（梁宗岱：《论诗之应用》，《大公报·星座副刊》第 45 期，1938 年 9 月 14 日）

③ 孙毓棠说得好：“我们所希望的抗战诗，是那些以文学表现为出发点，并且技巧纯熟的好抗战诗，因为只有这样的作品是真实的，像诗的。”孙毓棠认为，那些听从道德主义而“只顾宣传的作品太假，技巧拙劣得不像诗”，这样的作品根本不在少数（孙毓棠：《谈抗战诗》，《大公报·文艺》第 641 期，1939 年 4 月 15 日）。但也有兼顾艺术与时代的成功诗人和成功诗作，比如艾青和穆旦以及它们写于抗战时期的不少作品。

叹词，顶多算作一种弱的监控；新晋的叹词并未被屁声化，也未被置入道德主义的轨道。[1]

帝国的主人，古叹词的监控者，会经常收到惩治不法叹词的笼统建议：“请勅有司，普加搜访，有如此者，具状送台。”[2]而被抓了“现行”的叹词就更为常见，更稀松平常，因为建议者早已将叹词所犯之罪一一列表、坐实，“具状送台”——“莫须有”当然是最后一招，也是万能的一招、无敌的一招。周宣王、宋太宗等人地下有知，一定会嘲讽旧诗心理、普遍解释的原则和道德主义，为它们面对新晋的叹词无能为力深以为憾，为它们未能得到必要的襄助大感迷惑。帝王们总是不理解何为“不可能”；他们更愿意将郑敏笔下的“啊”滋生（或表征）的“假设”视若无物。他们对屁声化“一根肠子通屁眼”的脾气无比迷恋，对它的光棍个性深以为然。

* * *

但昌耀在一九五〇年代后期获取的离奇命运，或许会让“兮”和“呜呼”深感欣慰，也会让帝国的主人们减少遗憾：因为新晋的叹词遭逢的华盖运不可小觑，因为华盖运和“具状送台”富有相同的灵感和想象力。有可靠的传记材料表明：让年轻的青海诗人昌耀罹祸的两首小诗——《车轮》和《野羊》，总题为《林中试笛》（二首）——作于一九五七年的上半年。对于大陆中国人，一九五七年是一个特殊的年头，是“属于那种加了着重号的、可以从事实和时间中脱离出来单独存在的象征性时间”。[3]传记材料可以作证：《林中试笛》（二首）是昌耀到社会主义建设的第一线“体验生活”的产物。所谓社会主义建设，正是为强种富国展开的具体行动，是对现代性的实施和铺陈，神圣而高洁，不容冒犯；所谓“体验生活”，意味着生活只存在于建设行动中，其他地方顶多只有二手的生活，或生活的余唾。由两首小诗组成的《林中试笛》原本被认为没有任何问题；经主管文艺的领导提议，还准备在省“文联”主持的“《青海湖》第十期庆祝国庆八周年特大号上的诗歌板块头题发出”。[4]但这两首小诗最

① 刘继业对这个问题有详尽的论述，且文献非常丰富。见刘继业《新诗的大众化和纯诗化》，第42—88页，北京：北京大学出版社，2008。

② 李谔：《上隋高祖革文华书》，见《隋书·李谔传》。

③ 欧阳江河：《站在虚构这边》，第49页，北京：生活·读书·新知三联书店，2001。

④ 燎原：《昌耀评传》，第75页，北京：人民文学出版社，2008。

后还是被警惕性更高、眼睛更尖的人——吊诡的是，此人刚好是力主发表的那位领导程秀山——看出了漏洞，抓住了把柄，被当即揭发了出来。这是因为“共产党的哲学就是斗争哲学”；[①]而不放过任何一个问题，被认为是这种哲学最基本的要求与表达。

《林中试笛》的每首小诗的正文前，都有小序；每个小序的第一个字，都是叹词。《车轮》的小序是：“唉，这腐朽的车轮，这孤零的车轮……就让它燃起我们熊熊的篝火，加入我们激昂的高歌吧。”《野羊》的小序是：“啊，好一对格斗的青羊，似乎没听见我们高唱……请轻点，递给我猎枪，猎一顿美味的鲜汤。”在这两个小序中，欢快交织着愁闷，轻松夹杂着沉重，既有融入了“我们”的集体主义，也有单属于“我”的孤独。孤独还环绕着单独之“我”，随现代性而来的情绪底色并未因社会主义建设被完全抹去……总之，在本来就红彤彤、也被要求红彤彤的一九五七年，叹词（“唉”、“啊”）滋生的内容显得复杂、难缠、面相古怪，不符合要求，似乎在朝某个亮堂而不容亵渎的东西做鬼脸；在月明风清、阳光高照的一九五七年，“唉”、“啊”的滋生物的确能给某些有心人带去联翩的浮想，捎去因发现招致的意外之喜，而有心人在那个年头不妨随处都是，不妨在在皆是。为了尽早予以批判，《林中试笛》比原计划提前了两个月，被紧急刊发于《青海湖》一九五七年第八期。“编者按”如是写道：[②]

> 这两首诗，反映出作者的恶毒性阴暗心理，编辑部的绝大多数同志，认为它是毒草。鉴于在反右斗争中，毒草亦可起到肥田作用，因而把它发表出来，以便展开争鸣。

对叹词（“唉”、“啊”）滋生的诗行，以及被滋生的诗行酿造的情绪，“编者按”自会给出那个年代的准确认识，出自于体制性的力量，令人叹服。“唉”创化的诗意，因为被其批判者程秀山认为经不起如下反问，被直接定性为“反动”——这是那年头骇人听闻的词汇，令人肝胆俱裂的考语。程秀山以诗歌的

---

① 毛泽东：《机关枪和迫击炮的由来及其他》，《建国以来毛泽东文稿》第八册，第 451 页，北京：中央文献出版社，1993。

② 对此事的详尽介绍请见燎原《昌耀评传》，前揭，第 74—83 页。

形式，以反问的语气，首先把矛头对准了《车轮》：“是谁来把它（即‘残缺的车轮’——引者注）‘燃起熊熊的篝火’？/又怎样‘加入我们激昂的歌？’……/这‘静静躺着的车轮’，/究竟在‘等待’什么样‘意外的主人’？”[①]这种别有用心的语气，裹挟着体制性的力量，远不是旧诗心理、普遍解释的原则和道德主义所能比拟的。

昌耀此番遭遇的检举批判者程秀山，类似于东坡居士千余年前碰上的何正臣。作为叹词及其隐蔽精神的深文周纳者、侦听者和窥视者，何正臣、程秀山之所以成功，是因为叹词表征的诗之精髓或抒情基址在不少时刻，感染了闻一多所谓的“迷离性”、“游移性”，以至于“文字理解的准确性有所丧失”，[②]从而留下了理解上的漏洞（称机会也许更完备？），能为程秀山、何正臣所乘。与前辈叹词（比如“呜呼”）的境遇十分相似，新晋的叹词（比如“唉”、“啊”、“呀”）虽然也被紧随其后的语句进行过“理智的形容、分析、解释”，[③]但“理智的形容、分析、解释”，往往可以得到有心人更为“理智的”形容、分析、解释，直至成为它自身的反面，像一个令人哭笑不得的反讽，更像一个变性人，望着自己的前世挤眉弄眼。程秀山在其批判文章的“自注”中，就给出了他可以对叹词得到的“理智”分析进行如此“理智”解释的理由：“昌耀是恶霸地主家庭出身，他父亲已被劳改，他母亲在‘土改’中畏罪自杀，残废后病死。昌耀对家庭被斗母亲死去，一直心怀不满，继续对党对人民怀恨在心。”[④]这种如今看上去荒诞不经的理由，在一九五〇年代，在体制性力量眼里，却正确得近乎于无懈可击。而以李洁非之见，在那个年代里“所有看似不可思议之事，全都在正常和清醒状态中发生，有其明白的由来、确切的逻辑。显而易见，那就是斗争哲学对全体国民积数十年之功，日复一日导引和砥砺的结果”。[⑤]

何正臣效忠的是帝国与皇帝，附带着对东坡居士的嫉恨之心；程秀山效忠的，则是以现代性为头号目标的社会主义建设事业，以及与之相匹配的社会主义文学，或许还有一点点被年轻昌耀轻视后滋生的恼怒之心。[⑥]早在一九四〇年代的

①④ 程秀山：《斥反动诗——“林中试笛”》，《青海湖》1957年第9期。

② 徐希平整理：《闻一多西南联大授课录》，前揭，第85页。

③ 闻一多：《神话与诗》，前揭，第149页。

⑤ 李洁非：《文学史微观察》，第195页，北京：生活·读书·新知三联书店，2014。

⑥ 此等诛心之论来自昌耀的传记作者燎原，见燎原《昌耀评传》，前揭，第75—78页。

边地小城延安，关于“暴露”和“歌颂”，以及两者间的奇异关系，就已经作为一个文学理论问题——尤其是文学伦理问题——被提请到中国共产党的议事日程；经过一九四九年后文学艺术领域中的若干次政治运动，疾风暴雨之余，“暴露”被认为只能针对敌人，“歌颂”被认为只能针对中国共产党和社会主义建设，已经成为文学创作和批评中的小常识，[①]谁也不得触犯。程秀山从《林中试笛》中嗅出异样的气味，侦听到叹词发出的不和谐音，除了说明他听觉、嗅觉尽皆灵敏，性能尽皆优良外，并不说明更多、更重大的问题；他之所以紧急发表《林中试笛》，以供第一时间内的批判之用，不过是因为他对党的文艺政策理解得十分准确，除此之外，也不能说明任何问题。[②]程某的确是个有心人，但并不比那个年代特有的有心人多出任何一点东西；在体制性力量的眼里，一切都显得稀松平常，程某既谈不上特殊性，更说不上稍微有点奢侈的个性。

和帝制中国对叹词采取监控手段，将它直接屁声化相比，社会主义建设时期的中国，更倾向于对叹词采取规训的方式——程某能够成功的全部秘密不过如此，但也不过尔尔。虽然“规训”一词早已存乎于中国古代典籍，[③]但意思单纯，语义洁净，主要为“规则”、“规矩”之义，在词性上似乎更倾向于静态，拥有儒家温柔敦厚的表情，不具备太强的杀伤力，仅有来自道德上的强制性——但道德上的强制性可以通过冒犯道德得到缓解。以福柯（Michel Foucault）之见，规训在现代社会不仅具有纪律、教育、训练、校正、惩戒等多种动态意蕴，还特地用来指称某种特殊的权力形式：它既是权力干预肉体的训练和监视手段，又是不断制造知识的手段。总之，规训是“权力—知识”相结合的产物，[④]被认为更适用于现代人性。帝国监控叹词，倾向于让叹词“死在诞生之时”，达到从肉体上灭之而后快的目的。因此，监控或暗中或公开利用了肉体的一次性，敲诈了肉体的不可再生性，简单、粗暴，体现了权力的傲慢、无情，更兼不可

① 此中的复杂性，以及这个局面的前世今生，可见李洁非《典型文案》，第80—236页，北京：人民文学出版社，2010。

② “供批判使用”是那个年代很常见的词，很常见的事情，郭小川等当时的文艺高官都遇到过这个问题。参阅陈徒手《人有病，天知否？》，第186页，北京：人民文学出版社，2000。

③ 《陈书·王玚传》：“（王）玚兄弟三十馀人，居家笃睦，每岁时馈遗，遍及近亲，敦诱诸弟，并禀其规训。”

④ 见福柯《规训与惩罚》，第25—44页，刘北城译，北京：生活·读书·新知三联书店，2000。

思议的力度。规训则是一种更精细、更需要耐心的艺术活。它不太愿意从肉体(即声音）上消灭叹词。它批判叹词，进而让叹词和叹词的附体者进行自我批判，通过一轮又一轮“灵魂深处闹革命”和“狠斗私字一闪念”，让叹词的附体者和叹词一道，认识到自身的错误或罪恶——并且是以心悦诚服的心情和态度，去认识自己的罪恶或错误。最终，让叹词为批判者发声，为批判者滋生诗意，将抒情基址或诗之精髓重新交付于社会主义建设，交付于党的光辉，交付于现代性。与监控对叹词的屁声化相比，规训是为了教育叹词，让迷途的叹词重新归位；也是为了继续利用叹词，让叹词为规训者服务。屁声化虽然性格直率、做事干脆，像个大丈夫，却对叹词构成了严重的浪费；规训则认为节约才是更值得推崇的美德。

作为被规训的结果（称“代价”也许更合事实），“唉”和“啊”至少给昌耀带来了两宗罪：“其反动诗《车轮》是留恋旧日的地主生活，并妄图旧日重现”；“其反动诗《野羊》是影射党的思想改造，表达的是人总归要被党的‘猎枪’所捕获。”两宗罪引发的直接后果，是叹词的灵魂附体者被戴上“右派”帽子，沦为政治贱民长达二十余年，最后成为一个口吃者，无论是精神上的，还是生理上的。与这等骇人听闻的逆天之罪相比，现代性带来的孤独情绪——它居然没被党的光辉和同志之爱所化解——却未被规训者放在眼里；昌耀在他沉痛复兼自我诋毁、自我抹黑的“检讨书”里，承认了国家级别的体制性力量对他的指控，对自己为叹词带去的伤害深表悔恨。他希望以否定过往的叹词为代价，换得叹词的新生，以便继续滋生对社会主义建设有用的诗意。这中间，虽然不乏戴罪立功、以观后效的真诚念头，[①]却正好是规训的目的之所在。[②]

与昌耀被规训相差不过数年，在文坛上地位比昌耀高得多的郭小川，也享受到了级别更高的华盖运。他在长诗《一个与八个》、组诗《望星空》等大体量的作品里，大量使用了“啊”、“哎”一类情感密度较高的叹词。这些叹词以其肯定功能滋生的诗意与诗行，原本是歌颂以现代性为中心组建起来的情、事、物，却被体制性的力量认为问题严重，需要被规训。经过一系列有组织、有规划的集体性大批判自后，[③]本着规训自身的目的、逻辑线路和潜意识，郭小川迎

① 见燎原《昌耀评传》，前揭，第102—103页。

② 见昌耀《一份“业务自传”》，《诗探索》1997年第1辑。

③ 对于郭小川被密集批判的经过，陈徒手有详尽的研究，见陈徒手《人有病，天知否？》，前揭，第167—224页。

来了真诚、沉痛的自我检讨：“《一个和八个》，这是我在思想上和行动上的一次反党的罪恶，无疑是隐藏在我思想深处的阴暗思想的总暴露，是我的资产阶级世界观的总暴露，是当时的修正主义思潮对我的影响的总暴露……这种阴暗的思想，在这首诗里直接起了作用。”[①]至于《望星空》一诗，郭氏的检讨更为出色，着“实”体现了规训的“实”绩。郭小川写道：这首诗“表现了我的虚无主义感伤主义的思想，实际也就是个人主义受到挫折的表现。诗中还有明显的政治错误。这首诗，已经引起北京和各地的广泛批评，我是完全同意的”。[②]和昌耀的孤独意识没有受到规训者重视很不一样，郭小川自我诽谤、自我抹黑的重心，亦即和孤独比邻而居，并且分享了孤独的个人主义，则被规训者（还有郭本人）视作郭小川全部错误的源头。国家级别的规训者这一回算是抓住了要害：紧随现代性而来的个人（主义）及其派生物（即孤独），才是根本；孤独是一切现代情绪的底色，是新诗的潜意识，几乎难以被撼动，但这正是规训的重点之所在。[③]规训者很清楚，只有用无私、无我的社会主义新人[④]置换现代人性，只有解除现代中国人的情绪底色，让个人完全沐浴在党和人民的光辉中，一切不利于社会主义建设的问题，一切被体制性力量视为叛逆的情绪，才会得到最终的解决、根本性的解决。

---

① 郭小川：《关于个人主义与〈一个和八个〉等问题》，郭晓惠等编：《检讨书：诗人郭小川在政治运动中的另类文字》，第 47 页，中国工人出版社，2001。

② 郭小川：《在作协四年来的错误与缺点——思想总结》，郭晓惠等编：《检讨书：诗人郭小川在政治运动中的另类文字》，前揭，第 61 页。萧三在批判郭小川时重点指出了他的个人主义：“他的诗里‘我’字用得很多，比如说‘我号召……’‘我号召’你们如何如何，已经将自我凌驾于集体、阶级之上了。”（萧三：《谈〈望星空〉》，《人民文学》1960 年第 1 期）

③ 康生在二十世纪五十年代末开展的教育革命中对中央党校和中国人民大学任教的马列主义老教授们的批判可以证明个人主义并未消失：“他们的马列主义只能讲，只能写，只能出书，但自己不能实行，越教马列主义，自己越是个人主义。”（见陈徒手《五十年代教育革命中的康生》，《炎黄春秋》2011 年第 12 期）

④ 关于“社会主义新人”这个概念，可见敬文东《事情总会起变化》，第 37—39 页，台北：台湾秀威书局，2009。

* * *

较之于对叹词进行的国家级体制性规训，道德主义对叹词的管控能力虽然不可高估，但也并非可以忽略不计，毕竟诗之精髓不可能与良心（或道德）完全脱钩，抒情基址也不可能真的自外于火热的时代，或时代的火热。“悲哉，秋之为气也！萧瑟兮草木摇落而变衰。”[①]作为诗的实质与象征，作为诗的微缩物，叹词从不排斥外部的一切，毕竟所有的感叹，大体上都肇始于“气之动物，物之感人”；[②]毕竟“人禀七情，应物所感”，[③]“情以物迁，辞以情发”。[⑤]只有以“草木摇落”为代表的外物感“气”而“动”，才是心“动”的基础、“情发”的缘起。无论在普罗文学时期，还是在烽火连天的抗战岁月，都有与时代紧密相连并展现时代风貌的优秀作品，连戴望舒、卞之琳、何其芳都没能例外；绝对个人化的情绪底色（亦即孤独）不仅没有从中作梗，打扰优秀作品的生成或诞生，有时反倒因为它的存在，因为它特殊的滋养作用，使诗意显得更真实、更精悍，使个人的孤独与时代的苦难两相交融，以至于更有爆发力。

艾青在抗战中写道：“——啊，你/蓬发垢面的少妇，/是不是/你的家/——那幸福与温暖的巢穴——/已被暴戾的敌人/烧毁了么？/……咳，就在如此寒冷的今夜/无数的/我们的年老的母亲，/都蜷伏在不是自己的家里，/就像异邦人/不知明天的车轮/要滚上怎样的路程……”（艾青：《雪落在中国的土地上》）和昌耀二十年后被规训的“啊”完全不同，艾青之“啊”在抗战年代滋生的是同情，更是普通民众的惨景；“咳”引导出来的，则是对未来的担忧，是对明天的不确定表示的不安。艾青将个人孤独引发的“不良”情绪，巧妙地纳入其中，增添了“不安”享有的分量。在此，“啊”与“咳”尽皆表达了道德主义方面的诉求，并从道德主义的角度，对现代性做出了本已的回应；艾青听命于新诗之潜意识而来的个人忧郁，并没有让“啊”与“咳”沦入绝望的泥淖。他在另一首诗中，用语尾助词“啊”，对表示不安和同情的“啊”和“咳”作出了回应：“听啊/那号角好像依然在响……”（艾青：《吹号者》）作为答案的语尾

① 宋玉：《九辩》

② 钟嵘：《诗品·序》。

③ 刘勰：《文心雕龙·明诗》。

④ 刘勰：《文心雕龙·物色》。

助词“啊”，抹去了作为结论的叹词“啊”、“咳”有可能暗含的阴郁、悲观，甚至个人性的绝望。和郑敏等人不同，此处的虚拟语气（即“好像依然在响”）表征的，恰好是肯定，是对最后之胜利的确信——看起来，艾青或许真有资格对某些过于自恋的叹词施以咄咄逼人的语气。

进入共和国，或者，当国家级别的体制性规训机制终于组建起来，道德主义对叹词的规训要么退场，要么受制于体制性的规训机制，并成为它的一部分，因为“革命不是请客吃饭”。唯有革命，才称得上最高的、唯一的道德原则——这是很长时间内不容讨论的戒条。因此，以“啊”为皇后的叹词后宫在新时代认领的任务，主要是滋生或创化颂歌，并以此作用于革命，作用于火红的年代；即使是滋生对敌人的仇恨（比如田间的《赶车传》等），也只有和颂歌相联系，与颂歌构成紧密的上下文关系时，才有意义。

贺敬之在郭小川过世不久对后者有过热情的称颂：“郭小川提供的足以表明其根本特征的那些具有本质意义的东西，就是：诗，必须属于人民，属于社会主义事业。按照诗的规律来写和按照人民利益来写相一致。诗人的‘自我’跟阶级、跟人民的‘大我’相结合。‘诗学’和‘政治学’的统一。诗人和战士的统一。”[①]或许是惺惺相惜的缘故，贺敬之的赞扬来得格外准确、得体，因为郭氏确实上好地践履了叹词认领的新任务，但得有正襟危坐的规训在一旁保驾护航：“啊啊，你们这一代 / 将是怎样的 / 光荣！ / 不驯的长江 / 将因你们的奋斗 / 而绝对服从 / 国务院的命令……”“不驯的长江”是否真的从了国务院，暂时不予理会；但郭沫若“女神”时期发出的“啊啊”（或“哦哦”），在郭小川这里获得了近乎完美的呼应，倒是值得期待的事情。郭沫若的“啊啊”是对一个古老帝国得以更生的期许，虽然有“自我夸大狂”（megalomania）之嫌，[②]郭小川的“啊啊”则是对已经新生的国家的赞美。前者是悲壮的、饥渴的，后者庄严、神圣而洁净，甚至被某些论者认为在有意“强化诗歌中的帝国形象”。[③]一时间，“啊”以视韵为方式，以杂交艺术的形象，在共和国的纸张上遍地开花，以至于到处都是高亢、热情的颂歌之声，呼应着从旁伺候的规训机制：“啊，祖国 / 你的儿女将像山鹰一样 / 守卫力道边疆和海洋 / 把和平给予你的 / 新开垦的

① 贺敬之：《郭小川诗选英文本·战士的心永远跳动（代序）》，《郭小川诗选续集》，第 4 页，石家庄：河北人民出版社，1980。

② 见叶维廉《中国诗学》，第 97 页，北京：生活·读书·新知三联书店，1992。

③ 见王敖《怎样给奔跑中的诗人们对表》，《新诗评论》2008 年第 2 辑，第 44 页。

农田 / 和冒烟的工厂”（石方禹：《和平的最强音》）“啊！山岭下，工地像大熊星座 / 长江滚滚留着朝霞！”（沙鸥：《山下》）

仅仅歌颂社会主义及其建设事业，将叹词的肯定功能奉献给现代性，仅仅清除新诗对个人性“不良”情绪的表达，仅仅对郭沫若的“啊啊”进行回应，被认为远远不够；叹词被授予——说“分配”可能更合实情——的另一个重大任务，是歌颂革命的象征性人物。这是叹词被规训而来的辉煌成果；对叹词实施“一棍子打死”战术的屁声化，不大可能导致这等令人好生羡慕的新结局。在体制性规训机制大行其道的年代，毛泽东的存在，就像驱除黑暗与夜晚的太阳之于基遍（Gibeon）；[①]而“太阳是他们可信仰的大神的眼睛……大神之眼是能看见一切的（the all-seeing eye）”。[②]王朔对这等无所不知之眼，尤其是无所不知之眼的隐蔽精神，有过上好的侧面描写：“一九五九年的国庆节我没有印象，只在以后看了不少那一年拍摄的电影……文化大革命批判了这批电影，说这批电影表现了‘资产阶级人性论’，证据是有的片子的女主角爱上了男主角，有的片子的女主角很爱自己的父亲。在当时那是不允许的，每个人都应该只爱毛主席，其他都叫‘无缘无故的爱’。”[③]一整部新诗史有分教：在规训机制被成功组建与实施的年月，叹词的灵魂附体者个个深通此道。郭小川之子郭小林回忆说：父亲“在给我的信中写道：‘无产阶级革命文学的最高使命是歌颂伟大领袖毛主席’”。[④]在那个年代，这等俚俗直白的道理无人不懂，连歌谣的编织者也不例外。[⑤]“毛主席，你应当戒烟 / 不要理睬那些哲学家 / 修水坝，种树 / 但不要用手拍死苍蝇。”（Chairman Mao，You should quit smoking/Don’t bother those philosophers/Build dams，plant trees/don’t kill flies by hand.）[⑥]尽管出自洋人之手的语句既善意，又富有幽默感，但不是颂歌要求的句式，也没有得到叹词的

---

① 《圣经·约书亚记》10：12：O sun，stand still over Gibeon，O moon，over the Valley of Aijalon.

② 饶宗颐：《西南创世纪》，第 208 页，上海：上海古籍出版社，2010。

③ 王朔：《鸟儿问答》，前揭，第 6 页。

④ 郭小林：《惶惑与无奈——父亲在林县的日子里》，郭小惠等编：《检讨书——诗人郭小川在政治运动中的另类文字》，前揭，第 308 页。

⑤ 郭沫若、周扬联袂编选的《红旗歌谣》（北京：红旗杂志社出版，1959）第一辑“党的颂歌”一共 48 首，直接歌颂毛泽东的诗篇超过了一半。这本集子号称“红色民歌”，有如此表现，也许更能说明问题。

⑥ Gary Snyder，The Back Country，New York：New Directions，1968，p.114.

浸染，必将被清除；诸如《毛主席万岁！万万岁！》《全靠领袖毛泽东》《万岁万岁毛泽东》《毛主席的著作揣在怀》《毛主席身边住下来》[①]……一类诗篇铺天盖地，才更合规训的胃口与脾性。贺敬之在叹词附体之时，也曾洋溢着热情而写道：“生在 / 中国母亲的 / 怀抱里 / 活，一万年，/ 活在 / 伟大毛泽东的 / 事业中！ / 啊，一切 / 都已经 / 证明过了……”（贺敬之：《雷锋之歌》）在此，“啊”就是一切，“啊”就是最终结论。它当仁不让，更倾向于自我加冕，不需要任何形式的论证，甚至以语尾助词充当回声，都被认为是多余的，就像神不需要阴影、不在乎阴影；或者，“啊”自信它会得到无数语尾助词的主动回应，自信它需要和拥有的回声无处不在，“就像到处都是空气，空气近乎不存在……”（欧阳江河：《玻璃工厂》）

郭小川说得好：“诗中间，是可以出现‘我’字的。但这个‘我’，必须是无产阶级或英雄人民中的一个，最好是他们的代表，是他们的代言人。个人是集体中的一员。”[②]从“我”到“我们”；或者，以“我”代表“我们”，是一个关键性的变化，[③]意味着“我”不能再以单数的形式存在，暗示着孤独与个人特性的被取消。被规训的叹词越发丧失了主动性，它必须将这项重大的变化，当作自己的任务，或该隐额头上的记号：“我”只是伪装的第一人称单数。作为一九二〇年代早期就已经成名的诗人，冯至在规训机制建立起来的时代有很好的认识：“我最早写诗，不过是抒写个人的一些感触，后来范围比较扩大了，也不过写些个人主观上对于某些事物的看法；这个‘个人’非常狭隘，看法多半是错误的，和广大人民的命运更是联系不起来。”[④]颂歌必然建立在“我”转化为“我们”的基础上；作为新的情绪底色，欢乐（颂歌）代替了跟现代性生死相依的孤独。享受过规训的郭小川对此理解得很准确：“啊啊 / 这闪光的话 / 像雨点似的打在我的心间，/ 我怀着感激 / 回到我们的队伍中 / 继续向前……”（郭小川：《投入火热的斗争》）有救火队员“啊啊”的创生作用从旁伺候，“我”

① 《毛主席万岁！万万岁！》的作者为居友松，《解放日报》1966 年 10 月 1 日；《全靠领袖毛泽东》作者为沈金生，《解放日报》1966 年 10 月 1 日；《万岁万岁毛泽东》作者为蔡祖泉，《文汇报》1966 年 10 月 1 日；《毛主席的著作揣在怀》作者为孙建华，《解放军文艺》1966 年第 10 期；《毛主席身边住下来》作者居友松，《解放日报》1966 年 10 月 22 日。

② 郭小川：《谈诗》，第 28 页，上海：上海文艺出版社，1978。

③ 见敬文东《在革命的星空下》，《文艺争鸣》2002 年第 3 期。

④ 冯至：《漫谈新诗努力的方向》，《文艺报》1958 年第 3 期。

必将以愉快的心情，被溶解在“我们”之中；有“啊啊”的强力煽动，“我们”必须愉快地沐浴在革命领袖那炫目的光芒之中——这就是颂歌的本意之所在，也被认作根除现代人性最得力的方式。这情形，当得起，也类似于马丁·布伯（Martin Buber）就上帝及其信众的关系之所说：“祈祷不在时间之中，时间却在祈祷之内；牺牲不在空间之中，空间却在牺牲之内。”[①]看似万难被瓦解的孤独，终于被规训所瓦解。从此以后，在很长一段时间内，现代叹词将怀着愉悦的心情，跟现代性作别，与现代人性一刀两断；现代叹词将与自己的前生相反，与个人（或单子之人）一起，上演“相煎何太急”的活话剧，滋生出无穷的欢乐与友爱，无穷的感激与感恩之情。[②]

* * *

即便在叹词被严厉规训的时刻，也有呼应于现代性自身逻辑和潜意识的诗歌写作存在，毕竟和个人一样，新诗也是现代性的终端产品，自有它难以被规训的部位或器官，在暗中傲视着、对抗着体制性力量。新诗自身的潜意识，新诗得之于现代性的本能，并没有因为被规训消失殆尽；规训机制既不可能，事实上也没能时刻成为新诗的蚕室。而向着“本来”应该朝向的方向迈进，“原本”就是“本来”之事——所谓的潜在写作，多半说的就是这么回事。[③]“本是同根生”的兄弟，又何至于每时每刻地“相煎何太急”呢？这种语气的句式中出现的语尾助词，原本就是对某个叹词做出的回应；而那个被回应的叹词，无疑是在感叹自己多舛的命运，赞美自己顽强的生命力。在“文革”的深夜里，穆旦写道：“我爱在枯草的山坡，死寂的原野，/ 独自凭吊已埋葬的火热一年，/ 看着冰冻的小河还在冰下面流，/ 不知低语着什么，只是听不见。/ 啊，生命也跳动在严酷的冬天。”（穆旦：《冬》）“啊，多少亲切的音容笑貌，/ 已迁入无边的黑暗与寒冷，/ 我的小屋被撤去了藩篱，/ 越来越卷入怒号的风中。”（穆旦：《老年的梦呓》）穆旦写下这些句子，还叹词以本来面目时，已经到了凄凉、孤独

① 马丁·布伯：《我与你》，第 20 页，陈维刚译，北京：生活·读书·新知三联书店，1988。

② 这方面的材料，尽在刘福春先生的大著中，见刘福春《中国新诗编年史》（下卷），第 719—955 页，北京人民文学出版社，2013。

③ 见刘志荣《潜在写作：1949—1976》，第 240—260 页，上海：复旦大学出版社，2007。

的晚年。现代人性响应新诗的号召，来到叹词的佛光中，原本是自然之事；在穆旦的诗行和叹词之外，是响彻天际的颂歌，看上去没有止歇的迹象。此时此刻，叹词滋生的诗行不仅在咏诵抹不掉的孤独，也安慰着偏离自身航线的叹词本身。

就在穆旦写下这些诗行的前后不多时，一批将被称作“朦胧诗人”的年轻人受荷尔蒙蛊惑，懵懂中，摸到了叹词发声的闸门：“以太阳的名义 / 黑暗在公开掠夺……/ 啊，我的土地 / 你为什么不再歌唱？”（北岛《结局或开始》）“啊，城市，/ 你这东方的孩子。/ 在母亲干瘪的胸脯上，/ 你寻找着粮食；”（芒克：《城市》）“啊，在心的远景里 / 在灵魂深处；”（舒婷：《思念》）“哦，只有光，落日浑圆地向你们泛滥，大地悬挂在空中……/ 哦，光，神圣的红釉，火的崇拜火的舞蹈……”（杨炼：《诺日朗》）叹词滋生的诗行和情绪如此年轻，幼稚，充满活力。它在为不可能被抹去的个人，不可能被改变的孤独这个现代人性，而沮丧，而失落，而垂头丧气。即使是表面上的张狂和深沉，从叹词和孤独的角度看过去，也显得要么色厉内荏（比如“哦，光，神圣的红釉，火的崇拜火的舞蹈……”），要么肤浅稚嫩（比如“啊，在心的远景里 / 在灵魂深处”）。但就是这些叹词，本能性地拒绝“死在诞生之时”，想方设法冲破体制性的规训，去寻找自己的多样性，诚如西川多年后在诗中欢呼的：“沙土中的鸽子，你由于血光而觉悟，/ 啊，飞翔的时代来临了！”（西川：《致敬 · 巨兽》）。但是，“飞翔的时代”真的来临了吗？那些孤独，那些突破规训的藩篱一路找回自己前世的现代人性，真的比被规训更幸运吗？对于现代汉诗，对于叹词的新一代灵魂附体者，唯一的安慰之辞无非是：痛苦的自由总比幸福的被囚禁要好一点。在价值真空的当下中国，叹词能滋生的最好诗意莫过于此，慨叹能获取的最好境遇莫过于此：

唉，令人艳羡的无知！
　　居然属龙：细弱，光滑，小，连鳞也没有。
浑身是腰，每一次都从指缝间
流走，令手指由衷地疯长。
……
翌日她起身，开门见山，她将目睹……
北方闪烁，太阳带着远在长白山头的积雪
照亮了一个四川嫖客苍翠的面目。

——宋炜：《燕歌行》

啊，忙乱早市肿胀如盲肠。哈巴狗
懒洋洋舔着大脚趾喷出的长短巷。
鸡生猪笼，刘海振振；鸭生鱼框
刺青愤愤。隔日黄花偷眼青菜萝卜，
哪里是断电的电子秤和越磨越钝的
杀猪刀？

——蒋浩：《游仙诗》

何其轻捷的颓废！何其暗诉衷肠的嬉皮笑脸和破罐破摔！在肉香中，埋没孤独、忘却万古愁，在语无伦次的家长里短里，寻找抒情基址、重拾诗之精髓。这是何等风范与豪气干云？但新诗百年，真的出现过大师，出现过不朽的巨作吗？这是一个饶有趣味的设疑，会被暗中自封的大师们所渴求；但从抒情和感叹的角度看过去，眼下，不过是叹词刚刚逃离囚禁的时刻，幻觉中，还自以为进入了广阔天地。叹词应该意识到：即便是孙悟空，也有如来佛的手掌在等它；叹词应该明白：自有新诗起，叹词的自由，就没有大于过那只有着诸多面相的手掌。（全文完）

夏氏兄弟通信选刊

季进　王洞　整理编注

310. 夏志清致夏济安（一九五六年三月二十日）

济安哥：

二月二十五日信收到了已多日，一直没有作复。一月多来，忙着准备功课，自己的事无暇 attend，谋事方面也没有多少进展，亏得终日忙碌，对 future 不大多想，似比去春这个时候，缺少对前途恐惧之感。佛教一段，三月底想可结束，这是我生平第一次对佛学下了些研究，虽然大乘佛教的唯心论我始终不能感到兴趣，佛教所牵涉到人生大问题太多，在课堂上讨论起来（加上多了三位相貌

【作者简介】

夏志清（C.T.Hsia，一九二一—二〇一三），美国耶鲁大学文学博士，曾任教于北京大学、美国密歇根大学、纽约州立大学、匹兹堡大学、哥伦比亚大学等高校，著有《中国现代小说史》《中国古典小说论》《夏志清论中国文学》等一批影响深远的著作。

夏济安（一九一六—一九六五），原名夏澍元，夏志清的哥哥。曾任教于西南联大、北京大学、香港新亚书院、台湾大学，一九五九年赴美，在西雅图华盛顿大学、加州柏克莱大学从事研究工作。著有《黑暗的闸门》《夏济安选集》《现代英文选评注》等著作。

【编注者简介】

季进，苏州大学文学院教授。王洞，夏志清夫人。

很好的女生），大家都觉得津津有味。教美国大学生，非常容易，佛学我最无研究，凭了常识丰富，能对付得很好，其他 humanities 的功课，稍为加些准备，我想都能应付。中西文化交流史我也是外行，十七八世纪时的中西关系，照目前观点看来，只好算一门不着痛痒，带些玩古董性的学问。钱锺书、范纯中［存忠］[①]、陈受颐[②]等学英国文学的，对这一门都写了些文章。台大教授方豪[③]（想是天主教徒）写了一本《中西交通史》，这里也有。我看了不少书，除增加些常识外，并没有多少得益。把这一段历史 survey 完毕后，我准备来一些中西文学的比较研究，自己可以多一些长进。课堂上学生都很熟，讨论各种 topics 也很有趣。

我九月来生活可说很安定，功课和家务把时间全部占据，看着树仁长大，精神上很愉快，不再另需要别的寄托。电影看不看无所谓，最近看了两张：The Court Jester[④]和 Picnic 都很满意，但看电影的动机是 duty 而非 urge，好像好莱坞有了好片子，应该抽出时间去拥护一下，缺少以前那种热诚。你在台大宿舍的生活，我在 Yale 研究院时也经验过的。因为自己的寂寞，对朋友方面的感情特别好，谈天说笑，人变得非常和气和 expansive，虽然不时有寂寞的 spells，生活仍是过得很好的，虽然这种生活缺少一种 ultimate satisfaction。结婚后，因为对自己的能力发生怀疑，加上有了家室后，应酬起来比较麻烦，人就变得较 withdrawn，避免无谓的人事往来。来 Ann Arbor 后，虽自信心已较恢复，但因时间不够，精神紧张，没有以前那种结淘合伙的精神。在 Yale 时，我对外国朋友说，我是 introvert，他们都不相信，以为我是一个最 exuberant 的 extrovert。

---

① 范纯中，应为范存忠（1903—1987），字雪桥、雪樵，江苏崇明人，英国文学研究专家，1927 年赴美留学，1931 年获哈佛大学博士学位。曾任中央大学文学院院长、南京大学副校长等职。代表作有《中国文化在启蒙时期的英国》《英国文学论集》等。

② 陈受颐（1899—1978），广东番禺人，毕业于岭南大学，1925 年留学美国芝加哥大学，1928 年以论文《18 世纪中国对英国文化的影响》获博士学位。曾任北京大学史学系教授、国立中央研究院院士等，参与创办夏威夷大学东方研究所，长期在南加州波摩那大学任教，著有《中国文学史略》《18 世纪欧洲文学里的〈赵氏孤儿〉》《18 世纪欧洲之中国园林》等。

③ 方豪（1910—1980），字杰人，历史学家，浙江杭县人，出生于基督教圣公会家庭，后改信天主教。1940 年赴台，曾任台湾大学历史系教授、中央研究院院士。代表作有《中西交通史》《中外文化交通史论丛》《中国天主教史人物传》。

④ *The Court Jester*（《金殿福星》，1955），音乐喜剧，梅尔文·弗兰克（Melvin Frank）、诺曼·帕拿马（Norman Panama）联合导演，丹尼·凯耶、格莱尼斯·约翰斯主演，派拉蒙影业发行。

其实我的 extrovert 作风只好算是一个 mask，用来遮住自己的 insecurity 和 loneliness。和你比较起来，我一向懒得找人。有许多人在一起时，我非常高兴，但没有人的时候，我往往独处斗室，或看一场电影，把时间熬过了。你目前既无为结婚而追求的决心，和许多单身汉一起生活，是比较上最可以减少精神上的寂寞的。但最好在时间上不要太受他们的支配，他们学问较差，野心也小，在造就上是不可和你相比拟的。那本美国散文选，先把它译完，有了空余的时间，再可作别的计划。

Carol 的信上会告诉你，她已又有了喜了。对我性生活这样不 indulge 的人，这是个 irony。我是最喜欢小孩的，但在美国领大一个小孩，时间花费实在太多。而且领［临］盆之期在夏末秋初，那时候我正是为谋生而搬家的时候，非常不方便。在小孩们本身上讲，一对年纪相差不远的兄妹或兄弟是再好没有的，长大时不会寂寞，有照应，少受旁人欺负。但在我讲来，明年的生活一定又繁忙异常，要成名写文章的工夫一定大为 curtail，是相当不方便的。去年暑假，除了领小孩外，可说是一事无成，连冯友兰的哲学史都没有读完。我只希望今秋后 Carol 的身体转强，能一个人分担下大部分的工作。

平寄的月历一本已收到，谢谢。那位姓曾的画家是否即在上海时宋奇所大捧的那位临摹敦煌笔法的人？母亲在旧历新年时感冒发热，病了一星期，打了配尼西林后始退热。父亲现在血压略为增高，但身体很好，父亲信上老是愁钱，债务还清后，应该稍有储蓄，可是他们的生活仍是很紧的样子。母亲平时不易病倒，这次卧床两星期，也是证明她过人的精力已不能全部驾御［驭］她的身体了。玉瑛妹仍旧安分守己，学校内成绩很好，每星期六返家，星期一晨赶回学校。

Rowe 已见过否？Asian Foundation 如有缺，我也很想来台，目前计划渺茫，如美国无适当职位，可能想离美一年。Carol 树仁皆好，树仁活泼情形，Carol 信上有报道。你近况想好，甚念，有无同女孩子来往？程靖宇方面写了一封情书，他在 Ada 方面，有此成绩，颇出我意料。匆匆，即颂

春安

弟 志清 上

三月二十日

311. 夏济安致夏志清（一九五六年四月四日）

志清弟：

昨日发出寄 Carol 一信想已收到。此信比以前各信更为幽默，我自信能写出幽默文章，写来比 serious 的 Henry James 体小说容易得多。其实 Carol 的信，描写树仁的各种 antics，确是很有趣。一个婴孩可能比 Court Jester 或 Dickensian character 或 panda 更为滑稽。

树仁要添妹妹了，这是好消息，你的负担当然亦将加重，Carol 假如有做事的打算，现在又只好打消了。抚养孩子，大约第二个不会（比）第一个麻烦多少。你能到台湾来替 Free Asia 做事，可能有很好的待遇（我至今还没有去找过 Rowe，其懒可想），一切在台的美国机关，据说以 Free Asia 的薪水为最优厚，别的美国机关名义上是发美金薪水（美籍公民则拿美钞），但照官价（官价也有好多种，我也弄不清楚）结算后，要打一个很大的折扣，Free Asia 是发美钞的。四五年前 Free Asia（那时 Rowe 尚未来，有一个 Ward Smith[①]者主持）拟请宋奇来做“买办”，他们拟给他三百元一月，宋奇要求四百，结果没有谈成。在台北拿三百元一月，又要套用我的一句话了，是可以“富埒王侯”的，比我现在两处教书的总收入要大十倍，而三十元对于我也已经够用了。如美国各处进行无结果，或没有兴趣再进行，不妨集中精神来走 Rowe 的路子。据说 Free Asia 现有的人才不过是打字算账文牍之流，他们所缺的是联络中国文化界推广反共文化的主持人才，他们所要求宋奇者也是如此（Free Asia 在台湾没有什么工作成绩表现，在香港则支持了好几家书店、杂志和电影公司）。这种工作非“吃洋行饭”者所能应付，他们至今还需要这样一个人。Free Asia 如真想推广工作，人才只嫌少，不会嫌多，你来了，我还可以帮你很多的忙。你如决心来台（Rowe 信中怎么说？上面种种都是传闻之谈，Rowe 自己的话才靠得住），顶好应加紧进行“归化”工作。你入了美国籍，中国政府还承认你是中国人，两方面都可讨便宜。台湾尚在艰苦奋斗中，有了美国籍的保障，可以方便不少。我顶希望的是你在美国找到事情，让我来 join 你，不要你来 join 我。

我自己的前途，大约不会有什么变化。回国后有一个时期，对教书有点厌倦，

---

① Ward Smith，不详。

很想转变。最近又去算了一次命（并不是我要去算的，我现在很少 worries，不想求神，也不想问卜，这次是朋友拉去算的），这位算命（的）居然能够算出我是做文教工作的，而且一辈子要做 professor——这一点使我大为安慰，死心塌地，不再做改行的打算了。算命先生拿我个性细细分析，我认为说得很对，他断定我决不能做生意，钱一生也多不起来，但也不用愁没有钱花。我想这句话也比我要发多少财的预言近情得多。有一点是很多算命先生都同意，而我自己也相信的，就是我的好运尚未到临。据这位算命的说，我在四十四岁那年，要再度出国，到海外去教书，从此以后，这一辈子要在海外过活了。这句话虽亦正中下怀，说得使我心里很高兴，是句很好的恭维话，但可能性也比我要发财大得多。这两三年内假如我能声名日隆，加上你和朋友们的援引，三年之后到海外去教书，的确不无可能。关于结婚，迄今为止，没有一个算命先生说我是会一辈子独身的，大致今年结不成婚，明年可能性很大，这位预言家说，即使我到四十四岁，交过鸿运后再结婚，亦未为迟。反正我自己对结婚问题不甚关心，随他们怎么说好了。此人说我身体小时很坏，以后愈老身体愈好。

我最近体重还在增加中，现在大约已经一百四十磅出头，相貌当然更面团团的福相了。最可怕的是 appetite 大好，很能吃肥肉（母亲看见了一定大为高兴），好在我应酬还不算多，假如有当年父亲在上海那点应酬，大鱼大肉佳肴美酒不断地吃，我不成为胖子，才是怪事。你知道我从来不 indulge myself，我也常在宿舍里吃很苦的饭，因此大约体重也不会急剧猛进，否则假如每月长一两磅，一年之后，我现有的西装全部不合身材，非得新做不可，这才是得不偿失呢。

交女友的事，毫无进展。旧日女友中，仍旧维持联系者，仅 Celia 一人。她前两个月来了一封信，忽然内有“吃豆腐”的话。她说：“你既然这样喜欢美国，可是不在美国多住一个时候，莫不是在台湾有什么舍不得的人吗？”她又说：“假如你在台湾结婚，我一定要来吃喜酒的。”我的回信很 dry，可是也有点挑逗的力量，我说，“我结婚的事等你学成归国后再谈吧”。这一封信 silenced her，我也没有继续去挑逗。她的 Easter Card 上的话（printed）倒使我心里温暖了一个时候：In this busy old world /We may often appear /To neglect or forget /Even those we hold dear /But this little message /Is coming to say / “someone is thinking of you /everyday!” For a Chinese girl， this is saying much. 但我也没有进一步地去挑逗。我对于求爱，已经提不起兴趣，何况我还不知道她究竟要去不去美国，去了美国又要留学多久，现在瞎起劲，他日换来了失望，是很花不来的。Celia 假如不出国，她在香港假如无更合适的男友，她也许会成为“my girl”，但这一切都很难说。我的态度是：我要她，可是不再为她伤脑筋，一切看事情怎么发展吧。

丁先生请你到香港去，这事也值得考虑。主要的是看待遇多少，少于二百美金一月（即一千二百港币）就花（“划”）不来，虽然香港的外快收入，可能很多。据我知道，那位许吉鸿小姐下学期要去香港新亚了。香港是个好地方，安定、繁荣、法治精神——这些都远胜台湾。台北还不如当年的南京，香港可比当年的上海的租界，你可知所取舍矣。我的美国朋友 Hanson 最近去香港玩了一次，印象甚佳，他说香港像是 New York with a Big China Town。程靖宇在进行香港大学教中文，那张“聘人”广告我也曾看到，他们所需要的是教国语的人才，非你所长，否则那张广告我早就寄给你，给你参考了。香港大学的待遇据说很好，他们的英文系也需要人，但是限定英国大学毕业的，我辈都不合格。

家里的经济问题，除非父亲有决心逃到香港来，否则没法解决。……据香港来人谈（这不是国民党的宣传，而为父亲信里所不敢提的），上海买豆腐都要排队，任何人家收到一封信，邻里都有“责任”知道信里说些什么话；假如信出了乱子，邻里都要连带负责的。我一直以为你每月寄回家的钱太多，这是你的“愚孝”，我也没法劝阻。我以前托宋奇汇钱时，宋奇只敢二百或三百（港币）一次的汇，他说多了反而有麻烦。……我主张你以后改寄五十元一月即可，等到我的 essays 稿费拿到，由我来负担一年，每月五十元，你停寄一年。若我还有别的稿费收入，以后一直由我负担下去也可。共区生活甚苦，多寄钱去是糟蹋的。父亲的债务已清……专此 即颂

近安

济安 顿首

四月四日

［又及］Mr. Roberts 可以一看，不比 Stalag 17，差。

---

① ［美］杰姆逊：《未来考古学：乌托邦欲望与其他科幻小说》，第 9 页。

312. 夏济安致夏志清（一九五六年四月二十七日）

志清弟：

前上两信，想均收到。兹有奇遇，说不定一两个月之后又要和你们见面，此事甚奇，可以说是天上掉下来的机会。

明天师范大学的梁实秋来找我，说他们要派一个人到美国去研究英文 Teaching Methods，可是他们学校派不出合适的人才，找到台湾大学来了，而且找到我身上来了。条件很优厚，留美十五个月，每月 $200，此项津贴及学费旅费等，都由 Free Asia（that is to say，Dr. Rowe）供给。留学地点：Michigan 大学。

现在的阻碍：（一）大使馆及美新处恐怕要反对，因为我上次留学回来不到一年，尚未充分把“所学”贡献给台湾；（二）台湾大学不放我走，我舍台大而去师大（再回国后要去帮师大的忙了），也有点说不过去。

我自己的打算：接受这个机会。能够同你们在密歇根见面，而且 so soon，是出乎我的最乐观的希望之外的。Teaching Methods 很容易，我相信略用小聪明，就可以对付得过去，多余的时间仍可选文学的课。我倒不很想读一个 M.A.（假如很容易，也不妨一读），主要的，想利用十五个月的时间，写一部 novel（在台湾的工作效率很低）。

回国后去师大教“初级英文”，也无所谓。我对教书本已失掉热诚，教得愈浅对我愈省事。

照他们的计划，我应该在 Michigan 读两个学期，加上今年的与明年的暑期班，所以要是走成的话，时间大约是在六月中旬。

我同 Rowe 尚未见过面，他这两天到阿里山旅行去了，定下星期三以后同他晤谈。他假如全力支持，我想签 visa 不会有多大的困难。同时，我不希望你写信来替我鼓吹，假如真有困难，我不希望替他添麻烦。反正此事完全出乎意料之外，失败了也没有什么可惜，虽然我很想到美国来。

本来，算命的说我今年可能再去美国，我总想不出怎么会有这回事：我没有去申请任何奖学金，现在时间已经到四月底，再申请也来不及了。可是假如命运派定，莫名其妙的也会走成的。

所以假如这次如走成，我的思想将更走向 determinism 的一条路。有些事情是不可以道理说明的。同时我希望你能在 Michigan 蝉联下去，我假如能来，有什么跳舞会，我们又可以一起去参加了。

近况大致如旧，出国事发展如何，当随时陆续奉告。有崔书琴先生五月初将来 Ann Arbor，想会来找你。崔先生是前北大教授，人极忠厚诚恳，值得一交。Cowboy boots 他的行李里带不下，我另行交邮政寄上了。

听见这个消息，不要太兴奋，发展还不知道呢。Carol 有身孕，身体如何，甚念。树仁下次看见我，想会叫 uncle 了。

这个好消息，等到再成熟一点告诉家里，怎么样？

再谈 专颂

近安

济安 上

四月廿七日

313. 夏志清致夏济安（一九五六年五月五日）

济安哥：

前天接到你四月廿七日信，知道你又有机会来美，而且六月中即可动身，不觉大喜。我想此事成功可能性极大，你有 Asia Foundation 和师大支持，大使馆提不出理由反对；你同英千里关系如此好，他也不会“不”放你走的。你在台湾英文界的确已占了第一把交椅，不然梁实秋不会这样热心“举贤”的。来美国后写本小说，在美国成名，以后前途就无可限量。此次出国，费用由 Asia Foundation 供给，行动方面比较 flexible，不比上次受 State Dept 那样的拘束。我明年在密大大约已不能继续，可是六七月间一定是在 Ann Arbor 的。这是相别不到一年，又能聚首，是意想不到的。密大有一个 English Language Institute ，[①]相当有名，学生大多是外国英文教员，到美国来学习正确发音，和准备出国的美国英文教员，学些文法，发音，和教授法之类。许多日本，高丽，及南美洲教员，发音奇劣，的确需要这种训练，你我发音都相当准确，在那里可学的很少，可是 Institute 功课简单，而且程度参差，你倒可以趁此机会多写小说，或选修一两（门）英文系的课。有一位老小姐沈垚，[②]教两门低级中文，另在 Institute 教英

---

① English Language Institute（ELI），由弗里斯（Charles C. Fries）创办于 1941 年。

② 沈垚（1914—1980？），曾于密歇根大学任教，著有《讲授第二外语英语》（*Teaching English As a Second Language; A Classified Bibliography*）。

语，她在中文班上告诉学生说，Coca Cola[①]两字是根据中文“可口可乐”而 coin 出来的，可称滑天下之大稽。在 Institute 读，免不了要和许多外国怪人交际一番，可是由 Felhiem 介绍，你可交到很多文学青年。密大中国人很多，可惜我认识的只四五位，你在 Ann Arbor 住一年半，生活一定很愉快的。

我计划尚未定，不过大致决定明年在美教英文。Rowe 方面最近没有消息，也不好意思去催他（你想已同他会面了）。香港丁先生方面五月中可能有聘书来，我也不会去的。八九月中 Carol 要分娩，出远门绝对不可能。加上，去香港台湾，我在美国还没有 establish 自己的声誉，心中颇有“无颜见江东父老”的感觉。要回港台，只好等在美国有了长饭碗后，回去做了一年 visiting professor，倒可好好的玩一下。最近两三年来，懒散已惯，不善交际，中国人的应酬太多，我就受不住，教中国学生，也不易讨好。在密大教书一年后，自尊心大增，觉得教英文课程毫无问题，美国学生的兴趣我早已摸熟，教起书来，也比较易成功。四月初去 Philadelphia 开了一次远东学会，教中国学问的 openings 简直没有，所以两三星期来努力 apply 教英文。密大英文系布告板上 job 不少，我将一一 apply。教过了一年书，一般系主任对一般中国人上课 delivery 方面的怀疑，显然已减少。有两个大学回信来说，可惜我迟 apply 了一两个星期，position 已 fill 了，态度很好。向 Yale 请求教员的比较都是好学校，难 apply；向密大请求教员的学校水平较低，有一个 Yale Ph.D.，即可相当吓人了。所以我目前不悲观，希望六月前后弄到一个 assistant professor 的资格，守一两年，再重新 invade 中国 field。纽约的 China Institute 接洽了不少黑人小大学，那些大学都很有诚意，我为原则关系，都没有理睬。

崔书琴五月十七日来 Ann Arbor，我预备当晚请他吃顿晚饭，请马逢华作陪（马的女友，罗家伦的女儿，已同另一华人订婚了，其人相貌同老许相仿）。崔来 Ann Arbor 后的节目，都由马逢华安排，我在旁招待，不很吃力。可惜 Carol 和我的牌艺大退，否则可请他打一晚 bridge。

树仁生日，又烦你费了苦心，买了一双 cowboy boots，很过意不去。生日那天，树仁感冒未愈，没有什么庆祝。翌日拍了几张五彩照片，生日前几天树仁晚上跌被头，受凉，生平第一次有热度，服用 sulfa 性的 Gantrisin 后，把大肠的细菌也杀死，bowel 转为 loose。未病前几天便是老是用 glycerin 催便剂，病好后大便

① Coca Cola：中译“可口可乐”是蒋彝所译。

一直正常，不必再去 glycerin 了，也算是个好的 side effect。生日前讨到了一只小猫（Carol 学中国规矩，提 [起] 名 Mimi 咪咪），毛色黑白相兼，才六星期大。初来时大受树仁虐待，现在已长得很胖，自卫能力很好，树仁也不敢轻易欺负他了。一切树仁详情，当由 Carol 报告。

佛学已教完，中西文化史历史方面稍稍也已告一段落，最近两三星期内教教唐诗，理学，再把中西文学作品瞎比较一下，功课准备方面轻松得多，可惜为谋职业忙，仍毫没有空。上次提到看电影已成了 duty，引起你一番感慨，最近因功课不紧张，加上好片子不断而来，对电影的兴趣，已渐渐复活。月来所看的有 Fernandel①的 The Sheep Has Five Legs，②Julie Harris 的 I Am a Camera，③The Swan，④差不多一星期一片。这星期下星期的 Man in the Gray Flannel Suit，⑤Alexandra the Great 也都要去一看。Julie Harris 演技炉火纯青，可称当今美国第一位 actress。Grace Kelly 在 The Swan 内，有几段做得极好，表情 range 方面显然较前扩大，她脱离好莱坞是很可惜的。

Celia 显然对你大有意思，她送你那张 Easter Card，很明显对你表示爱意，希望你作进一步表示。目前你又要筹备出国，我也不想多做劝告。可能你们两人今秋会在美国会面的。假如她出国不成，你临走前不妨给她一封求婚信，Celia 几年来婚事学业都没有什么进展，可能会立刻首肯作你的终身伴侣的。你把婚事定了，再致力创作，全身轻松，效力更可大为增进。双方同意后，结婚

---

① Fernandel（原名 Fernand Joseph Désiré Contandin 费尔兰黛尔，1903—1971），法国演员、歌手，曾参演《环游世界 80 天》（1956 年版）。

② The Sheep Has Five Legs（《五脚绵羊》，1954），法国电影，亨利·维尼尔（Henri Verneuil）导演，费尔兰黛尔领衔主演，Cocinor 公司发行。

③ I Am a Camera（《小楼春醒》，1955），英国喜剧电影，据克里斯托弗·伊舍伍（Christopher Isherwood）的《柏林故事》（The Berlin Stories）和德鲁登（John Van Druten）的同名戏剧改编，亨利·科尼利奥斯（Henry Cornelius）导演，朱莉·哈里斯、劳伦斯·哈维主演，独立影业（Independent Film，UK）、美国发行公司（Distributors Corporation of America，US）发行。

④ The Swan（《天鹅公主》，1956），据 1925 年同名电影翻拍，皆取自弗兰茨·穆尔纳（Ferenc Molnár）之同名剧本，查尔斯·维多导演，格蕾丝·凯利、亚力克·吉尼斯爵士（Alec Guinness）、刘易斯·乔丹（Louis Jourdan）主演，米高梅发行。

⑤ Man in the Gray Flannel Suit（《灰衣人》，1956），斯隆·威尔逊（Sloan Wilson）同名小说改编，南纳利·约翰逊（Nunnally Johnson）导演，格里高利·帕克、詹妮弗·琼斯、弗雷德里克·马奇主演，二十世纪福克斯发行。

事尽可慢慢进行。

家中老是为等汇款发愁，据父亲的来信，母亲为汇款事，精神上颇受了些刺激。我除去信慰问外，也无法再做别的安慰。二月初寄吴新民的 draft 至四月二十四日方到（draft 不易一时卖掉），父亲为之疑窦丛生，认为吴新民不可靠，四月中我寄给陆文渊一百八十元旅行支票，一下子卖掉，隔日电汇家中。所以这次两笔汇款差不多同时收到，父亲最近没有信来，不知一下子汇到怎样许多钱，会不会反而替他添麻烦，也使我很不放心。以后我寄旅行支票，汇款可以按时汇到家中，父母几年来等汇款的 worry 至少可以消除了。

你近来想又是大忙，如出国事办好，又有一大批饭局。有好消息请随时报告。Carol 这次身孕，健康方面似较上次好得多，望勿念，她给你的信，一两日内另封寄出，专候好音，即颂

近安

弟 志清 上

五月五日

314. 夏济安致夏志清（一九五六年五月十九日）

志清弟：

来信收到已有多日，你能够进入 English Dept 教书，当然比回台湾或去香港好得多。我一直希望你能留在美国，为自私的打算，你将来可以给我的助力更大；为你自己和家着想，美国可进可退，安全上有更大的保障，事业也较易发展。留学生一返台湾，通常都把书本束诸高阁，不再有上进心了。咬紧牙关，在美国混下去，这是我对你最底限度的希望。

我自己的事情，大致还好。去美国的事情，尚未定局。同 Rowe 谈过，Rowe 觉得我是个研究学问的人（他对你十分佩服，称你是 genius，他以为弟兄应较是个性相近的，可是他看不出我的年龄比你大），弄“初级英文”如发音文法之类，也许是不合适，或者是“大材小用”。我唯唯否否，这种事本来由“师大”的人去做比较合适，我是犯不着以台大的人的身份同师大的人去抢。但是梁实秋迄今似乎还没有找到比我更合适的人，意思里还要我去，我无可无不可。总之，即使派定的是我，暑期学校是赶不上了，要入学也得要在暑假以后，那还得有两三个月耽搁（据算命的说，要走成非得过了我生日不可），现在一切手

续尚未进行，假如这期间发生变化，别人把这个机会抢去，我也不会觉得可惜。我很想去美国，但是这次留美的时间（即便走成）还是太短，回国以后所做的工作很是无聊，我认为不算太理想。

这几天顶大的worry是台大代理系主任的事。英千里预备再隔几个星期进医院开割胃溃疡（ulcer），这是大手术。以他衰弱的身体（他还有肺病），动这样的手术，是冒了相当的危险的。所以这两天他说起话来很凄凉，又为系里的事情不放心，我若不答应代理，将更伤他的心。代理系务，我又有什么作为呢？外文系学生非常之多，每一年级都有百余人（中学毕业生不知怎么的很多报考外文系的，可是对文学有天才或真兴趣的当然很少），“乐育”这一批“英才”，不是容易的事。请教员我就一点办法都没有。拿台大这点待遇，哪里请得到人？请不到人，课程就不会扎实，这个系也就办不精彩。

假定英先生开刀进行顺利，暑假后健康大为进步，我把系务交还给他，但是暑假招生这道难关，就使我望而兴畏。本年起，台湾各大专以上学校（包括各军事学校在内，台湾的军校也给B.S.学位了），举行联合招生，一起有二十几校之多，台湾大学应该领袖群伦，不说出题阅卷等等工作的condition，将要大伤主持人的脑筋，即使能把事情推给别人去办，光是敷衍出席开会（校内的招生委员会，同别校联络的会），就可忙死人了。我生平从来没有挑过这样重的担子，而且也不想挑这种担子，想到这份工作的艰苦，甚至于想脱离台大了。铤而走险，做freelance writer & translator。

英千里做主任，还有我这样一个帮手，我要做了主任，什么帮手都没有（助教本事都太差），连一封信都要自己写，我将要瞎忙一阵，任劳任怨，终于一事无成。

英千里预备下学期把我升为full professor（院长他们都同意），我已严词拒绝。台大的Full Prof.在国际学术界并无地位，又无实利（钱不会多拿多少的），我要它何用？我做Assoc Prof.已经可以享受一切Prof.的privilege了。

家中为汇款事如此着急，可见家中并无积蓄，where does the money go then？我希望再过一个多月，由我来代你负担这个责任。Carol和树仁想都好，别的再谈，专颂

近安

济安 顿首

五.十九

315. 夏志清致夏济安（一九五六年五月廿一日）

济安哥：

已久未接到来信，甚念。出国事进行如何？如六月中出发，则目前必非常忙碌矣。Rowe 已见到否？他对你的事情想必尽力支持的，崔书琴上星期四晚上到 Ann Arbor，星期六上午离开。他周游各 campus，同教授们讨论政治，向中国同学们 informal 地演讲一番，在我看来这种生活非常 boring & fatiguing，崔先生却很 enjoy 这 routine。Job 尚无有定落，慌张也无用。

崔书琴嘱我在他 tape recorder 上录了些音，带回给你听，我在旁人监视之下，相当 tongue tied，没说什么。一小时内即得送 Carol，树仁上飞机，不多写了，专盼好音。

弟 志清 上

五月廿一日

杨德昌电影的精神分析研究

杨小滨

在台湾新电影导演中，如果说侯孝贤不断试图从符号域撤离到想象域，却仍然无法抵挡符号域的规整，杨德昌则往往通过直面符号域，揭示出符号域无法掩盖的真实域。换句话说，侯孝贤往往关注的是建立永远无法实现的理想自我（ideal ego）即镜像化自我，杨德昌则干脆展示出自我理想（ego ideal）的内在瓦解。这个自我理想，也就是拉康意义上的符号大他者——无论呈现为传统文化的规范，还是呈现为现代文明的律法，或是呈现为当代社会的构筑——都集中于对现代性的思考：现代性作为符号他者，既是一套话语规范，又是主导型的文化能指，在杨德昌电影的社会历史背景上扮演了至为关键的角色。而各色人等如何在现代性符号秩序中活动，构成了杨德昌电影主要的观察对象。也可以说，杨德昌所致力于探讨的正是主体在与这个符号层大他者之间发生的种种关联及其表现。

杨德昌电影展示出的社会批判、体制批判、意识形态批判与现代性批判意味已是诸多学者已经讨论过的关键议题。比如，吕彤邻（Tonglin Lu）就明确认为："杨德昌的电影更关注都市中的异化，其中每个人都基本上被描绘成在现

【作者简介】

杨小滨，台北"中央研究院"文哲所研究员。

代科技巨大而非人化的海洋里的无家可归者。杨德昌电影的主导题旨之一便是金钱作为消费社会的上帝如何瓦解了传统亚洲的家庭结构”。[①]甚至杰姆逊(Fredric Jameson）在他著名的《重绘台北》一文中也强调了杨德昌的电影是“从都市资本主义的语境来看……我们当代的后自然社会中理性概念的扩张”。[②]本文从拉康理论的视角来探讨杨德昌电影，试图勾勒出杨德昌批判美学的整体构架，并且揭示出大他者自身的匮乏和创伤。换句话说，从拉康理论的框架里来看，杨德昌的批判维度并不仅仅是外向的社会批判，因为社会大他者的缺失正是主体的试图以自身的缺失来填补的对象：他者已经被主体内在化了，而不仅仅是外在的压迫。以拉康理论来切入，可以更深入地了解杨德昌电影美学的复杂层面，特别是人物主体与社会他者之间的微妙关系，以及杨德昌所揭示的符号秩序内在的“真实”样貌。

一　现代性大他者与主体的双重匮乏

拉康的主体论蕴含了一个著名的悖论，也就是俗称“要钱还是要命”的选择：“假如我选择钱，我二者都会失去。假如我选择命，我拥有了没钱的命，也就是说，遭到了剥夺的命。”[③]正如“要钱”无异于送命（自然“要钱”也就落空），主体的悖论在于，正面把持主体性的愿望反而葬送了主体，惟有放弃主体性，将主体托付于他者，才能至少保持主体的空位。拉康因此借用了黑格尔—马克思的“异化”（alienation）[④]概念，但用以描述主体的必然状态：“因为这个悖论，这个敏感点，平衡点，主体仅以从他者（即无意识他者）中消失的形态出现在意义的层面。”[⑤]不过，他者本身却也不外乎是一种空洞。

---

① Tonglin Lu, *Confronting Modernity in the Cinemas of Taiwan and Mainland China*, Cambridge: Cambridge University Press, 2002, p.119.

② Fredric Jameson, *The Geopolitical Aesthetic: Cinema and Space in the World System*, Bloomington: Indiana University Press, 1992, p.128.

③ Jacques Lacan, *The Four Fundamental Concepts of Psycho-Analysis* (New York: Norton, 1978), p.212.

④ 在马克思那里，“异化”意味着主体的自由劳动变异为受奴役的、出卖自身的劳动。

⑤ Jacques Lacan, *The Four Fundamental Concepts of Psycho-Analysis* (New York: Norton, 1978), p.221.

杨德昌的《指望》这个短片的片名本身已经暗含了一个主体必须倚赖的大他者的视角——当然，在这个大他者的视角下，主体（subject）必然臣服于（subject to）这一套话语的体系。不过吊诡的是，这个他者符号体系下的主体，仅仅是一个名义上的空位存在，而无法成为实体。显然，《指望》中的“指望”不只是成长的青年人对自身的希望，而是来自上一辈的指望，甚至是指令。在影片里，小芬母亲对小芬姐姐说：“我为妳好，只希望妳能读个大学……妳再不给我好好念，真是对不起我，也对不起妳爸爸！”在这里，所谓的话语，当然就存在于“为妳好……否则便对不起……”这样的句法结构中。这里，父亲早已去世，他肉身的消隐反而强化了“父之名”的存在——作为语言性、符号性、律法性的存在。正如拉康所言，“符号的父亲，因为意指了律法，正是那个死去的父亲”。[①]甚至可以说，母亲占据了父亲的位置，执行了死去父亲的权威话语。不过，父亲也只不过是社会大他者的一个换喻。从根本上来看，长辈对晚辈的要求，或“指望”，代表了社会大他者的指望或期待——你必须成为现代社会指望你成为的那样的人。

在《牯岭街少年杀人事件》中，叶月瑜曾观察到，除了主角小四之外，“其余人物的家庭背景似乎都暧昧不明，其共通处皆是父亲角色缺乏或不在”。[②]这里或许还可追问的是：小四的父亲在何种程度上可视为部分属于这个代表了缺失的父之名系列，在何种程度上又占据了父之名的地位？在影片的前半部，这个父亲的权威形象一直较为薄弱，直到被警备总部传唤询问之后，父之名的功能才愈加获得激发。对子女的“指望”母题在《牯岭街少年杀人事件》的后半部里便更为显见——父亲痛打老二时不断反复地詈骂道：“没出息！不要脸！”自然，“出息”成为父之名对于子女一代“指望”的关键词，以至于小四在被勒令退学后对父亲许诺：“我一定帮你考上日间部！”显然，这里的“帮你”更明确地指明了拉康的论断：主体的欲望正是他者的欲望，并且主体作为他者的快感对象而存在。

① Jacques Lacan, *Écrits: The First Complete Edition in English*, *trans*. Bruce Fink (New York: W.W. Norton and Company, 2006), p.464.

② 叶月瑜：《牯岭街少年杀人事件（2）：摇滚后殖民与历史记忆》，见《杨德昌：台湾对世界影史的贡献》，第131页，台北：跃升，2007。

③ K. M.Newton, ed., *Twentieth-Century Literary Theory: A Reader*, Basingstoke: Macmillan, 1988, pp. 65—73.

《指望》中的小男孩小华，不断喃喃自语的对未来的憧憬，也无非是要去满足现代社会大他者的要求。在电影接近结尾处，他说："我想明天开始就要练习跳绳，人家说啊，这样会长高哦！"这个抽象的"人家"，毫无疑问，就是社会大他者——那个无所不在，却不知所在，甚至完全不在的注目。他还承认，原来以为学会骑自行车，就可以"爱去哪里就去哪里"，也就是说，未来被投射为一个期待他前往的空间化他者，仿佛到处都可能有个小小乌托邦。不过这个被称作"哪里"的空间化他者最终也似乎是一个泡影，因为等他真的学会了骑车之后，反倒"不知道要去哪里了"。这个代表了未来的现代性符号他者最终暴露出自身的空洞。

小华这个形象的塑造，带有杨德昌后期电影漫画化风格的雏形，显然和（被）反复"指望"或憧憬的高大形象有相当大的差距。同样，姐姐离被大他者"指望"的那个标准也差之千里，全然缺乏学习、进取的兴趣和作为。这一切都使得"指望"的概念本身释放出强烈的反讽色彩，现代性大他者的效应遭到了暗中的瓦解。甚至，大他者本身就无法成为担保的源泉。在《指望》里，当小芬在半夜发现自己的初潮时惊起叫喊"妈！"，但屋内一片阒静，没有任何回应，妈妈的床铺也是空的。因此，在拉康的主体概念里，除了"异化"之外，还有"分离"（separation），即"两种空缺重叠在一起"。用齐泽克的话来说，"分离"意味着主体的空缺映射了他者的空缺："当主体遭遇他者中的空缺，便以一种先在的空缺——他自身的空缺——来回应。"①在《指望》里，他者的空缺指的并不是父亲肉身的阙如，而是父之名所代表的"指望"本身的虚荣、虚妄。"指望"，本身也是一种期待、愿望和欲望，代表了某种空缺。与这个空缺的相呼应的，是匮乏的主体与他者欲望的遭遇：小芬和她姐姐都属于"要成为"（want-to-be）亦即"存在空缺"（manque- à - ê tre）类型的角色，呈现出主体本身的未完成状态。但需要指出的是，尽管主体的空缺相应于他者的空缺，《指望》这部影片也精妙地展示出这两种空缺的互相错位：如果说大他者的欲望空缺表现在望子（女）成龙的愿望，指向未来的学业或事业成功，那么主体的欲望空缺则表现在对于爱情的向往，和对异性的好奇。也就是说，主体无法真正成为他者的欲望对象，而是从现代性大他者的符号秩序中反弹出去，意味着他者欲望的失败。但，或许惟有这种失败，才能保证主体建构的成立，只是这种成立并不意味着对大他者欲望的满足。这部影片的成长小说（Bildungsroman）式结构建立在这样一个事实上：下一辈的成长或成熟与长辈对其完成现代性任务的期待是彻底错位的。

在这个面向上，描写下一代最终彻底辜负上一辈期待的《牯岭街少年杀人事件》显然将这一主题再度淋漓尽致地铺展开来。

《指望》是杨德昌的第一部影片，作为一部短片，对现代性大他者／父之名的处理尽管相对简单，但基本奠定了日后创作的基调。在杨德昌成熟期的电影创作中，主体与大他者的关系成为核心的结构线索。在他的第二部影片《海滩的一天》的两条线索里，我们明显在其一看到了《指望》的反例。林佳森的父亲期待的子承父业得到了实现——但果真如此吗？反讽的是，对佳森来说，诊所的事业最终只是一个被历史所淘汰，被时间所遗忘的空幻的概念，甚至自己的角色也从医生变为病人，终因癌症离世。在这个意义上，佳森也许体现了严格意义上的主体分离，他试图满足他者的欲望，但用以填补他者空缺的却是自身的空缺。而作为主线的林佳莉，则几乎可以说是延续了《指望》的故事：她违背父亲的意愿，要追求自己的独立自主。那么，也许我们可以推断，佳莉试图满足的是另一个大他者的欲望，也就是那个叫作“自由”的符号。杨德昌延续了鲁迅《伤逝》的现代传统，揭示出“自由”作为现代性的符号秩序所蕴含的无法满足的他者欲望。换句话说，“自由”或许是一个空洞的现代性符号，而主体只能以自身的空洞作为终极回报。在《海滩的一天》里，佳莉的主体位置的获取是由决定性的“丧失”为标志的（这种“丧失”甚至包括了“丧失了知情”）：在电影的结尾处，谭蔚青的内心独白以画外音表明“海滩上的那个死者到底是不是德伟……似乎已经不重要了”，重要的是，佳莉“已经长大成为一个完美的妇人”，而这个成长正须以他者的不知所终为对应。也可以说，“自由”的现代性符号他者最终以真正的自由——空缺——的形态变异为代表丧失的“小它物”，因为“小它物”本身就意味着既是过度又是匮乏的对象：这里，“过度”便是过度自由，以丧失为代价的自由。

《独立时代》这个片名表明了杨德昌的社会学思考依旧沿着主体与他者关系的路径，因为“独立”正是“自由”的具体形态之一，假设了主体对他者的非依赖性。这部影片显然是以反讽的方式展示出“独立”的面貌：片中追求独立的角色们，无论是Molly，还是姐夫，甚至小凤，最后都未能跳脱出甚至深深纠缠于现代社会的网络中。影片的英文标题叫作The Confucian Confusion（儒者

---

① Slavoj Žižek, Interrogating the Real, ed. Rex Butler and Scott Stephens (London and New York: Continuum, 2005), p. 48.

的困惑），这既是片中的姐夫这个角色所撰写的一本书的书名，也指明了影片的主旨与孔子的学说相关，特别是有关个体与群体的观念——而这，也正体现了儒家传统与现代性话语的连接。杨德昌本人在谈到中英文片名时提示说：“这片子……主要还是讲人自己的问题，而且要自己负责任，这是‘独立’最重要的概念，而人跟人的关系在儒教的思想里是有个伦理的结构的，而这个伦理的结构通常是规定，而这规定在时代的转换时就会产生一些疑惑”。[①]比如，Molly试图在事业和经济上独立于未婚夫阿钦，但这个虚幻的经济主体一方面因为阿钦的安排处于Larry的牵制或阴影之下，另一方面也由于草率的人事处理纠结于各种人际关系的纷杂中。另外，片中的小明不是具备个体独立意识的角色，但他代表了现代社会寻求经济独立的都市人类。小明的哲学是，“安分守己”才能赢得上司赏识，换句话说，小明懂得用牺牲个性的独立来换取被施予的生存，他以大他者的阴影为立足的根本。而Birdy表面看来放浪形骸，却无法自拔于对于市场票房的依赖上，这一点与Molly姐姐对收视率的依赖是完全一致的。在这里，大他者隐形于社会大众，却起着决定性的作用，而这个大众显然意味了一个空洞的概念，是主体自身所建构或虚构的一个他者。琪琪当然就更无法独立，事业上她试图依赖Molly，情感上她试图依赖小明，但最终都无法如意，这迫使她寻找更坚实的精神支柱。有意思的是，Molly姐夫的深奥言说也不能让琪琪有安身立命的稳定感。换句话说，无论是现实中的爱情/友情，还是观念化的哲理，都只是空洞的符号他者。而姐夫（作家）离群索居，似乎意在拒绝现代社会他者的侵蚀，实际上内心依旧渴望理解：琪琪的出现像一道光芒，姐夫视之为生命中唯一的希望，仿佛获得了一个顿悟的主体。有趣的是，那似乎并非爱情，因为姐夫最后放弃了琪琪返身而去，沉浸在自己滔滔不绝的哲理遐想中——也就是说，那个他者（她者）仅是完成其主体性的一个借口，而非迷恋的对象。

《独立时代》或许是杨德昌电影中最具伦理色彩的一部，间接触及了“仁”

① 《杨德昌谈〈独立时代〉》，见黄建业等《杨德昌——台湾对世界影史的贡献》，第157页，台北：跃升文化，2007。尚·米榭尔·弗东在他的《杨德昌的电影世界》中提出《独立时代》的片名也标明了一个开始出现台湾独立声音的时代（尚·米榭尔·弗东：《杨德昌的电影世界》，第138页，台北：时周文化，2012）。从杨德昌本人的阐述中，至少没有看出导演有这样的初衷或意图。但是否有可能以杰姆逊（又译詹明信，Fredric Jameson）“国族寓言”（national allegory）的理论视角来观察个体独立的观念与国族独立的观念之间的寓言化关系，则是另一个可以讨论的话题。

的概念，尤其是“仁，亲也，从人从二……仁者兼爱，故从二”（《说文解字》）的儒家要义。在这样的儒家观念里，很明显，个人的主体性是与他者紧密联系在一起的（当然，他者被定位为“爱”的对象）。而如 Larry 对 Molly 说的一段具有教训意义的话，尽管没有提到“仁”，也用“情”来强调人际 / 社会关系的重要，却充满了对这个文化传统的“现代化”理解 / 曲解：“我们中国人最讲究的一个是‘情’字……钱是投资，情也是投资，比如说，友情，友情就是一种长期投资么，就像是绩优股啦，像是储蓄啦；亲情，亲情就是祖产啦……”颇具讽刺效果的是，Larry 的话语用现代商业体制的概念“投资”、“绩优股”、“储蓄”等来解读“情”的意涵：这里，现代资本主义的交换价值原则决定了社会关系，他者原本作为纯粹的爱的对象暴露出爱的缺憾和利益的主导，儒家的仁爱理想主义遭到了荒谬的消解。现代性的他者话语被撕裂于儒家的仁爱原则与资本主义的交换价值原则之间。于是，现代性被呈现为一种（儒家）传统性的重现：儒家信条虽然没有被明确提及，却处于被回溯性建构的位置上。从符号大他者的领域中来看，儒家理念纯粹而崇高的“仁爱”观被暴露出资本主义社会追逐利益回报的快感原则。也就是说，作为他者话语的儒家社会法则也不得不显露出“绝爽”（jouissance）的特征。而与之相应的是，Larry 所标榜的现代主体便呈现为面临困境的分裂主体（映射了他者的分裂）：一旦说“情”成为他显在的“所述主体”（the subject of the statement），“利”便是他隐在的“言说主体”（the subject of enunciation）。[①]主体与他者之间拉康意义上的“分离”也遍布在杨德昌其他影片里，主人公通过自身某种意义的失败才获取了其掏空的主体性。《青梅竹马》的阿隆以情爱和事业双重失败对应了现代商业秩序和家庭关系（亲戚或婚姻）的崩溃；《牯岭街少年杀人事件》的小四通过消灭所爱才表达了爱（完成了作为爱人的使命），同时暴露了现代教育体制宏伟构筑的空洞无能；《独立时代》的 Molly 主动放弃了貌似“独立”的事业（把公司交回给阿钦），作为对商业和情感秩序匮乏的结果；《恐怖分子》的李立中在对主体性的虚假建构（谎称自己被任命为正式的组长）失败之后以肉身的毁灭应和了社会性深渊（家庭

---

① 在《无意识中文字的事况与佛洛伊德以降的理性》一文中，拉康曾举例说明，如果说“所述主体”仅仅表达出外在的意义，“言说主体”则暴露出无意识的内在能指。见 Jacques Lacan, *Écrits: The First Complete Edition in English*, trans. Bruce Fink (New York: W.W. Norton and Company, 2006), p.556.

和单位）的威胁；[①]《麻将》的红鱼在无法完成的复雠中才获得了（注定为偏差的）存在价值，而这无疑与他父亲所建立的虚伪的现代社会价值体系息息相关；《一一》的洋洋只有在成人们的现代性话语体系中才发现自己“老了”，但其实这个过于苍老的他者世界才承载了太多的荒谬和虚无。

在《麻将》里，杨德昌借红鱼之口表达了自我意识的虚妄与主体无意识的进场：“这个世界上没有一个人知道自己要的是什么，每个人都在等别人告诉他怎么做，他就跟着怎么做。”李秀娟在读解《麻将》时指出，这个对大他者提出的“你要的是什么”（che vuoi）的疑问正开启了大他者主导的欲望机制的罅隙，从而建立起主体新的欲望。[②]在此可以进一步推论的是，这个新的欲望正是主体必要的匮乏，它回应了大他者的欲望匮乏——因为实际上，大他者对主体的疑问并不能给出一个完美的答案，它本身就充满了矛盾、分裂与深刻的危机。

二　从律法的大他者到绝爽的大他者

父亲，当然也是杨德昌电影里关键性的符号他者。如果说在侯孝贤的影片中，父亲大多呈现出病态或无能，成为“划除他者的能指”，即 S(Ⱥ)，那么杨德昌电影中的父亲形象作为“划除他者的能指”还往往体现出“划除他者的绝爽”，即 J(Ⱥ)（jouissance of the [barred] Other）。[③]在杨德昌电影中，这个绝爽的、淫秽的父亲并不是律法的父亲的对立面，这两者成为莫比乌斯带式的貌似两面的一体。

最典型的当然是《海滩的一天》中佳森的父亲，他代表了人格化的淫秽大他者（the obscene Other）。一方面，他占据了传统父亲的权威位置，操控子女的婚姻大事；另一方面，他自己与诊所的护士发生外遇关系，败露后用金钱摆

① 拉康曾说：“自杀是唯一成功的行动”（Jacques Lacan, *Télévision: Le Champ freudien*, Paris: Seuil, 1974, pp.66-67）。Zupančič 认为，这样的“符号性自杀”是从现实符号域的撤离，“这意味着在这样一个行动之后，主体不再与之前相同；只能作为新的主体‘再生’”（Alenka Zupančič, Ethics of the Real: Kant, Lacan, London: Verso, 2000, p.11 & p.20）。

② 李秀娟：《谁知道自己要的是什么？——杨德昌电影中的后设“新”台北》，《中外文学》第 33 卷第 3 期（2004 年 8 月），第 48 页。

③ “划除他者的绝爽”是拉康在研讨班 23 期（《圣兆》，Sinthome，1975 年 12 月 16 日）上提出的概念，以进一步阐述“他者绝爽”之不可能。

平了事。绝爽作为“剩余快感”（surplus enjoyment）在这里呈现为性关系的盈余，暴露了权威大他者中真实的黑暗核心。类似的“淫秽父亲”形象也出现在《麻将》里，红鱼父亲所体现的可算作是另一例“划除他者的绝爽”。他不仅是父亲，也是暴发的富商，或者说，他是现代社会符号法则的代表。然而，在影片的结尾处，红鱼父亲最终醒悟到了那个现代社会符号法则的无能，与情人双双服毒共赴黄泉，也标志着绝爽大他者的自我划除。《青梅竹马》里阿贞的父亲不仅被塑造成贪食好酒的形象，还在酒醉后跟阿隆回忆往昔岁月时津津乐道年少轻狂的放荡作为。更关键的是，阿贞的父亲一方面臣服于现代商业社会的符号秩序，另一方面又通过不义的经营方式瓦解了那个秩序，甚至还要求阿隆协助他寻找出路。《独立时代》里短暂出现的小明父亲，也在时尚而威严的外表（责备二姨妈时）和不光彩的身份（曾坐过牢）之间显示出他者形象的双重性。

《牯岭街少年杀人事件》中，小四的父亲始终不是父之名的称职代理。篡夺了父之名位置的，主要是现代教育与政治体制；而小四父亲，从电影开始去质疑儿子的考分到后来被拘审问，一直处在体制的下风，不断受到压迫和戕害。夺取棒球棒（显见的阳具符号），代表了威权教育体制的训导主任，还有代表了威权国家体制的警备总部主任，才是那个现代性大他者的代表。只有在多次遭受威权（国家与教育）体制欺压之后，小四父亲才被“培养”成一个真正代表了绝爽的父亲：在那场教训老二的戏里，他无法遏制的痛打和痛骂使自己在暴力的施虐过程中获得了超常的剩余快感。这种施虐可以说是对体制化的现代暴力机构（邪恶意义上的自我理想）施虐的模仿，那个威权体制当然是更高意义上的绝爽大他者。而这种对施虐的模仿最终也传递到小四身上：父亲在殴打老二时反复不断地痛斥“没出息！不要脸！没出息！不要脸！……”而小四在用匕首教训（他自己一定并不认为是刺杀）小明时，也大叫着“你没有出息啊你，不要脸，没有出息啊！”黄毓秀在《赖皮的国族神话（学）——〈牯岭街少年杀人事件〉》一文中认为该影片“所要阐发的……便是改革父权，去除父的残暴跋扈”[①]，而在国家机器面前，甚至小四的父亲“基本上也是儿子……时而惶惑，时而反抗的儿子”。[②]反过来，小四也将绝爽的父亲作为榜样，也就间接地模仿了以体制为代表的严酷的符号秩序，用更为暴力的方式对秉持自由的肉体予以

---

①② 黄毓秀：《赖皮的国族神话（学）——〈牯岭街少年杀人事件〉》，见郑树森编《文化批评与华语电影》，第280、282页，台北：麦田，1995。

规训。无可否认的是，黄毓秀观察到的父权神话在《牯岭街少年杀人事件》中有着明显的表达；不过，我也想指出，《牯岭街少年杀人事件》并非这个神话的简单重构，而是以“神话学”的态度对此进行了充分的反思和批判。《牯岭街少年杀人事件》中小四实施暴力时的绝望言辞与父亲实施暴力时的话语二者的重合标示了某种倒错主体对他者绝爽的享受，仿佛主体以自身的绝爽替代他者的绝爽。无论如何，在这些例子中，大他者不只体现出现代性能指的律法层面。比如，威权主义的无情与蛮横，商业主义的贪婪与疯狂，都是现代性体制的一部分。与霍克海默（Max Horkheimer）和阿多诺（T. W. Adorno）在《启蒙的辩证》中的观点——萨德体现了康德式的现代理性原则——相呼应，拉康揭示了康德式的现代理性包含了萨德式的绝爽核心，一种冷酷的快感，蕴含在迫近真实域的驱力中。

《独立时代》中 Larry 的“感情投资论”可以说典型地体现了资本主义的理性式绝爽，从冰冷的现代社会律令中获取隐秘的快感。可以看到，杨德昌在多部电影中以讽刺的方式揭露商业主义法则（Law）对现代社会的统制。[①]这种统制，又往往是通过对某种语言体系的质问或训导来完成主体化的——也就是使自以为完整的自我陷入现代符号法则的重压之下。除了《独立时代》中的 Larry 以感情投资论试图说服 Molly，把情感放在商品交换原则的基础上加以论述，视为利益的交换物，在另一部影片《麻将》中，红鱼也几乎是在实践《独立时代》中 Larry“情也是投资”的现代社会原则，他对马特拉的照顾完全是基于将来有可能要利用马特拉的实利考量。而《麻将》中的 Angela 毫无廉耻地标榜“跟我亲嘴的男人个个开奔驰”，把男女情爱的基础置于现代生活物质条件的基础上。当然，商业秩序与商品社会话语只是社会现代性的一部分，而杨德昌所表达的往往更多地是作为符号体系的现代生活本身的机械与压迫。《恐怖分子》中的李立中每天回家后的强迫性重复洗手可以追溯到的不仅是他的职业习惯，而是现代职业人所必须遵循的被大他者所规整的行为方式，或者说，是一种被现代社会中的专业语言所规范的肢体书写。而《一一》中洋洋的妈妈（敏敏）也沉

① 杨德昌的电影中出现过众多的商场人物，可以说大多都是批判的对象——从《海滩的一天》里的阿财和小惠，到《青梅竹马》里的阿贞父亲，《独立时代》里的 Larry（阿钦和 Molly 反倒商业气息不重）及小明父亲、小明公司的主任，《麻将》里的红鱼父亲和邱董，一直到《一一》中并未露面的小田（那么，唯一的例外便是被理想化的日本商人大田了），都或多或少与商业社会中令人不满甚至令人不齿的作为相关联。

陷和迷失在语言的绝望网络中。她努力陪昏迷的婆婆说话，却悲伤地发现“我怎么跟妈讲的事情都是一样的？我一连跟她讲了几天，每天讲得一模一样，早上做什么事，下午做什么事，晚上做什么事，几分钟就讲完了……我觉得我好像白活了”，醒悟到现代生活的盲目与无聊。然而，这种无聊却恰恰是全家人试图通过“说”来掩盖的（尽管这种努力对大多数家庭成员都极具挑战性）：似乎只有语言才能将生活组织成有意义的符号网络。这种“说”，虽然初衷是心灵的交流，却不料往往成为对大他者话语的挪用（后来，按照 NJ 的建议，干脆让护理员念报纸来代替①）。而这个符号域，作为父法的秩序，在杨德昌另外的电影中更无情地展示为暴力化的国家机器。《恐怖分子》的一开场就有警车的呼啸声，打破了夜的宁静，仿佛是对那个原始的想象空间的强行侵入②。当然，《牯岭街少年杀人事件》中的警备总部就显示出现代国家机器更为严酷的面貌。

《牯岭街少年杀人事件》中的压迫性体制更多地呈现在教育的训导体制上。教导主任的跋扈，国文教师的蛮横，教官的权威，全校大会上的严厉训话，整

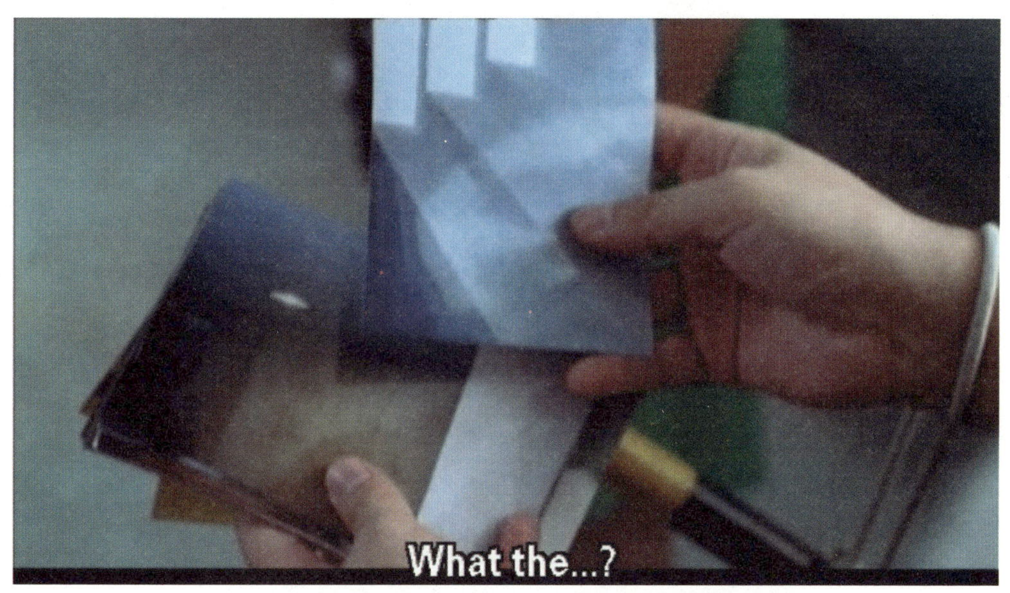

图 1 《一一》

① 当 NJ 自己跟婆婆说话时，他自己也怀疑是否可以说出真心话，或者从根本上说，是否真的有所谓“自己”的“真心”话，而不是他者的话语。

② 蔡明亮《洞》也以救护车的呼啸声承袭了这样的开头，凸显了蔡明亮对于那种不明所以、不知所终的威胁的敏感。

个学校肃穆的官僚气氛，无不以语言秩序的方式暴露出现代性符号域的严苛面貌。而在这表面的冰冷理性底下，又不无体制的大他者的施虐式狰狞快感。《一一》则延续了《牯岭街少年杀人事件》对学校体制的批判，揭示了童心洋溢的洋洋与迂腐无知的现代教育体制及其威权话语之间的矛盾。洋洋对想象域的营造不是经由与自然景色的遭遇，而是经由他捕捉的某种能够投射自我的空间——洋洋打算拍摄到有蚊子的空间，但并不是以消灭蚊子为目的——从中发现某种感应。但洋洋拥有的完整世界遭到了教导主任的无情嘲笑："什么玩意儿？拍一大堆这是什么东西啊？"（图 1）而年长同学则已经认同了社会的商业原则："不赚钱拍那么多干吗？"主任命令洋洋转过身去，面壁思过。这样就出现了类似《一一》影碟封面的场景。（图 2）不过，这幅图片所遵循的形式是洋洋拍的一大批别人的后脑勺或后背的照片，按照洋洋的说法，是给他们看他们自己看不到的背面。（图 3）而洋洋的这些照片令人自然想起马格利特（René Magritte）

图 2《一一》DVD 封面

图 3《一一》

图 4 马格利特：《被禁的复制》

的著名画作《被禁的复制》（La Reproduction interdite）。（图 4）

我们可以通过马格利特的画来理解洋洋的后背，以及洋洋所拍摄的那些后背。后背的形象，正如《被禁的复制》这个画题所提示的，可以说是一种镜像的不可能。[①]洋洋所揭示的，正是老师所代表的符号秩序对完整镜像的拒绝和禁止。教育体制的律令迫使洋洋转过身去，迫使他成为镜像中的背影，即，一个不可能的自我镜像。也就是说，洋洋的想像域遭到嘲笑和禁止，他被勒令进入符号域——教导主任在教训洋洋时手里握着的木棍或竹棍难道不是阳具的显著符号吗[②]？不过，在影片中，大他者也暴露出了阳具符号被去势的状态，也就是

① 在《被禁的复制》这幅画中摆了一本法文版的爱伦坡小说《南塔基特的亚瑟·戈登·皮姆的自述》（The Narrative of Arthur Gordon Pym of Nantucket），一部暗含了对想象域与符号域双重质疑的作品。一方面，小说的自传性叙述如同《被禁的复制》一样意味着镜像对应的错位，比如爱伦坡本人的生日（1 月 19 日）错位地对应了小说主人公皮姆抵达 Tsalal 岛的日期，第一章里皮姆的船名 Ariel 错位地对应了爱伦坡的演员母亲 Eliza Poe 曾经扮演过的角色名，等等（见 Kenneth Silverman, Edgar A. Poe: Mournful and Never-ending Remembrance, New York: Harper Perennial, 1991, p.135 & p.474.）；另一方面，小说的语言充满了疏漏和不可解的元素，暗示了符号域的不可靠与内在瓦解。

② 类似的道具也出现在《牯岭街少年杀人事件》中：小四拿同学的棒球棒想要打滑头，结果球棒被教导主任没收。这个场景也可以看作是父法通过剥夺子对阳具的想象，确立了父之名对阳具的符号性占有。不过，杨德昌的电影也呈现了拉康所说的阳具与去势的辩证关系。在《牯岭街少年杀人事件》中，训导处的灯泡仍然可以被棒球棒击碎。

说，教导主任作为符号域的现代教育体制权威代表也无法占据话语体系的绝对主导地位，学生们在言谈中可以无情地嘲弄他和“小老婆”之间的暧昧关系。他在被学生泼水之后甚至口喷污言秽语，暴露出大他者庄严外表下的不堪面目，原本隐藏在冷酷理性面貌之下的淫秽与暴力曝露无余。尽管如此，大他者依然在其现代符号体制的层面上显示出图腾般的阳具权威，代表了占据规整性地位的符号秩序，迫使想像域的自我遭遇失败。在影片结束的时候，洋洋颇具深意地表白道：“我看到那个还没有名字的小表弟……我很想跟他说，我觉得我也老了。”“老了”，在这里指明的无非是一种成熟，一种婴儿时代的想象域的破灭。这段话精妙地表达了洋洋在面对一个符号化（语言化）之前的存在的时候，意识到了他自己已经失去了想像域的纯粹，而与前符号化（“还没有名字”）时期的弟弟成为两“代”人。

镜像的翻转也意味着，人只能成为自认的意识“自我”（ego）的反面，成为自己所相信绝不可能是的那种无意识“主体”（subject）。这个主体当然是由他者的话语所塑造的主体，但这个他者往往在不知不觉中变异为小它物。在杨德昌的电影中，人物命运也往往在于小它物的关系中处于幻想（及其破灭）的状态。《恐怖分子》中的李立中白日梦般地声称“主任选了我，现在我已经是正式的组长了”，意味着他尽管坚持将幻想认定为现实，但却逃脱不了他所拒绝的那个主体身份。《牯岭街少年杀人事件》中的小马谆谆告诫小四说：“为了女孩惹这种麻烦是最土的”，还举例 Honey 的悲剧来警告小四，可以说他对自我的控制能力似乎具有绝对自信。可是到影片的最后，小马却正是为了女孩惹上了麻烦，他因为泡小明而差点葬身在小四的刀下。同样，《独立时代》里的 Larry 一再劝诫阿钦，“越是生气，越要赔笑脸”，似乎自己就是这个能够以理性意识自控的模范。但话音刚落，他就彻底失态，操着道具刀追打那个他怀疑跟自己的情人有染的 Birdy。《麻将》里的红鱼也与此十分相似。红鱼十分崇尚父亲教导他的“不动感情”的哲学，跟父亲表白说：“你不是还说过，骗人最大的要领就是不能动感情，我跟你都这么不要脸，就是因为我们从来不动感情么，我照你的去做了，我从来没有失败过哎。”红鱼自己却难掩对父亲的情感，安排“小活佛”制造伪预言来报复曾经让父亲破败的香港女人 Angela；而在邱老板告诉他此 Angela 根本不是害了他父亲的彼 Angela 时，甚至情绪冲动到连开数枪打死了邱老板。红鱼父子的工具理性原则，作为现代性主体的基本法则，不仅无法遏制身体绝爽的空洞诱惑，有时甚至无法避免真实层的毁灭性吞噬。在《一一》中，胖子最后成为情杀案里的杀人犯；但是他之前在谈起电影经验补充了生活经验的时候，曾经轻松地说过“我们没有人杀过人，可是我们都知道杀人是怎么一回事”，仿佛自我是能够远离残暴的理性自我，完全没有料到自己会变成一个在生活中杀人的实践者。在从想像域进入符号域之后，虚幻的完整自我变异为分裂的主体，在陈述的主体和被陈述的主体之间无法同一，在能指（语言）的主体和所指（意旨）的主体之间产生错裂或背离，甚至在符号化的主体与深渊般的真实主体之间发生断裂。

当然，从拉康理论的角度来看，自足的主体并不存在，所谓的主体欲望无非是他者的欲望。更极端的情形是，主体必须按照大他者的律令行事，或者成为大他者所期待的人。依照拉康早期的理论，律法的大他者具有整饬性的社会功能，是符号秩序的保障。而在杨德昌的视野里，现代性的律法大他者本身就体现出（拉康中后期更为关注和强调的）绝爽大他者 [J(Ⱥ)] 的特征，二者甚至是难以区分的。在中后期的拉康的思想中，“幻想”是关键词之一：“幻想”体现了杨德昌电影中的现代性意识形态，它提供给真实域一个窗户，赋予创伤性的绝爽一种符号化的意义。如果说主体的欲望体现了他者的欲望，那么主体对他者的认同也是对符号化绝爽的认同（比如就《牯岭街少年杀人事件》中小四行刺的行动而言，小四表面上认同的是父亲对“出息”和“要脸”等符号能指的期待，而实际上则重复了其对暴虐快感的实施）。而“穿越幻想”（traversing the fantasy）则意味着“打破意识形态幻梦的力量，直面我们欲望的真实”①。这正是杨德昌不断努力的方向。

在《牯岭街少年杀人事件》中，小四的父亲从温柔敦厚变得暴躁、妄想，小四从乖学生变为杀人犯，可以说都是现代社会大他者所培养的。《恐怖分子》中的李立中从典型的现代职业人变为杀人犯，《独立时代》中的小明从兢兢业业到身体出轨，无不受到这个现代符号秩序的操控。《牯岭街少年杀人事件》中符号秩序对主体的建构也体现在帮派 / 个人暴力与国家暴力的同构：穿军装的教官，靶场、坦克、军车的背景，酷似军装的校服，这些都标明了一个军事化时代的显著符号。从这个意义上说，Honey 的海军服，小猫王的匕首（恶狠狠的复仇欲望），小马爱玩的猎枪，小四学西部片的开枪动作，也无不留有这个

① Slavoj Žižek, The Sublime Object of Ideology (London: Verso, 1989), p.48.

军事化时代的符号印迹。他们的成长，是依赖于这样的现代社会化历程的。但可以看出的是，尽管主体将大他者视为自我理想加以认同，却并没有满足大他者的真正欲望，二者总是处于某种交错的状态。

现代性的符号秩序无论以何种理性或严正的面貌出现，都难以掩盖其内在的绝爽维度——暴虐、淫秽、狂乱……可以说，律法的大他者与绝爽的大他者无非是现代性主导能指的一体两面。杨德昌的影片不仅探究了作为律法的大他者对主体的构建，并且揭示了律法或法则是如何具有剩余快感的淫秽与暴力特性的。换句话说，社会现代性（无论是商业体系还是威权社会或教育体制）也并不只是一套符号化的理性规划，而其引发的切肤之痛感与快感更值得我们从杨德昌的电影中去细察。

三 从大他者到小它物

应该说，杨德昌电影的魅力既在于展示了主体如何产生于大他者符号能指的缝合构成，更在于揭示出这个现代性符号域的不完整，这种符号认同所充满的裂缝破绽，特别是从中渗漏出来的“小它物”（objet petit a）。拉康认为“小它物的功能象征着欲望的核心空缺”，①它是无法符号化的真实域残余，是欲望亟需填补的短缺，因而是欲望的对象—原因。拉康的幻想公式 $\$ <> a$ 由此指明了分裂主体与小它物的依存关系。比如，作为空缺的小它物在《恐怖分子》中体现为李立中觊觎的那个职位空缺，这是李立中主体分裂的直接原因。在拉康所列举的四种最典型的小它物之中，凝视和声音占据了重要地位②。凝视和声音往往也是杨德昌电影里起着关键作用的因素。尽管拉康对此的论述并不受限于具体实际的凝视和声音，在杨德昌的影片里，我们的确不时遭遇到作为小它物的，直接可感的凝视和声音。比如《恐怖分子》中淑安的恶作剧电话声音常常是令人起疑的，甚至令人受惊的，但又充满着具有召唤力的不确定和神秘感。即使从表面情节上看，淑安就是从现代社会符号秩序中脱漏出来的（从警察的追捕中逃脱），也正是她的电话（作为小它物的暧昧声音）引起了女作家周郁芬的疑心、好奇心和创作激情，但最终也导致了致命的后果。类似的电话声音出现

①② Jacques Lacan, *The Four Fundamental Concepts of Psycho-Analysis* (New York: Norton, 1978), pp.105—242.

在《独立时代》中，也就是坐在车上的阿钦在电话里听到的小凤的声音：轻柔，神秘，引人遐思，使阿钦几乎不能自持。《牯岭街少年杀人事件》邻近结局时，小明隔街叫喊小四的声音是完成小四主体分裂的一击，小四面对诱惑性的声音，却在拒绝和接受之间挣扎，最后只能以刺杀小明达成溢出的欲望。这些作为小它物的诱惑性声音都带有齐泽克在论述拉康声音概念时所谓的“声音的幽灵般维度”，[①]当然迥异于比如侯孝贤《悲情城市》中天皇、陈仪、国文老师等代表了大他者的声音，后者代表了权威的、压抑的体制语言。

而作为小它物的凝视——人物从银幕上对观众或主人公主体的凝视——出现在《恐怖分子》中：摄影师小强张贴在他暗室里的，是一张他摄下的淑安跳下楼之后回眸一瞥的镜头。（图5）这一凝视，与侯孝贤《童年往事》结尾处收尸人的瞪眼相比，也可以看出两种截然不同的文化心理功能。收尸人的瞪眼代表了社会伦理大他者的规训，将阿孝推入符号域的领域中；淑安的凝视则意味着小它物的“闪烁”（有如拉康所谓的“光点”[②]），是符号域所未能规范的那一部分真实域泄露出不驯的面目。对于迷恋这个镜头的小强来说，淑安回头凝视的此一瞬间是具有强烈诱惑力和迷惑力的。不过，我们必须发现的是，淑安凝视的对象其实并不是小强，她注视的是正被警察抓捕的男友大顺。这似乎印证了齐泽克常引用的拉康的格言，“真理来自误认”，[③]小它物本来就是虚空的他者，是主体移情的对象。非但如此，拼贴而成的大幅淑安照片最后被风吹起，吹成一片片零散的无数小张，使完整的凝视图像无法“凝”固，而涣散成一组碎片。（图6）

这幅凝视涣散的图景还出现在《恐怖分子》中的得奖作家周郁芬在电视（作为一种符号化的现代语言体制）上亮相的场景。周郁芬在演播室面对镜头的注视，

---

① Slavoj Žižek, "The One Measure of True Love Is: You Can Insult the Other, " in Spiked, 15 November 2001 (Interview by Sabine Reul and Thomas Deichman). Available online at: www.lacan.com/zizek-measure.htm.

② 在阐述“小它物”概念时，拉康曾经回忆起他年轻时候的一段往事：拉康曾与一家渔民坐小船从Brittany港口出海，在阳光照耀的海面上，有一只漂浮的沙丁鱼罐头在闪烁。这时，一个叫Petit-Jean的人对他说：你看见那罐头吗？可它看不见你！这引起了拉康的深思，但拉康感觉到的是那个“光点”在被望见的时候也在回望并“凝视”着自己。见Jacques Lacan, The Four Fundamental Concepts of Psycho-Analysis (London: The Hogarth Press, 1977), p.95.

③ Slavoj Žižek, The Sublime Object of Ideology (London: Verso, 1989), p.57.

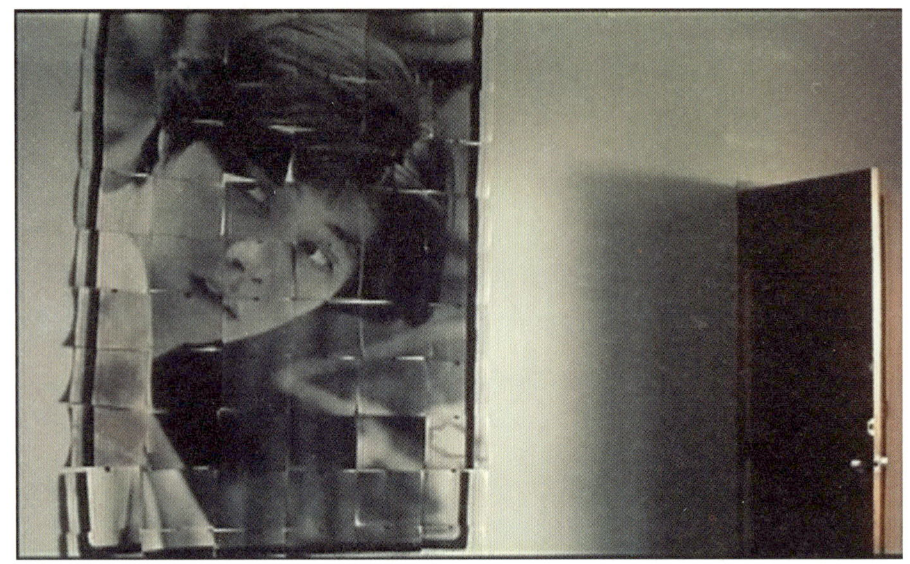

图 5《恐怖分子》

图 6《恐怖分子》

对观众而言是被误认的凝视，但同样随后被即刻揭露为涣散的，可无限增殖的。(图 7、图 8) 可以说，杨德昌不仅召唤出现代性底下小它物的幽灵，并且将小它物又放回到非神秘化的现代性背景上，凸显出现代与后现代之间永无止息的

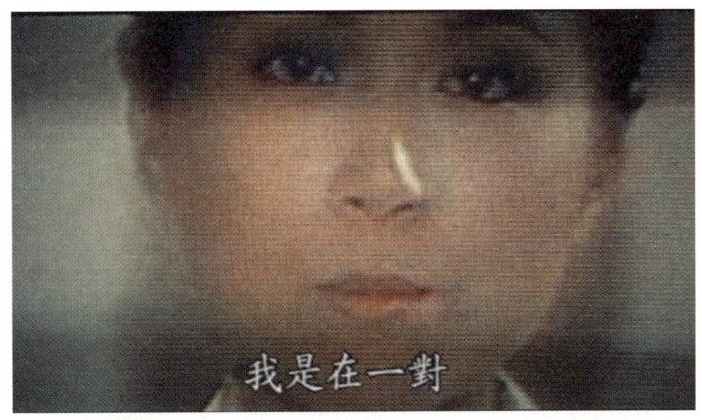

图 7《恐怖分子》

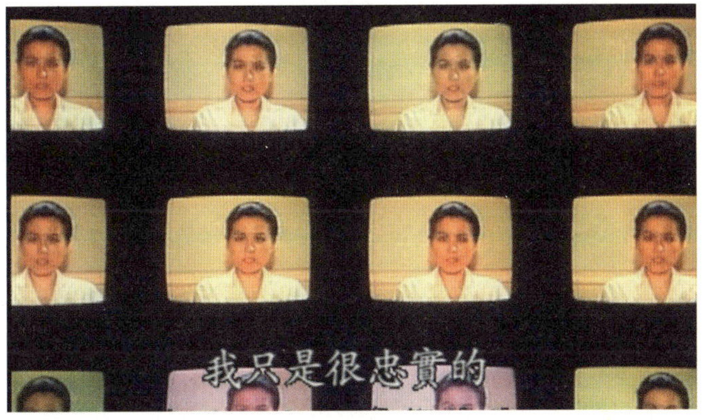

图 8《恐怖分子》

张力。[①]

可以说，杨德昌电影中充满了从符号域中渗漏出来的各种小它物，它们构成了主体幻想的源泉，同时也注定了主体的分裂状态。在《海滩的一天》里，那个散落在海滩上的药瓶便是典型的小它物：它出乎意料地出现在海滩上，与德伟的“正常”生活相悖，或者说，这个与疾病（甚至死亡）相关联的药瓶，是德伟作为现代职业人所属的符号秩序（正常的、规则化的商场活动与日常生活）试图掩盖而最终疏漏的真实域残渣。不过，与其说这个药瓶是佳莉作为分

① 我的论述也从另一个角度回应了杰姆逊（又译詹明信）对于《恐怖分子》这部影片中“现代与后现代，主体性与文本性——互相中和，互相支撑”（Fredric Jameson, "Remapping Taipei," in his The Geopolitical Aesthetic: Cinema and Space in the World System (Bloomington: Indiana UP, 1992), p.151）的结论。

图 9 雷捷：《动画风景》（1924）

裂主体的动因，不如说药瓶所代表的秩序中的污渍本来就是佳莉在当代生活中种种难以言说的精神沟壑的一个代表性起源。德伟的一切神秘都像这个药瓶一样不可蠡测，包括他与小惠的关系（以那两封装错信封的信为标志），他工作时间内外无法知晓的作为（以及行踪，比如去日本的行程），以至于最后的失踪，无不是作为空缺的小它物，深深困惑着影片的女主人公佳莉。不过，我们必须从德伟的职业与生活背景上去了解药或病是如何成为那个现代性符号秩序中的真实域污点的。

现代性的大他者，一直是杨德昌电影最关注的主题。这也是为什么当代的、都市化的台北成为杨德昌大部分影片的空间背景。作为都市空间最重要的部分，高楼大厦内外的种种景观，也是杨德昌电影中常常显现的影像能指与言语能指。米榭尔 · 弗东曾发现"《恐怖分子》……中反复出现正方形或三角形的形状或构图"，[①]并试图将其归结为"立体派"的艺术风格。如果要谈立体派，如此标准的几何图形和毕加索（Pablo Picasso）的立体派绘画关系甚远，但与另一位立体派画家雷捷（Fernand L é ger）的作品或有隐秘联接。（图 9）与雷捷相似，杨德昌在电影里用几何图形的构图凸显了现代文明符号秩序的规整化视觉效果。城市文明外观的规则化暗示了现代性有关整一性的基本理念，这显然是杨德昌现代性批判规划的一部分。（相对而言，雷捷的画对城市文明的态度较为中性，并没有呈现出明显的批判意味。）

《恐怖分子》中，杨德昌用六个镜头拼接办公大楼的窗户视景。可以看出，

① 尚 · 米榭尔 · 弗东：《杨德昌的电影世界》，第 100 页，台北：时周文化，2012。

图 10《恐怖分子》

图 11《恐怖分子》

图 12《恐怖分子》

图 13《恐怖分子》

图 14《青梅竹马》

身穿同样整一化制服（白大褂）的人员在格子（或笼子）般的办公空间里，由于大片墙面的反衬显得尤其渺小和压抑。（图 10、图 11）甚至办公空间内部的物件也显示出规则化的样式，比如图里左下方的两把椅子，摆放成一前一后的列队队形，这和窗户本身的单调化与规则化，又应和了现代生活的单调化与规则化：李立中每次回家都要先进到卫生间，在昏黄的灯光下认真地洗手。周郁芬在小沈的办公室里时，背景是方格形的柜子，取景同样强调对称与规则的效果。（图 12）不过，这些柜子完全是空的，指明了符号秩序实际上的空虚状态。在另一个办公大楼玻璃幕墙的镜头里，幕墙闪闪发亮，代表了大都会亮丽的文明，但棋盘式方格更是单调到极点。（图 13）必须注意的是，在幕墙上清洗的工人和吊车暗示出符号秩序内在的危险性：现代性的符号能指必然也是自我划除的能指。而在《青梅竹马》里，阿贞办公室和小柯办公室都有百叶帘，似乎必须通过规则化的线条切割，我们才能看到房间里的人物（有一种百叶帘的栅栏式条纹困住的囚禁感）。（图 14）（未完待续）

反理论①

[美]史蒂文·纳普(Steven Knapp) 瓦尔特·本·迈克尔思(Walter Benn Michaels) 著 徐亮 译

一

“理论”在此指文学批评中的一个特殊计划：试图通过对一般阐释过程的解释来支配各种特殊文本的阐释。这个术语有时应用于文学的各种专题，如叙

【作者简介】

史蒂文·纳普，加州大学伯克利分校英语系助理教授，眼下正撰写一部十八世纪和浪漫主义文学中人格化问题的专著。

瓦尔特·本·迈克尔思，加州大学伯克利分校英语系助理教授，眼下关注十九世纪的美国的文学与经济表征形式的关系。他前一次在《批评探究》发表的“《嘉莉妹妹》的大众经济”见于一九八〇年冬季号。

【译者简介】

徐亮，浙江大学中文系教授，博士生导师。学术领域为文艺学与美学，主要学术兴趣为西方当代文学理论。自一九八三年起至今发表《马克思〈经济学－哲学手稿〉中的一些美学问题》等美学和文学理论论文几十篇，出版理论专著和教材多部。专著有《显现与对话》《意义阐释》《圣经与文学》等，译著有《表征——文化表征与意指实践》等。多次获得省部级社科成果奖，国家级教学成果二等奖等奖项；《文论的现代性与文学理性》获国家社科规划办优秀结项成果等级。

① 原载于《批评探究》第8期，1982年夏季号，芝加哥：芝加哥大学出版社。

事学，文体学，以及诗体学，这些专题不专门针对个别作品的解释。然而，除去其一般性，这些专题对我们基本上是经验性的，我们的反理论的论证并不适合于它们。

当代理论有两种形式。一些理论家寻求阅读文学作品的根据，这些根据建立在合法和客观的解释方法的基础上。另一些理论家则对这种程序无力使各解释者之间产生共识印象深刻，他们把这种失败解释为一种否认正确解释的可能性的理论的替换模式。在此，我们的目标不是在这两种可选方案中做选择，而是指出，这两者都犯了同一个错误，这个错误植根于理论的本质之中。我们批评的对象不是从事理论的一种特殊方法而是其全部的观念。

理论试图解决一系列耳熟能详的问题（或宣告解决的不可能性）：作者意图的作用，文学语言的地位，各种阐释性假设所扮演的角色，等等。我们并不是要尝试解决这些问题，我们也不会去追踪它们的历史或考察由它们所激发的这些争论的范围。在我们看来，所有批评理论所犯的错误在于，它们把这些问题想象成真实的。事实上，我们将声明，理论家如果未能认识到所涉及的各种要素本质上是不可分的，那么这些问题只是看起来是真的（而理论自身也只是看起来是可能的或与之有关的）。

割裂各种实际上不可分割的术语引发了各种理论问题，这方面最清楚不过的例子就是围绕作者意图与文本意义的关系所发生的持续不断的争论。一些理论家主张有效的阐释只能通过诉诸作者意图获得。持这一假设的还有那些否定发现作者意图可能性的理论家，他们也否定有效阐释的可能性。然而一旦某文本的意义明显与作者意向的意义相符，在意图中坐实意义的计划就变得不着边际了。由于计划本身就是不着边际的，它既不能成功也不会失败；因而，这两种面对意图的理论姿态是无关紧要的。理论家们所犯的错误就是想象从一个术语（作者意向的意义）到第二个术语（文本的意义）转移的可能性或好处，而实际上这两个术语是同一个。人们既不可能成功地从一个术语导出另一个术语，也不可能在这件事上失败，因为拥有一个也就拥有了它们二者。

下两部分我们将试着详细展示关于意图的理论观念为什么总是出错。第四部分我们将对一种有影响力的解释作一个相似的分析，这个解释是有关阐释性假设或信念在文学批评实践中所扮演的角色的。我们认为，信念和意图的话题对于理论事业是核心话题，我们对它们的讨论因而就不仅是直接反对特定的理论论争，而且是反对一般的理论。我们的实例旨在代表所有理论争论的中心机制，而我们对它们的处置旨在指出，所有这类争论将以同样的方式一再失败。如果我们是正确的，那就表明，整个批评理论事业都被误导了，应该被抛弃。

二 意义与意图

赫希明确表述了一个事实，即一个文本的意义就是其作者想表达的意义，因为他这样写道：文本的意义“是，并且会成为除了作者的意义之外什么都不是的东西”，并且它“绝对是由发话者的意向的特点决定的”。[①]确定意义就是作者意向的意义后，赫希论证说，所有文学阐释“必须强调对作者的目标和态度的重建，以便制定出解释其文本意义的指南和标准”。尽管这些指南和标准不能确保——一点儿也不能——任何特定解读的正确性，但是他声称，它们建构了一种解释的“根本上正确”和“客观”的方法。（第224、240页）

赫希的说法的奇葩之处在于定义到方法的转换。他一开始把文本意义定义为作者意向的意义，然后建议说发现文本意义的最佳方法是寻找作者的意图。但如果意义与意向的意义已经合而为一，就很难看到（see）发现一个意义何以能够为发现其他意义提供一种客观的方法——或任何类型的方法；因为发现一个就是发现了其他的。意识到文本意义与作者倾向于使它成为的意义是同一个，就有必要进一步意识到从一个推进到其他的诉求是没有用的。然而，如同我们已经开始看到的，赫希不这样想，他认为把意义与意图表达看成一致的具有最重要的理论用处，它为可替换的各种解释的选择提供了一种客观方法。

但是赫希未能理解他自己的说法的力量。在某个瞬间他把意义视同于意向的意义，在下一个瞬间则把它们分裂开来。这个错误在他与完全否定意图重要性的形式主义批评家的论战中显露无疑。他对这些批评家的批评以这种方式结束：援引了他们对意义的描述而损害了他自己的观点。赫希小结道，形式主义者把文本想象成一个“语言的片段”，一种“其特质由公共标准决定的公共客体”。按赫希，这种评论的问题在于“语词序列并不仅能表现涉及公共标准本身的词语的实际意义。仅指涉它们本身，文本意义就仍然是未决的”。在赫希看来，

---

① E.D.赫希（小）：《阐释的有效性》，第216、219页，纽黑文，康涅狄格，1967。我们对赫希的评论在某些方面与P.D.朱尔在他的《阐释》第二章“文学批评哲学论”（普林斯顿，N.J.，1980）的评论相似。朱尔的观点将在下一部分讨论。本文对这些著作将作进一步引用。

他举的例子“我的车抛锚了”这句话易受一系列不确定的解释的影响。这儿不存在能够帮助我们确定句子的意思到底是我的车缺油还是“我的普尔曼轿车碰到一团氩气熄火了”的公共标准。只有为“我的车抛锚了”这些词指定一个特定的意图，人们才能得到确定的解释。或者，如赫希自己指出的，“只有在我们不再仅仅面对一个词语系列，而是也置放了一个其话语很可能有所意味的发话者的时候，各种可能性的系列才开始变成一个被更具体精细地选择出来的各种可指望性（probabilities）的系统”。[①]（第 225 页）

此前这个论证与赫希关于意义和意向的意义的等式似乎是一致的，直到人们意识到赫希是在想象一种意图出现之前的阐释节点。在这个节点上文本的意义“仍然是未定的”，此后这一未定性被添加出来的作者意图给清除了。但如果意图与文本意义真的不可分割，那考虑把意图作为必须添加出来的一个成分就说不通了，它肯定一开始就出现在那儿。确定性和未定性是不相关的。赫希觉得，由于他认为从未定性到确定性涉及一个添加的信息，所以它们可以相关，这是正确的；但是他还认为，添加的信息就等于添加的意图，这是错的。因为意图是已经存在的，从未定性到确定性过程中添加的唯一的东西，就是关于意图的信息，而不是意图自身。因为“我的车抛锚了”这样的句子甚至在被认出是一个句子之前，我们就必定已经假设了一个说话者，因而假设了一个意图。确定句子的一种阐释并不需要添加一个说话者，只需要在一批可能的说话者中挑选一个。知道说话者居住在一个其空气含有惰性气体的星球上，其首选的交通工具是火车，这就会给人们一个阐释；而知道说话者是一个地球人，他拥有一辆福特车，这将给出另一个阐释。但是即使关于这一信息我们一无所知，只要我们试图作完全的阐释，那我们已经对作为语言言说者的说话者的性格刻画作出了承诺。易言之，我们知道说话者意欲说话，否则我们不会阐释。这后一个例子中，我们拥有的信息少于另外两个（在那两个里我们至少知道说话者所出自的星球），但是相对少的信息与意图的出现或缺席无关。

这一错误无疑说明了赫希奇怪的习性，即把解释的适用对象叫作“作者的意义”，以及在后来的写作中对它与“读者的意义”作区分。[②]对赫希而言，在

① 赫希注意到，短语“语言的片段”可以回溯到威廉·燕卜逊《朦胧七型》（第三版，纽约，1955）的开篇段落。

② 见赫希《阐释的目的》，第 8 页，芝加哥，1976。

这两类意义间的选择成了既是道德上必然的又是“操作”上必须的。但如果所有意义总是作者的意义，那选择就成了空的，就没有选择可作，不管是道德上的还是操作上的。由于理论就是为帮助我们做这类选择而设立的，所有理论争论必须在某一点上接受对反意向性意义的前设的解释。在关于意图的争论中，对无意向性意义的假设的要素构成了理论自身的关键。那么，从我们反批评理论的立场看，有关意图的唯一重要问题是，事实上是否可能存在无意向的意义。如果我们反理论的观点能够成立，答案一定是“否”。

无疑，主张所有意义都是意向性的，这在当代语言哲学中并不陌生。比如，约翰·塞尔坚持“意向性并未被取消”的观点，他和其他人改善了论证来支持这一主张。[①]这儿，我们的目的不是添加另一个这种论证，而是去探索，这种激烈的替代反直觉的方案何以可能。我们可以直接从对这一点的关注开始：对无意向的意义的设想是多么困难。

想象一下，你在海边散步，看到沙子上有一个奇怪的歪歪扭扭的序列。你退后几步，注意到它们可以拼出下述词语：（华兹华斯诗）

在微睡中我的精神被封闭；
我没有人所具有的害怕：
她像是一具无法感觉的物
俗世年代的痕迹[②]

这似乎是无意向性意义的好例子：你把这些文字认作文字，你理解各种词语的意思，你可能把它们认作诗节的构造——这一切都无关乎作者，也确实完全不必把这些词语与作者的任何观念联系起来。你做这些事情时完全不必想到任何人的意图。然而，现在再想想，当你凝视沙上的这个形状，一波潮水涨上来又退去，在它的波纹上留下下述词语（写在你现在认出只是第一节诗的下面）：

现在她不动了，没有力气；

① 约翰·R.塞尔：《重申差异：答德里达》，《象形文字》1977年第1期，第202页。
② 华兹华斯的抒情诗自从被赫希采用后已经成为理论争论的标准例子；见《阐释的有效性》，第227—230页，以及第238—240页。

既不听见也不看见；
与峭壁，岩石，树木一起
在俗世一日里流逝。

人们可能会问，意图问题在此是否仍然像几秒钟前看起来那样是无关的？我们猜想，你现在会感到必须解释你刚刚看到的。这些标记只是偶然的，是由波浪的机械作用（经由某些消蚀、渗滤等等微妙的不可预测的过程）在沙上产生的吗？还是大海活着，挣扎着表达它泛神论的信仰？还是华兹华斯死后变成了海岸的守护神住在波浪中并且时不时地在沙上刻写下他哀伤的感情？你可以无限扩大这个解释项的目录，但是你会发现（我们认为），所有解释项都会落入两种范畴。你要么把这些标记归诸某些有意向的行动者（活着的大海，华兹华斯的鬼魂，等等），要么把它们看成机械过程（消蚀、渗滤，等等）的非意向性结果。但是在第二种（标记似乎是偶然的）情况下，它们仍然像是词语吗？

显然不是。它们只是像词语。也许你只是奇怪，怎么会发生这么惊人的巧合。当然，你也会奇怪为什么让你来确定到底是大海还是华兹华斯要对此负责。但在这两种情况下你的惊讶会有两种完全不同的来源，意识到这一点很根本。第一种，你会被作者的身份惊倒——谁会想到大海可以写诗？但是第二种情况是你接受了自然偶遇的假设，你惊讶地发现你认为是诗的东西原来根本不是诗。它不是诗是因为它不是语言；叫它“偶遇”就是这个意思。你只要认为标记是诗，你就会假定它们有意向特征。你不知道作者是谁，这会骗你去想：去假定一个作者，这与你阅读诗节的能力没有关系。但是事实上你已经在无意识的情况下假定了一个作者。只有第二节诗神秘地出现，你的心照不宣的假定（即，某人用木枝写下了它们）才受到了挑战，并且你意识到你已经做了一个假定。只有在现在，当假定一个作者似乎是不可能的，你才真正把标记想成是无作者的。但是，夺去它们的作者就是把它们变成偶然像语言的东西。归根结底，它们不是无意向性意义的一个例证；只要它们变成无意向的，它们也就变成无意义的了。

到第二节诗，我们就清楚了，无意向的语言的例子看起来既不像无意向的也不像是语言的。问题在于标记是否被看作语言；确定其答案的是一个决定：它们是否一个有意向的行动者的产物。如果我们的例子看起来是牵强的，那只是因为我们文化中很少有机会对大海是否是一个有意向的行动者感到好奇。但是在很多场合中有意向的行动者的问题会是一个重要的和困难的问题。计算机能说话吗？对这个问题的争论恰好再现了我们的例子的条件。因为计算机是机器，所以它们能否说话的问题就取决于无意向语言是否可能。但我们的例子表明不存在无意向的语言这类东西；唯一真实的话题是计算机是否能够容纳意图。但是这一话题也许是被决定的——我们的例子无助于作出决定——这个决定将不会建立在意义理论的基础上，而是建立在计算机是否能成为有意向的行动者的判断的基础上。这并不是要否定大量的东西——道德的，法律的和政治的——也可以建立在这些判断基础上。但是实践的重要性决不会给予这些判断以理论的力量。

我们可以通过对波浪之诗的最后一瞥，来厘清理论原则与实践或经验判断的区别。设想，你看见了第二节诗在岸边被冲刷，确定这“诗”实际上是消蚀和渗滤等作用的偶然结果，因而根本不是语言。它现在会以什么改变你的头脑？没有什么理论争论可以说清楚区别。但是设想，你看到离海岸有些距离的一艘小潜艇冒出海面，它的外边有五六个穿着白色的实验室工作服的人在吃力地攀爬。其中一人把他的双筒望远镜瞄准海岸，得意地喊道“行了！行了！让我们下去再试一次”。可想而知，你现在将又一次改变主意，这并不是因为你对语言、意义或意图有了新的看法，而是因为你现在获得了存在着一个作者的新的迹象。作者的问题是并且一直是一个经验的问题；它现在得到了一个新的经验性答案。理论引诱你去想象：这一经验性问题必定，或者应该有理论的答案。

甚至一个像塞尔那样承诺语言的意向性地位的哲学家也向这一诱惑屈服，认为意图是一个理论性话题。在坚持这一点以后，他在一个引用前文论及意图的不可避免性的段落里，接着说道：“严格地从字面意义上说，句子恰好就是意图的实现”，以及，“用语言行事的意图与对它的表述之间需要（need be）没有任何鸿沟”。[①]但是，关键不在于在意图和它的表述之间需要没有鸿沟，而在于可以（can be）没有鸿沟。不仅在严肃的书面话语中，而且在所有话语中，意向与意义都是一致的。塞尔把两者分开，想象没有意图的表达的可能性，因而，像赫希那样丢失了他自己主张（当进入语言时，“意向性并未被取消”）的观点。失去这一观点，因而想象两种不同类型意义的可能性，比理论会犯的错误更大；这是个使得理论得以可能的错误。说它使理论得以可能是因为它创造了一个幻

① 塞尔：《重申》，第202页。

觉，似乎可以在两种可替换的解释方式之间作选择。①

去做一个理论家就只是去想存在着这样一种选择。在这方面，意向论者与反意向论者是一样的。在另一方面他们也一样：都无法摆脱意图。但这并不意味着意向论者胜出了，因为意向论者所想要的是合法有效的阐释；但他们得到的，简单说是对每个人一直在做的事情的描述。这样，在意图问题的论战中，所下的各种赌注实际上极低——事实上，它们并不存在。因此谁胜出并没有关系。但是按理论的眼光看，各种赌注很高，不过谁胜出仍然没有关系。赌注高是因为它们被计入理论自身的存在了；谁胜出无关宏旨是因为只要人们认为在意图问题上的立场（强调或反对意图的作用）在获取合法有效的阐释这件事上造成了差异，理论的理想本身就获救了。是理论胜出了。但是只要我们意识到不存在需要作出的理论选择，那么理论的关键点就消失了。理论就败了。②

三　语言与言语行为

我们论证了一个文本的意义与一个作者意欲文本所具有的意义是一样的，它们的一致性剥夺了对理论感到好奇的任何意图。最近，P.D. 朱尔提出了意义

① 在与各种作者的交谈中，赫希提到一个例子，一位著名批评家和理论家在新的证据目前承认他以前对一首诗的解读是错的，但是他却声称他以前的解读比现在证明是作者意图的解读更好。赫希想以此表明选择意图作为标准比某些其他阐释标准更重要。但是赫希例子里的批评家并没有在不同的阐释方法中作选择；他直接就喜好他的错误。这样的喜好肯定与阐释理论无关；它会影响人们去作阐释，但它不会影响人们得到某种阐释的方式。

② 这儿涉及的反对用理论来处理意图的各种论争，针对的是具体谈论的问题，但可应用于（实际上这一直未变）赫希著作中随处可见的对更大范围的意图的解释；它们还可应用于这类作者的理论建议，如 M.H. 阿布拉姆斯，韦恩 · C. 布思，R.S. 克雷恩，以及拉尔夫 · W. 雷德——所有这些人直接或间接地与芝加哥学派有关。抛开重点与方法的差异，这些作者都同意，对一特有文本的意义的批评性争论，应该通过指涉在文本所出现的著作中昭示出来的更宽泛的结构性意图来解决。在这个观点中，具体的意义应该从对意图的想象性建构，比如说作者选择某种文类意味着什么，来推知；这些阐释性预设应该反过来通过它们对作品细节的解释效果来定成败。但，只有在范围很大的各种意图中对其理论状态与它们应加以限定的具体意义二者作出区分，这一程序才能具有方法论的力量。但我们要说，具体意义总是意向性的，结构的选择与具体表述因而就以完全相同的方式与意图相关。当阐释者的一个观念决定了他的其他观念时，二者都无法以一种特殊的客观方法得到阐释，或满足阐释的一致性。（对所有层面的意图的各种阐释是否最好地被理解为假设，则是另一个问题，尽管也与此相关。）

与意图之间关系的一种相似的解释。按朱尔，“在对文学作品的意义的陈述与对作者意图的陈述之间存在着一种逻辑的联系，因而对文学作品的意义的陈述就是对作者意图的陈述”。像我们一样，朱尔批评赫希认为“批评家应该试图弄清作者意图”的观点，朱尔认为实际上“他们肯定就已经这么做了”。（《阐释》，第12页）但是对于朱尔而言，这些主张无法用来令理论失信；倒不如说，它们自身就建构了一种理论，“使我们意识到我们作为作者或读者在解释文学的时候所做的是什么”，而且，更关键的是，它们“为原则上接受或拒绝对文学作品的一种阐释提供了基础”。（第10页）朱尔是怎么从在我们看来是使理论失去可能性的各种论证中导出了一种理论的？

朱尔对意图的中心性的表达策略显然与我们的一致，这个事实使这一问题特别令人感兴趣；这个策略就是“把对一个由个人创作的文学作品的意义的陈述与一个偶然产生的文本，比如计算机生产的诗，作比较”。[①]（第13页）但是朱尔对类似我们波浪诗的例子的处理表明，他对于意义与意图关系的见解完全与我们的相异。朱尔与赫希一样，但在更抽象的水平上最终落入这种陷阱：去设想语言先于和独立于意图存在的可能性并且因此而把意图想象为某种必须加诸语言以使其运作的东西。与赫希以及一般理论家一样，朱尔认为意图事关选择。但是在赫希推荐我们选择意图来对各种阐释加以裁定之处，朱尔认为没有什么推荐的必要——不是因为我们绝不需要选择意图，而只是因为我们的文学作品的概念是这样的：阅读文学就已经选择了意图。

朱尔在讨论偶然诗（“岩石上的标记”或“计算机诗”）个案时指出，“阐释这类‘文本’是有点奇怪”。尽管人们也许理解这一文本，却不能把它理解为“一种特别表达的意义”的一个表征。我们同意这一点——如果它表明偶然的标记不表示任何东西，不是语言，因而不能做任何阐释的话。但是对于朱尔它表明的意思不同。他认为人们可以阐释偶然的标记，尽管只能在某些特殊意义上，在这种情况下“我们就像是在向外国人‘阐释’一个句子的意思，解释每一个单词的意思，它们在句子中起什么作用，以及句子如何被使用或它如何被用于表达或传达”。（第84—86页）

---

① 事实上，朱尔在他处理偶然“语言”时利用了我们利用的同一首诗——华兹华斯的“蛰睡蜡封了我的精气神”（《阐释》，第72—80页）。把意向性的言语行为拿来与偶然出现的记号相比较，是言语行为理论中耳熟能详的一种。

我们的观点是，偶然产生的标记根本不是词语而只是像词语。对于朱尔，标记仍然是词语，但词语已经与会使它们说话的意图分离了。这样，他可以争辩说，当“一只鹦鹉说出‘水从天上倾注而下’这样的词语”时，人们可以明白“这些词语意味着‘下雨了’”，但拒绝承认是“‘鹦鹉说天下雨了’”。[①]（第109页）很清楚，对于朱尔，甚至在缺乏意图的时候，词语也持续产生意义。它们只是“抽象地”有意义，这样就建构了语言的条件，这些条件先于意图而存在，亦即“先于说话者的发声或言语行为”而存在。在文学阐释中，这一语言的条件绝对无法操作，因为，朱尔是这么主张的：“一个文学作品的意义的观念”就像是“一个人的言语行为的意义的观念”，而不是“一个词在某种语言中的意义的观念”。[②]（第41页）

语言与言语行为的区别在朱尔对意义和意图整个处置中无疑是存在的。这个区别如果更普遍应用的话，就可以使得像赫希所希望的那样强的方法论规定成为可能：当遇到一段语言时，把它读作言语行为。朱尔论述的规定性力量被减弱了，因为他事实上在决定的关键要素上退了一步。赫希认为我们应该把意图添加到文学中，以确定文本的意义，而朱尔却认为给语言添加意图就产生了言语行为（例如文学作品），其意义是已经确定的。朱尔意识到只要我们把语言片断看作文学，我们已经把它看作言语行为因而看作意图的产物了；他的规定向我们展示了从一般语言到一种特殊表达，例如一个文学作品的方法。[③]

但是这一规定只有在下述情况下是说得通的：它的两个术语（文学和言语行为）尚未如意义与意图被分离的方式那样分开。无疑，朱尔主张无意图的标

---

① 朱尔简单地承认了他这儿所作出的区分是有点儿奇怪，因为他问了这样的问题：偶然产生的词语能否哪怕被称作“词语”（《阐释》，第84页）？但是他抛出这个问题是很突然的，就像他提出这个问题很突然一样。

② 对“在理论上”这个表述的意思，更多的评论见朱尔《阐释》，第25n、55-57、203、223、238、288—289页。

③ 事实上，朱尔的动机与赫希的大相径庭。这两个理论家都认为，抽象的意义是不确定的或含混的（“不确定”是赫希说的，“含混”是朱尔说的）；他们两人都诉诸意图，为的是获得确定的或特定的意义，或如朱尔所说，脱去文本的“含混性”。（《阐释》，第97页）对不确定性问题的这一理论兴趣部分来自一种广泛流行的观念，即词和句子具有“从语言学上看是可能的”各种意义的一个范围，这些意义记载于词典和语法书里。但是词典是各种特定的言语行为中语言常见用法的一个索引，而不是抽象的、前意向的各种可能性的大本营。（赫希在含混与不确定性的区分方面所使用的术语，详见《阐释中的有效性》，第230页。）

记不是言语行为，这是正确的，因为一个言语行为的实质是它的意向特征。但是我们指出了无意图的标记也不是语言。朱尔只是因为没有看见语言学意义始终与表达出来的意图是一致的，才能想象无言语行为的语言。辨明语言与言语行为的一致性就是认识到朱尔的规定——“当遇到语言片断时，把它读作言语行为”——只不过就是“把它读作语言”。

对于赫希和朱尔，理论要达到的目标就是一种客观有效的文学阐释方法。为使方法得以可能，就既要去设想无意向的意义，又要以更一般的术语，去想象语言与言语行为的分裂。这样，方法就包含了把言语行为添加到语言；言语行为本身带有特殊意图，它使阐释者得以澄清内在于语言的含混。但是这种语言与言语行为的分裂并不是必须用于建立一种阐释方法的；事实上它恰恰可以用于反面。对于像保罗 · 德曼这样的理论家，语言对言语行为的优先性表明，所有通过添加意图达到确定意义的企图最终都冒犯了语言的真正条件。如果理论在其肯定的或方法论的模式中依靠的是对语言中各种言语行为的选择，理论在其否定和反方法论的模式中则试图保护它视为语言纯粹性的东西免遭言语行为的扭曲。

否定的理论家对方法的敌意建立在一种特殊的语言观上，德曼“被窃的丝带”强有力地表达了它。这篇文章关注在德曼看来是卢梭《忏悔录》中的关键一节，其中卢梭试图阐释一个特定的归罪的言语行为，并且为其辩护。他做侍从时曾经偷了他的主人一条丝带。当他被控偷窃时，他把它赖在一起做侍从的伙伴玛丽永身上。在令德曼感兴趣的这个段落里，卢梭因此牵连到两宗罪，偷窃本身和邪恶得多的用指控一个无辜的女孩来开脱自己。这第二个行为名为玛丽永，是尤其需要辩护的。

卢梭给出了几种辩解，他对每一个辩解的解释都用了玛丽永之名。但是其中的一个很雷人，引起了德曼的好奇，在那一例里，卢梭说他提及“玛丽永”的时候兴许没有任何意思。他只是发出了首先到他口边的一个声音：“卢梭所发出的聒噪碰巧进入了他大脑；他什么都没有说”。[①]所以，德曼争辩道，“以文本为本，人们应该抵制赋予‘玛丽永’的声响以任何重要性的诱惑”。“玛丽永”没有任何意思的观点给予卢梭最好的辩护：“因为只有‘玛丽永’的发

① 保罗 · 德曼：《被窃的丝带》，《象形文字》1977 年第 1 期，第 39 页；后文对此著的进一步引用都来自该文本。

声确实不存在什么可想见的动机时，行动的总的任意性，才能成为所有辩解中最有效、最灵验的述行性辩解”。（第 37 页）为什么？因为“如果陈述的根本上的不重要性被合适地加以阐释，如果卢梭的控告者意识到玛丽永的名字只是最初到他口边的东西，他们就会明白卢梭没罪，而且玛丽永也是无辜的”。（第 40 页）

但是德曼对“辩解”的有效性的兴趣较小，他对它在语言基本本质方面所揭示出来的东西的兴趣更大。“玛丽永”的声音没有意义这个事实提醒我们，语言是由原本无意义而由人添加意义于其上的声音构成的，易言之，能指和所指的关系是任意的。为什么德曼对这一明显没有争议的对语言的描绘有理论的好奇？语言的物质条件原本是没有意义的，这个认知自身没有任何理论的力量。但是德曼认为，语言的物质条件不是简单的没有意义，而是，它已经是“语言学的”了，即，甚至在意义（所指）添加到能指上之前，声音就是能指了。作为“纯粹能指”的一种集合体，它们自身缺乏意义和功能，“语言首先是一种无意义的结构，对这结构而言，意义是后续（并且按德曼的观点是非法）加上的”。（第 32 页）这样，根据德曼，卢梭的控告者错误地把一个意义加在“玛丽永”这个能指上——他们听到一个本应只是语言的言语行为。这种语言与言语行为的分裂是德曼版的理论选择的前提条件。

德曼对语言与言语行为的分离基于一个错误。音响本身没有意义，这无疑是对的。当音响在语言中起作用时，它就变成了能指，这也是对的。但是音响本身就是能指，这是错的；能指只有在获得意义时才能成为能指，而当它们失去意义时它们就不再是能指。德曼的错误是认为“玛丽永”在除去了任何意义之后还是能指。[①]事实是无意义的噪音“玛丽永”只是像能指，就像偶然发出的声音“玛丽永”只是像命名“玛丽永”的言语行为。德曼意识到，偶然发出声音“玛丽永”并不是言语行为（确实，这就是这个例子的关键），但他未能意识到它也不是语言。把能指还原为噪音和言语行为还原为偶然事件，意图就不在了。德曼把语言的活动想象为语音的偶然发生，这就来到这样的观点：“语

① 达到这一纯粹能指的观念的另一种方法也许是通过观察下述现象，即一个能指可以与许多各种不同的意义绑定，从而得出结论说能指具有其自身的身份，是独立于一般的意义的。但是我们并不能这么说。一个能指在这种情况下只能停止作为能指而存在，因为它与任何意义无关，因而完全无法实现其真实的身份。

言的绝对任意性先于任何表现或意义”，“从一个特定视角看，不这么极端形式化，也就是极端机械化的语言，是毫无用处的，无论审美的、形式主义的幻觉把这一面掩盖得多么深”。（第44、41页）

德曼把语言设想为根本上是偶然的和机械的，这就对波浪诗的难题给出了一个新的回应并对那个难题何以位于一般理论的中心提出了一个更充分的解释。我们先前对波浪诗的讨论意在显示把语言与意图分离是多么违反直觉。当第二节诗在岸边被冲刷时，即使理论家也应该准备好承认那诗不是诗，因为那些标记不是语言。但是我们后续对朱尔和德曼的讨论揭示了，理论恰恰不依赖于这种承认。对于朱尔，偶然的标记仍然是语言，但是语言抽象化了，因而从根本上变得朦胧不清。波浪诗因而使朱尔这样的积极肯定的理论家在无意向的各种标记的多重意义与一种意向性言语行为的确定意义之间作出了一种选择。由于积极肯定的理论观点是为确定的特定意义奠定基础的，所以积极肯定的理论家选择把标记解读为意向性行为。但当否定的理论家如德曼遇见第二节（偶然的）诗，他会提出稍微不同但一样版本的选择。对于德曼，标记不是多重意义的而是根本上无意义的，选择不是在一个意向性意义和多个意向性意义间作出，而是在意向性意义与完全无意义之间作出。所以，按德曼的观点，所有对意义的追溯都一样是无根据的，肯定的理论家对意图的选择在他看来都是不得要领的。否定的理论家对阐释方法持有明显敌意，他选择的是无意义的标记。但是否定的理论家的选择事实上为他提供了一种肯定的方法论，这方法论把阐释的实践建立在对语言的单一决定性真理的基础上。语言的真理就是，语言本质上是偶然的机械的：任何“恰当地得到阐释的”文本将揭露出其“根本上的非意指化”。（第40页）对于朱尔和德曼二者，恰当的阐释依赖于下述方法论规定。朱尔的规定是：当遭遇语言时，把它读作言语行为。德曼的规定是：当遭遇看似言语行为的东西时，把它读作语言。

波浪诗在遇到理论家时呈递了一种选择，这是在两个意义，或者，其实是一回事，在两种类型的语言中要作的选择。在两种情况下，这一议题都是意图的出现或缺席；肯定的理论家加上了意图，否定的理论家抽去了意图。[1]但在我

① 至少在这一代理论家那里情况就是如此。对较早的理论家如W．K．维姆萨特和蒙罗·C.比尔兹利而言，肯定的理论在寻求客观的意义时恰恰需要抽去意图而依赖语言的形式规则和公共准则。这无疑是他们在“意图谬见”中力推的观点（《词语符图：诗歌意义研究》，第3—18页，列克星敦，肯塔基，1954）。

们看来，意义和意图的关系，或以稍微不同措辞说，语言和言语行为的关系，是这样的：意图既不能添上也不能减去。意图既不能添加给语言也不能从语言减去，因为语言是由言语行为构成的，它一直是意向性的。由于语言已经把意图建筑到自身之中，意图与如何阐释任何话语或文本的问题没有一毛钱的关系，提出这种问题是不可取的。对于非理论家，波浪诗提出的唯一问题不是如何阐释而是是否要阐释。标记既是诗因而就是言语行为，或者它们不是诗因而只是碰巧像言语行为。但一旦对这一经验性问题作出了决定，就没有什么进一步的有关意图的判断——亦即没有什么理论判断——需要作出。

四　理论与实践

我们的论证迄今只涉及什么是理论的本体论一面这一问题：它特有的关于其对象本质的主张。我们指出，这些主张总是以引起事实上并不存在的差异的形式出现，其途径是想象一种缺失意图——即缺失使之成为语言并且把它与偶然的和机械的噪音和标记区别开来的东西——的语言模式。但是我们试着表明，这一奇怪的本体论计划不只异乎寻常；它还总是服务于一种知识论目标。这目标是一种方法的目标，是通过某些更大和更原则化的描述对阐释实践的统治。确实，在英美传统中的理论争论更多地是关于阐释者知识论状况的争论，而不是文本的本体论地位的争论。如果本体论理论计划在想象意图的条件之前首先想象语言的条件，其知识论计划则在想象阐释条件之前首先想象了知识的条件。

理论的知识论计划的目的是把阐释建立在直接与阐释的一个客观对象碰巧适配的基础上，这种碰巧适配没有被阐释者特定的信念所曲解。一些作者指出了在阐释的任何阶段摆脱信念的不可能性，并且得出结论说知识论的目标是无法达到的。一些人一直争论道，知识论上的中立策略的不可获得性不仅破坏了方法方面的主张，而且使我们无法达到任何正确的阐释。对这些作者而言，对方法的攻击就在批评理论方面产生了重要的实践性后果，尽管是消极后果。①

① 否定的理论建立在德曼称之为“任何阅读或理解方法中一种不可逾越的障碍”的观念基础上（《阅读的喻说》，第 131 页，纽黑文，1979）。某些理论家（即大卫·布雷克和诺曼·霍兰德）把这个障碍理解为读者的主体性。其他人（如德曼自己，J. 希利斯·米勒）把它理解为述事与述行语言间的难题，表达与劝说间的难题。但是，在所有情况下，否定的理论家持这样的观点：阐释，如乔纳森·卡勒所言，“必然要错”（《追逐符号》，第 14 页，伊萨卡，纽约，1981）。

但是我们在讨论本体论一面的理论时试图表明，方法的不可能性并没有实践性后果，不管是积极的还是消极的。相同的结论也来自知识论一边，这方面最强的批评家斯坦利 · 费什试图使理论摆脱信念。在他最近的论文《这课上存在着一个文本吗？》中，费什遇到了他的方法批评所引起的“终极问题”，即“文学批评实践有何意义”，他的回答是，“没有任何意义”：

也就是说，它不是我所说的你必须走出去并以一种特定的方法、而不要以其他方式从事文学批评的意思。我这么说的原因是，我的立场并不是你（或任何其他人）能够依靠的。这个观点是这样的：对你而言清楚明白且必然如此的任何事物只不过是存在于某些体制和规约结构中的，这意味着你决不能从这类结构之外加以操作，哪怕你已经被该观点说服。只要你的设想是从理论性推理得出的，你就会再次在其中出现并且会没有任何保留地在其中出现；因此当你被要求谈论弥尔顿或华兹华斯或叶慈时，你就会以你对这些作者的信念出发去谈论他们。[①]

这段文章的核心是“理论推理”与“假设”或“信念”之间的耳熟能详的区别，这个区别是“文学批评具体实践”的特征。大部分理论家都确信其理论在实践上有重要性，费什的独到之处就在于他否定自己的理论具有任何实践的后果。而一旦理论放弃所有影响实践的主张，理论还有什么事儿可干呢？或者说，由于费什的观点是理论已无可干的了，那么，理论还能算是什么呢？费什理解这些说法，其著作以最纯粹的形式显示了理论的冲动。理论剥夺了方法论的方案，即既为实践奠定基础又破坏实践，继续想象一个外在于它的立场。同时这一向实践外的立场的撤退看起来像是理论拯救自身的最后的绝望尝试，如我们希望指出的，它确实是所有理论论争的创始姿态。

费什对方法的攻击始于对信念的一个解释，这个解释我们认为是对的。这个解释的两个中心观点是，第一，信念不能在某些较深的知识条件中获得依据以及，第二，进一步说，这一不可能性完全不会削弱其主张的真实程度。费什

① 斯坦利·费什：《这课上存在着一个文本吗？阐释社会的权威》，第370页，剑桥，马萨诸塞，1980；后文对此著的进一步引用都来自该文本。

写道："如果有人相信别人所相信的，那么他就是认为那人所相信的东西是真的；如果相反，那么他就是认为那人所相信的东西是不真实的。"（第 361 页）由于人们既不能摆脱他们的信念，也不能摆脱认为他们是真的的想法，所以费什既否定了方法的主张，又否定了怀疑主义的主张。方法论者和怀疑论者主张信念的有效性取决于它们所植根的那种知识的条件是优先的并且独立于信念；它们的区别仅在于这是否可能。费什的解释的长处是，它展示了为什么坚持信念的不可避免性绝不会对通常人们确信的知识的真假观念有害。信念恰恰就是起初把这些观念给予我们的东西；具有信念就是为人们所相信的真理以及人们不相信的虚假作担保。但是如费什强调的，说这一切是为了不对获得真实的信念的任务提供实践上的帮助或妨碍。我们无法通过寻求知识获得真实的信念，正如无法通过寻求作者的意图来获得他或她的意义，由于同样的理由，知识与真实的信念是一样的。

迄今，这一论证对我们而言是没有瑕疵的。但是我们后来发现，费什未能意识到他自己对信念的讨论所产生的力量，正是这一缺失使他成为了理论家。这导致他要为所有知识论的理论版本所标明的知识理想承担全部责任，这导致他始终深信他的理论策略的知识论价值。费什背离了其对信念的解释，这在他对指控他的观点导致历史相对主义的回应中显露无疑。对相对主义的担心就是担心抛弃方法必然使所有探究变得无意义。但是，费什正确地说，探究绝不会显得无意义；我们对于一个客体的现在的信念看起来总是比以往对于同一个客体的信念要好。"易言之，进步的理念是不可避免的，但是，这不是因为有了一种在对一个独立对象越来越清晰的景象这种意义上的进步，而是因为进步的感觉是我们持有自己的信念所需要的那种坚定（firmness）的不可避免的结果"。（第 361—362 页）

作为信念的一种不可避免的心理学解释，这是无可指摘的。但是当费什后来从知识进步的一般观点转向文学批评中进步的独特个案时，他清楚表明他认为我们的心理学保障是没有根据的。我们现存的信念只是显得比过去原先的好；它们绝不是真的好。真的，费什认为对我们信念的真理的这一发现给我们带来了对文学批评史的一种新的理解，以及如何着手研究它的一种新的观念。根据费什所称的理解批评的历史的"旧模式"，"像锡德尼，德莱登，蒲伯，柯勒律治，阿诺德"等批评家的著作只能被视为"人们颇为郁闷的表演记录……这些人理解文学和文学价值完全不像我们理解得这么好"。但是费什的新模式使我们能够“不把那些表演看成接近我们自身的不成功尝试，而是看成一种文学文化的延伸，这种文化的设想并不低劣而只是不同”。（第 367—368 页，重点号为引用者所加）

想象我们能够把我们持有的信念看成不比他人持有的反对它的信念好而“只是与之不同”，就是想象一种立场，我们可以从它看见我们的信念而不必真的相信它们。居于这种立场也就是去看有关信念的真理而不必真的持有任何信念：知而不信。在他想象外在于信仰的知识条件这一时刻，费什已经忘了他自己早先将知识和真实信念认同为一的观点了。

一旦一个理论家达到知识的这一观点，就有两条知识论途径可走：现实主义和理想主义。现实主义者认为，理论使我们能够置于信念之外，以中立立场与解释的客体相遇；而理想主义者认为，理论使我们能够置于信念之外，以中立立场与我们的信念自身相遇。这一议题的两种情况都是有关客体和信念之间的关系的。对现实主义者而言，客体的存在独立于信念之外，知识要求我们摆脱信念，公平无私地探索客体。对坚持说我们绝不可能摆脱信念的理想主义者而言，知识意味着承认信念在建构其客体中扮演的角色。费什承认信念的首要性，选择了理想主义：他认为“客体是构造的而不是发现的”；解释“不是分析的艺术而是建造的艺术”。（第 331、327 页）一旦他到达知识论的理想主义，他的方法论收益马上随之而来。了解“解释者并不对诗歌解码”而是“构造它们”，“我们就不必考虑文学体制采用的各种形式，不必揭示据以产生和理解各种标准的解释的策略”。（第 327、368 页）通过把批评家认作理想主义者而不是现实主义者，费什得以把文学批评置于所有文学实践的真正中心的位置：

批评家不再是文本的谦卑的仆人，文本的种种荣誉也不再能脱离他做的事情而独立存在；他所做是在文学体制内的各种限制中把文本激活，使文本存在并可为批评和欣赏所面对。文学批评实践不是人们必须愧对的东西；它是某种不仅对它所关心的对象，而且是对它生产的对象的维护。

本章开始的时候我们注意到，费什跟我们一样，都认为一般的关于信念的解释无法具有实践的后果。但，如我们刚刚看到的，他的解释竟有各种的后果。那么，费什怎样达到既断言他的论证没有实践后果，又声称它对于产生新的批评实践模式具有重要性呢？答案是，不管他怎么明确声明放弃，他相信对信念的真实解释必然是一种关于信念的理论，而我们则相信对信念的真实解释只能是一种关于信念的信念。[①]在对某物的真实解释究竟是什么意思这个问题上，这两种观点的区别就是理论与我们这儿正在进行的实用性论争之间的区别。这两种立场以两种完全不同的方法设想它们的无后果性。一种关于信念本质的信念是无后果的，因为它只告诉你信念是什么，而没有说出它们从特殊性或是一般性上看到底是真是假。从这个观点看，想得到真实的信念，知道信念的真相并不比知道意义是意向性的更有帮助。这绝不是说你无法拥有各种真实信念，只是说你无法通过一个关于信念的好的解释得到它们。

另一方面，费什的信念理论通过置身于信念所需要的所有实践性承诺之外来努力实现无后果性。确实，人们可以通过置身于信念之外实现无后果性，但正如费什所坚持的，这只是因为置身于信念之外就是置身于无地。然而，费什无疑不会认为他的信念理论令他无处容身；相反，他认为这给了他到达真理的方式，不只是通过选择某些信念而摒弃其他信念的方式，而且通过选择无信念的知识而摒弃所有信念的方式。按费什，知识的真理就是，从长远来看，没有什么信念比其他信念更真实；所有信念，从长远来看，都是平等的。但是，我们注意到，只有从其本身并非信念的信念理论的观点来看，这一真理才能被看见。因此，把对我们信念的“理论性推理”落实到这些信念的真正实践——从中立落实到实干——要求我们忘记理论所告诉过我们的真理。费什不像通常的方法论者，他否定试图从理论推导到实践的做法，他坚信实践的世界肯定不是建立在理论真理基础上，而是建立在扼制理论真理的基础上。但是实践只能从理论的扼制开始的观点也意味着一种方法论的规定：当遭遇信念时，忘记它们实际上不是真的这一点。这一规定给费什提供了理论一直以来想要的每样东西：有关各种信念的真值的知识，以及与各种信念有关的教诲。[②]

现在我们知道费什说他的立场“不是你（或者任何其他人）能够依靠的，哪怕你已经被它说服了”这句话的原因了。他认为，理论无法具有实践的后果，理论无法存活，因为理论和实践——关于信念的真理和信念本身——原则上决

---

① 费什称他的评论为一种“一般的或后批评的信念”（《这课上存在着一个文本吗？》，第 359 页；参见第 368—370 页）。

② 在这一方面费什的规定不同寻常：它把为实践奠定基础和通达客观真理的理论的两个目标拆开。它告诉我们什么为真以及如何行动——但不是如何为找出真理而行动。

不能联合。但在我们看来，与信念相关的唯一真理是你无法走到信念之外，并且，它远不是不能经历的，这是一种你不得不经历的真理。它没有实践的后果并不因为它决不能与实践联合而是因为它决不能与实践分开。

理论的冲动，如我们所说，总是试图分割不能分割的事物；在本体论一边，意义与意图、语言与话语行为被分割开了，在知识论一边，知识与真实的信仰被分割开了。我们认为，分割了的术语事实上是不可分割的。我们也被诱惑着去用理论与实践也不可分割这样的话语为本文做结论。但这会是一个错误。这并不是因为理论与实践（不像其他术语那样）确实是分开的，而是因为理论只是逃离实践的尝试，此外它什么都不是。意义只是表达出来了的意图的另一个名称，知识只是真实的信念的另一个名称，但理论并不是实践的另一个名称。这是人们为了控制实践而试图站在实践之外的所有路数的名称。我们的论点就是，没有人能够在实践外获得一种立场，理论家们应该停止继续做。